Argo

DAS VERMÄCHTNIS DER ÄGYPTER

BAND 2

Die Suche nach dem Ursprung
einer Marszivilisation

von

Rainer Lorenz

Argo Internationale Publikationen
Ingrid Schlotterbeck

Aufbau, Scans und Belichtung:
LINE, Düsseldorf
Druck: Deller Druck, Langenfeld
gedruckt auf chlor- und säurefreiem Papier

 Argo **Internationale Publikationen**
Ingrid Schlotterbeck
Lupinenstraße 103
41466 Neuss
Tel. 0 21 31/46 40 44

1. Auflage 1997
Printed in Germany
ISBN 3-932339-04-5

Inhaltsverzeichnis

Kapitel I
Zur Einführung in den 2. Band

Zusammenfassung der bisherigen Ergebnisse

Die Ergebnisse des 1. Bandes sind – mag es auch noch so bizarr erscheinen – nur die Grundlagen für die eigentliche Ausarbeitung der Ereignisse. Diese Grundlagen sind aber bereits so verwirrend und komplex, daß eine Zusammenfassung der bisherigen Ergebnisse in wenige Sätze unbedingt notwendig erscheint, zumal die folgende Untersuchung noch weit schwieriger und undurchsichtiger werden wird. Wollen wir aber mehr über die Bedeutung der bisherigen Entdeckungen erfahren, führt kein Weg an dieser schwierigen Aufgabe des 2. Bandes vorbei.
Der Ausgangspunkt der Untersuchungen im 1. Band waren sonderbare Monumente auf dem Mars, Monumente, die es eigentlich nicht geben dürfte. So wurde die einzige Verbindung zwischen diesen befremdlichen Umständen und unseren Wurzeln durch Pyramiden gebildet. Diese fanden sich über die ganze Erde verstreut bei allen nur denkbaren Kulturen des Altertums und eben auf dem Mars. Die Konsequenz war also, daß wir die irdischen Pyramiden auf kosmische Zusammenhänge hin untersuchten, weil sich sonst keine Brücke schlagen läßt, weil sonst kein Zusammenhang zum Mars erkennbar wird.
Das Ergebnis dieser ersten Suche war frappierend. Es zeigte sich, daß sich Pyramiden im wesentlichen nicht von Tempeln unterscheiden. Beide Bauformen haben die Aufgabe, das „Abbild der Welt" darzustellen. Die mexikanische Pyramidenstadt Teotihuacan entpuppte sich als Miniatur unseres Sonnensystems, was nicht weniger unwahrscheinlich wirkt als die Pyramiden auf dem Mars selbst. Ein so genaues Wissen über die exakten Daten dieser kosmischen Einrichtung kennen wir erst seit verhältnismäßig wenigen Jahren. Die unbekannten Erbauer dieser rätselhaften Stadt hätten darüber unmöglich Bescheid wissen können. Daß dies in Teotihuacan nicht auf dem berühmten Zufall beruht, zeigt auch das weltberühmte Stonehenge mit aller Deutlichkeit. Auch dort finden sich die Umlaufbahnen der Planeten dargestellt.

Die logische Folge dieser Erkenntnis war eine Untersuchung der berühmteren ägyptischen Pyramiden auf derlei Zusammenhänge. Die Sensation war perfekt, als sich genau das herausstellte: Die Große Pyramide von Gizeh, über die sich auch sonst die tollsten Spekulationen erheben, konnte als „Abbild der Welt“ entlarvt werden, was eine alte Legende genau so vorhergesagt hatte. Ihre drei Kammern, die nicht nach der alten Ansicht drei Bauphasen darstellen, zeigen die Umlaufbahnen der Planeten Erde und Mars sowie des Planetoidengürtels.
Weitere wichtige Entdeckungen konnten in Teotihuacan gemacht werden. Dem Planetoidengürtel fiel dort die Zuständigkeit des Totenreiches zu. Genau an dem Ort, der trefflich durch Wasser symbolisiert wird, befindet sich der „Himmel“ der Seeligen. Die nicht geklärte Rolle des Planetoidengürtels in der modernen Astronomie impliziert, daß die unbekannten Ereignisse, die zu dessen Entstehung geführt haben, direkt mit dem Marsrätsel in Verbindung stehen. Bevor diese Verbindung in diesem 2. Band aufgebaut werden kann, mußten die ägyptischen Vorstellungen vom Weltenbau klargelegt werden. Kosmische Götter können nur interpretiert werden, wenn wir sie kennen!
Die ägyptischen Vorstellungen des Weltenbaus stellten sich selten klar dar. Über Geb, der Erde, erhebt sich Schu, um Nut, den Himmel zu stützen. Von der ältesten Zeit bis in die letzten Tage der ägyptischen Kultur war dies die tragende Vorstellung vom Weltenbau der alten Nilbewohner. Es wurde gezeigt, daß es sich bei Nut um den Planetoidengürtel handelt. Die Beweislast war reichlich schwierig, doch konnte mit der Identifizierung des Schu als Mars diese Lösung abgesichert werden. Die alten Griechen kamen nämlich über ganz andere Wege ebenfalls zu der Gleichsetzung zwischen Schu und Ares (Mars).
Dieser Luftgott Schu konnte durch einige Textstellen bereits sein wahres Wesen erkennen lassen. So erzählt ein alter Text, daß Schu einst bessere Zeiten gesehen hatte, bevor er sich aufmachte, den Himmel zu stützen – das ist in der Mythologie seine eigentliche Aufgabe. Auch ein ehemaliges Königtum des Schu konnte festgestellt werden. Doch das wissen wir durch die Entdeckung der Marsmonumente inzwischen auch selbst. Eine gesonderte Ausarbeitung dieses Textes findet sich hier im IV. Kapitel.

Während der Planetoidengürtel der modernen Astronomie noch mehr Kopfzerbrechen bereitet, berichten die alten Texte ohne Unterlaß von einem „Welteneinsturz" in der Urzeit. Es erhob sich die Frage, ob zwischen dem physischen und dem mythologischen Phänomen ein Zusammenhang bestehen könnte. Die genaue Betrachtung des Planetoidengürtels schien dies zuzulassen. Die dabei offengelassenen Fragen können meiner Meinung nach mit der altägyptischen „Religion" erklärt werden, was in diesem Band versucht wird.
Quasi nebenbei stellte sich heraus, daß die Große Pyramide von Gizeh – für die benachbarten Pyramiden und Tempel wird das nicht weniger gelten – kein Kind der 4. Dynastie ist. Alle Daten, die mythologischen und die geologischen, sprechen sich klar dafür aus. Statt Cheops scheint der biblische Thot, der auch der zweite Hermes, Methusalem oder Saurid genannt werden konnte, für die Erbauung dieser Anlagen weit eher in Betracht zu kommen. Weil dies für die Erdgeschichte relevant ist, nicht aber für die Rekonstruktion der Ereignisse auf dem Mars, wird dieses Thema mit dem II. Kapitel in diesem Band trotz hoher Brisanz vorerst abgeschlossen. Eine genauere Untersuchung dieser Problematik habe ich mir für die Zukunft vorgenommen. Trotz aller Schwierigkeiten scheint sich dabei tatsächlich herauszustellen, daß viele Fakten für ein sehr viel höheres Alter der Pyramiden und Tempel von Gizeh sprechen.
Für die Untersuchung im 1. Band war aber der geschichtliche Teil von hoher Bedeutung. Die Frage, ob nun das höhere Alter der Gizeh-Monumente auf eine vorägyptische Nilkultur schließen lassen könnte, erhob sich. War das Erbe, das die Könige der pharaonischen Kultur antraten, auf ein Vermächtnis einer direkt vorangegangenen unbekannten Kultur erfolgt? Bisher konnte gezeigt werden, daß dies nicht zutrifft. Weitere Indizien folgen in diesem 2. Teil. Das bisherige Ergebnis weist nämlich eher auf eine weit zurückliegende Zeit hin, die sich schon im geschichtlichen Ägypten gänzlich im Dunkel verliert. Keine einzige direkte Erinnerung weiß um die Zeitalter der Götter zu berichten. Der ganze altägyptische Mythenkorpus deutet, wenn er den sogenannten „geschichtlichen Kern" aufweisen sollte, als eine Art „Urerinnerung" in die entfernteste Vergangenheit. Schon allein die direkte Einbindung mythischer Vorgän-

ge in die Zeit vor oder direkt nach der Schöpfung beweist dies. Ein übriges geschieht durch die Religionsgeschichte. Wenn, und das ist der ganze Ansatzpunkt dieser Untersuchung, diese mythische Zeit so weit zurückliegt, dann kann nach meiner Überzeugung nur eine längst vergessene „Marszeit“ damit gemeint sein. Die klaren Funde auf dem Mars „beweisen“ diesen Umstand. Die deutlichen Berührungspunkte von Horus und Schu, die ja zu den Hauptakteuren der mythischen Handlungen zählen, mit dem Mars, weisen mit aller nur denkbaren Deutlichkeit auf diese „Marszeit“ hin!
Nachdem nun im 1. Band die Akteure identifiziert werden konnten – was absolut unerläßlich war – läßt sich nun für die Frage nach den Ereignissen auf dem Mars eine völlig neue Zielrichtung in der Untersuchung festlegen. Die Aufarbeitung der mythologischen Phänomene bringt dabei verblüffende Erkenntnisse zutage, die unangenehm präzise auf die physischen Phänomene in unserem Sonnensystem passen!

Konsequenzen und neue Aufgaben

Aus allen diesen Erkenntnissen müßten nun verschiedene Konsequenzen gezogen werden. Die ganze ägyptische Religion kann nun in einem ganz neuen Licht betrachtet werden, ein Licht, das sich weit besser an die Konturen real existierender Phänomene anpaßt als dies bisher mit der unbefriedigenden Deutung des Weltenbaus möglich war, der die Unterwelt gleichzeitig „in“ der Erde und am „Himmel“ vorfand, was ja schlechterdings nicht sein kann!
Jede nur denkbare Textstelle, die eine Handlung oder gar eine ganze Geschichte über die bisher identifizierten Götter erzählt, muß uns zwangsläufig etwas über die mythischen Ereignisse verraten. Das sollte man sich aber nicht zu leicht vorstellen. Die einzelnen Phrasen, die häufig nur indirekt eine echte Handlung aufzeigen, sind fast nicht in eine logische Reihenfolge zu bringen. Oft sagen Attribute mehr aus als ganze Textphrasen – sie sprechen die eigentliche Sprache, die Sprache des Symbols.

Trotzdem lassen sich viele Phrasen eindeutig zuordnen. Zum Beispiel kann man oft sehr klar unterscheiden, ob eine bestimmte Szene vor oder nach der Schöpfung spielt. Selbst die unterschiedlichen Phasen der Schöpfung lassen sich aufdecken, was – wenn die mühevolle Kleinarbeit Früchte trägt – zu einer großen Geschichte unseres Universums und der darin lebenden Menschen führt. So ist diese Fortsetzung eine Art „kosmische Geschichte der Menschheit".

Für den 2. Band gilt – für den 1. Band nicht weniger –, daß eigentlich für jede Einzelfrage eine umfangreiche Einzeluntersuchung Voraussetzung gewesen wäre. Daß dies in einem vernünftigen Rahmen nicht denkbar war, kann man sich nach dem 1. Band leicht vorstellen. So ist jedes Thema leider viel zu kurz angeschnitten. Dieser Mangel hat den Vorteil, daß wir hier die ganze Geschichte in einen Zusammenhang bringen können, der uns die wesentliche Frage beantwortet: Was geschah auf dem Mars? Um diese Antwort überhaupt erhalten zu können, muß die ganze Geschichte von Anfang bis Ende erzählt werden, von den Tagen vor der Schöpfung bis in die Tage der geschichtlichen Könige, die bis vor fast 2.000 Jahren als Erben der Marsianer gelebt haben, und uns damit das große Vermächtnis bewahrten – das Vermächtnis der Ägypter.

Diese Untersuchung ist also ein Kompromiß, der in der Zukunft beseitigt werden kann, wenn ich Gelegenheit erhalten sollte, größere Einzeldarstellungen vorzulegen. So müßte die ganze Schöpfungsgeschichte unter Ausnutzung möglichst vieler Textvorlagen von Anfang bis Ende rekapituliert werden. Schon bei dieser Untersuchung hat sich immer wieder gezeigt, wie neue Details sich auf faszinierende Art und Weise in das Gesamtbild einfügten, was eben zu dem enormen Wachstum an Material in dieser Untersuchung und damit zu zwei Bänden geführt hat.

Eine weitere spezielle Untersuchung würde die Baugeschichte verdienen. Nicht nur in Anbetracht des höheren Alters der Gizeh-Monumente, sondern weil sich sehr gut zeigen ließe, daß zum Beispiel schon die hoch komplizierte Grabanlage des Königs Djoser im Prinzip den Weltenbau wiedergibt, den wir auch in der Großen Pyramide vorfanden – und zwar voll ausgebildet. Selbst die Grabanlagen der 5. und 6. Dynastie mit den scheinbar so fremdartigen Tempelanlagen, die im übrigen wieder die klassische Dreiteilung zeigen, sind symbolisch eindeutige Anlagen, in denen wir all das, was wir in diesem Band so mühevoll ausarbeiten wollen vielleicht sogar in Form eines Mysterienspiels mit allen Details zu sehen bekommen hätten – wären wir vor 4.000 Jahren vor Ort gewesen. Daß auch dort – grob gesagt – das „Abbild der Welt“ errichtet wurde, zeigt die tiefe innere Verbindung zwischen den Ereignissen um die Schöpfung und der in Ägypten leider meist falschen Beurteilung des Todes. Der Tod selbst war, wie wir im IV. Kapitel sehen können, ein mythisches Ereignis mit einem uralten „historischen Kern“, das mit der Schöpfung selbst erst in Erscheinung trat. Diesem Ereignis fiel nicht ein „Mensch“ zum Opfer, sondern vielmehr eine „andere Menschheit“! Doch wir schweifen ab.

Eine nicht weniger sinnvolle Einzeluntersuchung sehe ich, vielleicht im Zusammenhang mit einer baugeschichtlichen Darstellung, im Werden der ägyptischen Hochkultur. Dazu gibt es genügend Bücher, werden Sie sich denken. Ja, doch hat bisher die Frage, woher denn die Ägypter der geschichtlichen Zeit die Idee hatten, die Geschichte einer unbekannten Mars-Zivilisation aufzugreifen, sie symbolisch für sich zu verwenden und – wie wir sehen werden – auch „nachzuspielen“, bisher niemand berücksichtigt! Das II. Kapitel dieses Bandes gibt, wenn auch nur in kurzer Form, einen Abriß dieser Tatsache wieder. Wie fundamental diese Entdeckung für unser eigenes Geschichtsbewußtsein ist, brauche ich nicht extra zu erwähnen. Wir sind die Erben dieses Vermächtnisses – ob so oder so! Der Sinn dieses 2. Bandes liegt also in den Zusammenhängen, die durch kurze Darstellungen aufgebaut werden können.

Vier Anhänge kommen auf spezielle Themen zu sprechen, die in einem vernünftigen Rahmen Platz gefunden haben. Besonders möchte ich auf Anhang 2 verweisen, der zeigen soll, daß die ägyptische Version der Schöpfung der Welt keinen nennenswerten Unterschied zu allen anderen Kulturen des Altertums macht. Die Bedeutung dieser Erkenntnis kann nicht hoch genug eingeschätzt werden.

Im Anhang 4 kommt Josef Kotalla zu Wort, dessen ausgezeichnete Kenntnisse über die moderne Astronomie mir auch außerhalb seines Anhangs stets eine große Hilfe war. Viele der Einzelfragen, zum Beispiel über die

hier favorisierte Version der Entstehung der Erde und des Planetoidengürtels, wurden im Vorfeld gemeinsam diskutiert.
Noch ein Wort zu meinem „Gewissen“:
Die in diesem Band vorgenommenen Interpretationen, so einfach und logisch sie oft scheinen, haben bei mir trotz meiner tiefen Überzeugung immer ein dumpfes Gefühl hinterlassen. Hatte ich völlig den Respekt vor einer phänomenalen Hochkultur verloren? Kann man wirklich einfach so „heruminterpretieren“?
Bevor ich mein Leben der Altertumswissenschaft gewidmet habe, damals vor zehn Jahren und auch noch danach, war ich der Überzeugung, daß nichts ergreifender, nichts faszinierender sein könnte, als ein Kontakt zu einer außerirdischen Zivilisation. Diese Fremdartigkeit rief ein unbeschreibliches Gefühl in mir herauf – nicht deutbar. Genaugenommen hat sich daran nichts geändert. Nur das alte Ägypten, das Volk, das ständig damit beschäftigt war, die Schöpfung in Wort und Stein zu rekapitulieren, die Folgen herauszuheben, dieses Volk hat mich noch mehr fasziniert! Es war also kein Respektverlust – im Gegenteil –, sondern wieder diese Fremdartigkeit, die mich anzog, der Respekt vor dem Andersartigen. Vielleicht ist es einfach nur das „Geheimnisvolle“.
Die ägyptische Kultur ist in einigen „Dingen“ kulturell unsere Heimat, doch haben wir sie schon vor langer Zeit vergessen. Ein völlig neues Denken hat sich breitgemacht, das eher auf die griechischen Teile unseres „kulturellen Gedächtnisses“ (Assmann) zurückgeht. Heute fehlt jedes direkte Verständnis, wenn die alten Ägypter ein anderes Verhältnis zur Zeit hatten oder wenn sie „Maat machten“. Maat machten sie, indem sie Tempel oder Pyramiden für die Ewigkeit errichteten, Maat ist Ordnung, auch Weltordnung. Tempelbau war eine Wiederholung der Schöpfung, eine Maßnahme zur Aufrechterhaltung dieser Maat, und wenn der Ägypter einen Tempel betrat, verließ er das gewohnte Raum-Zeit-Gefüge, um in eine ganz andere Welt einzutreten, um ganz fremdartige Dinge zu erfahren, die am Anfang der Zeit die Geschicke des Universums bestimmten und uns das werden ließen, was wir heute sind:
Erben eines Vermächtnisses.

Kapitel II
Das Vermächtnis

Es hat sich gelohnt, die großen Traditionen
der Völker nicht als Sagen und Mysterien abzutun,
sondern auf den prinzipiellen Wahrheitsgehalt
des Kernes eines solch beharrlich tradierten
Grunderlebnisses zu vertrauen...
Alexander und Edith Tollmann,
»Und die Sintflut gab es doch«

Ein Sekretär von Thot zu werden und zu öffnen,
was in seinem Behälter ist.
...ich bin gekommen, um die Zeichen zu berechnen...
...Das Siegel ist gebrochen...
Ich öffne die Truhe des Großen Einen,
ich breche das Siegel...
Ich öffne, was der Behälter des Gottes enthält.
Ich hebe heraus die Dokumente...
Spruch 992 VII, 204 der Sargtexte

Sintflut auf ägyptisch

Gibt es eine ägyptische Version der Sintfluterzählung? Finden wir Spuren von Thots Pyramide und dem Grund ihrer Erbauung in alten Texten? Bevor wir uns an die Ereignisse der Urzeit heranwagen, gilt es dem ägyptischen Textkorpus eine Geschichte zu entnehmen, die von der Sintflut handelt, als die großen Heroen Osiris, Horus und Seth schon längst vergessen waren, als Thot sich aufgrund seines väterlichen Erbes an den Bau der Großen Pyramide machte – vor etwa 12.000 Jahren. Es gibt so einen Text, und ich erfreue mich gelehrter Unterstützung, wenn ich in ihm die Ereignisse der Sintflut wiedererkenne.
Die älteste Form der Himmelsgöttin ist die *mehet-weret*, die „Große Flut", die schon in vordynastischer Zeit bekannt war.[694] Bereits damals

begann man damit, sich diese Göttin als Himmelskuh vorzustellen, was unter anderem durch die Narmer-Palette bezeugt wird. Unter den vielen möglichen Namen, die neben Nut für die Himmelskuh in Frage kommen, möchte ich besonders auf *ht-Hrw*, „Hathor“, eingehen, die seit den Pyramidentexten als Himmelskuh gesehen wurde. Ihr Name wird mit „Haus des Horus“ übersetzt.[695] Die Hathor ist (fast) nichts weiter als eine andere Form der Himmelsgöttin Nut. Bei ihr handelt es sich zweifellos um eine kosmische Personifikation des Urgewässers, um die weibliche Variante (mit besonderem Grund) des Nun. So wie Nut als Himmelskuh dargestellt wurde, trug auch die Hathor stets das Kuhgehörn, das zwischen den Hörnen die Scheibe des Re trägt. Schon ihr Name „Haus des Horus“ kennzeichnet sie als mütterliche Göttin des Königtums. Damit ist sie letztendlich identisch mit Isis, der Mutter des Horus im Königtummythos, die uns ja selbst wiederum mit Kuhgehörn gegenübertritt. Wir werden die Verhältnisse später noch weiter erörtern.

„Die Himmelsgöttin Hathor“

Quelle: E. A. Wallis Budge: From Fetish to God, 1934, S. 59

Als Hilfsmittel dient uns das „Buch von der Himmelskuh“, das seit Tutanchamun belegt ist. Erik Hornung, der uns sicher die beste Übersetzung dieses Textes liefert, sieht in diesem Mythos die ägyptische Sintflutgeschichte,[696] womit er zweifellos richtigliegt.

Diese Geschichte beginnt mit der Zeit „als Menschen und Götter noch vereint waren.“ [697] Es ist dieselbe göttliche Zeit, auf die die ägyptischen Königslisten zurückgreifen, auch die Zeit des Schu ist dann dabei. Die Aufzählung der wichtigsten – etwa Re, Schu, Geb, usw. – ist keine Aufzählung von Göttern, die einst über Ägypten herrschten. Dafür sind die Abweichungen untereinander viel zu groß und die Götter zu kosmisch. Wir werden darauf zurückkommen. Es sind vielmehr die Reihen der kosmischen Götter, die damals verschwommen verehrt wurden, weil direkte Erinnerungen nicht mehr vorhanden waren. So kann je nachdem welches Dogma gerade vorherrschte, vor Re noch Ptah genannt werden, usw.[698]
Aus irgendwelchen Gründen war es mit der Verehrung dieser Götter plötzlich vorbei, „da ersannen die Menschen Anschläge gegen Re“.[699] Worin diese Anschläge bestanden, verschweigen uns die altägyptischen Texte. Doch zeigen die Querverbindungen zu anderen Sintfluterzählungen ganz klar, daß eben diesen Göttern nicht mehr die notwendige Verehrung zuteil wurde. Das ist das bekannte, auch aus der Bibel stammende Motiv des bösen Menschen der vernichtet werden muß. Genau das geschieht auch im „Buch von der Himmelskuh“. Re schickt also die Sintflut und ernennt sein „Auge“, die Göttin Hathor, zum ausführenden Organ.[700] Hathor ist zweifellos ein bestimmter Teil des Planetoidengürtels und wir werden das noch genau erläutern.
Wir konnten vorher feststellen – ohne das Phänomen bis jetzt zu untersuchen –, daß Re seine Bahn durch den Planetoidengürtel zieht. Daher finden wir immer wieder Hinweise darauf, was mit Hathor geschieht wenn es soweit ist. Im Totenbuch heißt es dazu:[701]

„...und Hathor ist von Zittern befallen!
Re triumphiert über Apophis.“

Oder auch:[702]

„Der Himmel ist voll Erschütterung,
wenn du [Re, A.d.A.] in ihm erneuert dahineilst,
Tag für Tag.“

Der Himmel zittert oft in ägyptischen Texten, und Hathor und Nut werden oft genug dabei genannt, wenn Re seine Bahn „mitten“ durch diese zieht. Auf eine Katastrophe weist auch ein anderer Spruch,[703] in dem Hathor „die zum Feuer gehört“ genannt wird. Wenn der Verstorbene den Ort im Zuge seiner Seelenreise erreicht, erinnert er sich an die „Nacht der großen Flut“.[704]

Das alles sind Motive für ein sonderbares Ereignis: Re zieht seine Bahn mitten durch die Planetoiden, die danach ganz offensichtlich auf dic Erde stürzen und die Sintflut auslösen. So ist auch der Verlauf in unserem Text, denn Nun spricht zu Re: „Nimm deinen Platz (wieder) ein.“[705]

Nach der Sintflut bleiben – wie in der biblischen Parallele – Menschen übrig: „Ich [Re, A.d.A.] werde Macht über sie haben als König, als der, der sie [die Menschen, A.d.A.] vermindert hat.“[706]

Bevor sich Re nach getaner Arbeit wieder aus der Göttin Hathor – respektive aus dem Planetoidengürtel – zurückzieht, beauftragt er seinen Stellvertreter Thot alle Ereignisse – auch die der Schöpfung, die in kurzer Form hier eingefügt wurden – aufzuzeichnen:[707] „Wer es liest, soll dieses Bild anfertigen, wie es nach diesem Buch festgelegt ist.“

„Schu stützt die Himmelskuh“

Quelle: Adolf Erman: Die Rekigion der Ägypter, Berlin, 1934, S. 15, Abb. 2

Wir haben es hier ganz offensichtlich mit einer weiteren Parallele zum Hitat, zum Henochbuch und zu den hermetischen Lehren zu tun. Schon zeitlich ist der Bezug zur Sintflut hergestellt. Auch hier wird Thot – allerdings erst nach dem Ereignis – von Re dazu aufgerufen das Wissen aufzuschreiben, das durch das Wüten der Hathor vernichtet wurde. Ja, wir können sogar einen ganz entscheidenden Punkt als weitere Gemeinsamkeit finden. Wir erinnern uns an die Beschreibung der Sintflut im Hitat. Dort war es das Herz des Löwen, das einen bestimmten Umlauf vollbracht hat, und das das Himmelsgewölbe auflöst auf daß es zur Erde herabstürzt. Die Katastrophe auf der Erde geschah am „zweiten Tag nachdem sich das Himmelsgewölbe zuerst bewegt haben wird“.[708] Genauso war es in Ägypten die Hathor, die „erzittert“. Mit andern Worten: Die Sintflut geschah durch den Einsturz des Himmelsgewölbes. Von dieser Urangst wissen alle Kulturen der Welt zu berichten. Daß „verfaulte Sterne vom Himmel auf die Erde fielen“ war für den Ägypter nichts Besonderes.[709] Schlägt man die stützenden Arme des Schu weg, stürzt der Himmel auf die Erde.[710]
Wir halten damit fest, daß die Himmelsgöttin Hathor ähnlich wie die Nut als Planetoidengürtel gesehen werden kann. Weiter hat die ägyptische Version der Sintfluterzählung ebenfalls Thot damit beauftragt, die Schöpfung und andere wichtige Dinge zu notieren. Es ist, und der Grund ist noch nicht geklärt, der höchste Gott der Ägypter, nämlich Re, der die Sintflut dadurch ins Leben gerufen hat, daß er mitten durch den Planetoidengürtel gezogen ist!
Thot haben wir mit der Großen Pyramide längst zusammengebracht. Es gilt nun zu klären, ob auch die Hathor einen Bezug zu dieser Pyramide hat.

Die Bedeutung der Pyramide...

Sitchin erwähnt in seinen Büchern eine Stele, die sogenannte „Inventarstele“, die Cheops einst im Tempel der Isis errichten ließ.[711] Sie wurde im 19. Jahrhundert von dem französischen Ägyptologen Auguste Mariette entdeckt und hätte sich als echte Sensation entpuppt. Für Sitchin war die Stele ein wesentliches Beweisstück dafür, daß die Große Pyramide zu

Cheops Zeiten schon existierte, was dazu führte, daß die Gelehrten die Stele zu einer Fälschung erklärten. Der bedeutende Ägyptologe James Henry Breasted kommentierte:[712]

„Diese Stele könnte von höchster Bedeutung sein, wenn sie aus der Zeit des Cheops stammte; ihrer Orthographie nach gehört sie jedoch eindeutig in eine spätere Zeit..."

Die katastrophal schlechte Fälschung durch Vyse, mit einer Schriftform die es zu Cheops Zeiten noch gar nicht gab, hat die Gelehrten nicht zur Vorsicht gemahnt. Dagegen könnte die Inventarstele durchaus eine spätere Kopie sein, die die Existenz einer echten und alten Stele nicht unbedingt ablehnen muß. Wir kennen solche Kopien von anderen Texten in großer Zahl und immer wieder stellt sich von wichtigen und bekannten Texten heraus, daß sie nicht im Original, sondern nur in einer Abschrift vorliegen. Stattdessen wurde sie noch nicht einmal einer weiteren Untersuchung für würdig befunden. Hancock kommentiert treffend:[713]

„Warum diese unterschiedlichen Maßstäbe? Könnte man die Steinbruchzeichen anerkannt haben, weil sie die herrschende Auffassung – daß nämlich die Große Pyramide als Grab für Cheops errichtet wurde – bestätigen, wohingegen die Inventarstele dieser Ansicht widersprach?"

Jedenfalls befindet sich diese Stele heute im Museum von Kairo und ihre Inschrift lautet:[714]

„Es lebe Horus Mezdau;
dem König von Ober- und Unterägypten, Chufu,
ist Leben gegeben!
Er gründete das Haus der Isis,
der Herrin der Pyramide,
neben dem Haus der Sphinx."

Die Fortsetzung der Inschrift gibt der Großen Pyramide den richtigen Namen und zeigt, daß die Pyramide zu Cheops' Zeiten längst existierte:[715]

„Für seine Mutter Isis, die göttliche Mutter,
Herrin von Hathors Westberg,
machte er (diese) Schrift auf eine Stele.

Er brachte (ihr) ein neues heiliges Opfer.
Er baute (ihr) ein Haus (Tempel) aus Stein,
erneuerte die Götter,
die in ihrem Tempel gefunden wurden."

Diese Inschrift behauptet also unumwunden, daß der Name der Großen Pyramide „Hathors Westberg" sein soll.[716] Die grundlegende Verneinung dieser Erkenntnis hat mich umso mehr erstaunt, als ich bei meinen Nachforschungen in den alten Texten auf eine Stelle stieß, die genau das behauptet. Ich stellte fest, daß Sethe schon vor so vielen Jahren zu derselben Schlußfolgerung gelangte. Daß Hathor „Haus des Horus" heißt, wurde schon erwähnt. In der Textsammlung, die man schließlich in Pyramiden fand, heißt es:[717]

„(nehmt den NN. zum Himmel
zu dem Haus des) Horus,
das am Himmel ist...
und er soll emporsteigen zu dem Haus des Horus
das Himmel ist."

Dieses „Haus des Horus" wird wohl anders geschrieben als der Begriff Hathor, doch steht auch für Sethe fest, daß die Bedeutung dieselbe war.[718] Dieses „Haus des Horus" liegt wieder augenscheinlich am Himmel. In einem anderen Spruch der Pyramidentexte wird dann die Pyramide selbst so genannt.[719] Dort heißt die Pyramide einfach „Horusauge", und fährt dann fort:

„Wer seinen Finger an diese Pyramide und diesen Tempel
des N. (und) seines Ka's legen sollte,
der hat seinen Finger an das Horushaus im Himmel gelegt,
der hat die Hausherrin betreten, die Stätte, die (sich)
Geb er(dacht hat)..."

Dieser Text spricht so deutlich von Hathor als „Hausherrin" – trotz der anderen Schreibweise –, daß nichts anderes übrigbleibt als die Pyramide auch so zu nennen. Zu dieser Folgerung gelangte auch Sethe, der in sei-

nem Kommentar schrieb:[720]
„Das ‚Haus des Horus' in *kbh.w*... scheint doch zu zeigen, daß an unserer Stelle dabei an die Göttin Hathor gedacht ist, die ihrem Namen ‚Haus des Horus' und ihrer häufigen Rolle als Himmelsgöttin gemäß als Personifikation dieses himmlischen Gebäudes gedacht ist."
Die Behauptung, die Inventarstele sei eine Fälschung, steht doch zumindest was den Inhalt anbelangt auf wackligen Füßen. Die Stelle in der Pyramide, die wir als „unfertige" Felsenkammer kennengelernt haben, und die nach den neuesten Erkenntnissen auch „Kammer der Nut" genannt werden könnte, bekommt einen weiteren möglichen Namen. Im „Buch von der Himmelskuh" steht:[721]

„Nut verwandelte sich in eine Kuh,
und da stieg die Majestät des Re auf ihren Rücken."

Die Kammer könnte genausogut den Namen der Hathor haben, die zwischen ihren Hörnern die Scheibe des Re tragen kann. Bezogen auf die Felsenkammer und ganz besonders auf den weiterführenden Gang, der dann ganz plötzlich abbricht, liegt die Bedeutung jetzt auf der Hand. Dieser Gang symbolisiert die Bahn des Re, bevor er der Himmelskuh auf den Rücken steigt. Hathor, die von Haus aus als „Höhlengöttin" galt, deren Gesicht übrigens dreieckig dargestellt werden kann, gibt der Pyramide den Namen. Mit dem Terminus „Hathors Westberg" suchte ich in den alten Texten wieder einmal nach Belegstellen, als ich im „Höhlenbuch" diese glasklare Aussage fand:[722] „Re geht unter im Westberg". Oder im Totenbuch des Ani:[723]

„Re anbeten bei seinem Aufgang...
Du erscheinst,
du gehst auf auf dem Rücken deiner Mutter
Du bist erschienen als König der Götter...
Der Westberg empfängt dich in Frieden..."

Ganz Gizeh ist Zeugnis der Tätigkeiten Thots, der die Pyramide nach der Himmelsgöttin Hathor benannte. Hathor selbst wurde dort außer-

ordentlich stark verehrt. Wir erinnern uns: Ihr Name befand sich beim Eingang des Taltempels[724] und George Andrew Reisner fand bei seinen Grabungen im Mykerinosbezirk drei Statuengruppen aus metamorphem Schiefer, die den König mit Hathor zeigt.[725] Zweifellos spielte sie in Gizeh eine Hauptrolle.
Genau das haben wir doch herausgefunden! Die Große Pyramide von Gizeh ist das Vermächtnis, und sie wurde vor etwa 12.000 Jahren erbaut.

...und der Grund ihrer Erbauung

Von allen Teilen meiner Arbeit ist der nun folgende, der spekulativste. Wer sich nicht mit hypothetischen Überlegungen belasten will, die von Haus aus nicht zu belegen oder widerlegen sind, sollte diesen Absatz überspringen. Der Grund dafür, daß ich ihn trotzdem für enorm wichtig halte, ist das gewaltige kulturelle Loch zwischen der Erbauung der Großen Pyramide und dem Beginn der geschichtlichen Zeit in Ägypten. Das Problem heißt „Vermächtnis".
Woher kommt es? Wie konnte es über die ganze Erde verbreitet werden? Warum errichteten die Teotihuacanos noch so spät – relativ spät – ein Zeugnis dieses Vermächtnisses? Es gibt keine direkte Verbindung zwischen den Monumenten auf dem Mars und dem Beginn der menschlichen Geschichte! Wie paßt das alles zusammen?
Die Legenden um Thot, Hermes, Saurid oder wie sie auch immer heißen mögen, haben grundsätzlich die Sintflut als Ausgangspunkt und stets ist davon die Rede, daß in der Pyramide ein Geheimnis verborgen ist. Thot selbst, der göttliche Baumeister, war grundsätzlich der Hüter eines Geheimnisses, dessen Rahmenbedinungen wir jetzt kennen. In einem Spruch der Sargtexte heißt es:[726]

„Thot geht heraus in seinem Glanz
mit dem Ritualbuch in seinen Händen,
und Ehre ist ihm gegeben,
Darbringungen sind ihm erklärt durch jene,
die in der großen Burg sind."

Auf der anderen Seite wissen wir mit sehr hoher Wahrscheinlichkeit, daß die Ereignisse auf dem Mars beträchtlich älter sind. Eine direkte Verbindung zwischen dem Marszeitalter und der Sintflut ist nicht vorstellbar. Es spielt dabei überhaupt keine Rolle ob nun der Mensch vom Mars zur Erde kam, oder eine frühe Kultur auf der Erde sich schon einmal im Raumfahrtzeitalter befunden hat – die Zeit vor der Sintflut war kulturell genau da einzuordnen, wo es die Wissenschaft tat. Die Lösung des Problems läuft entweder darauf hinaus, daß die primitiven Kulturen zu dieser Zeit das Vermächtnis schon Jahrtausende oder noch viel länger mit sich herumtrugen, oder daß es ihnen von „außen" zugetragen wurde. Die ägyptischen Monumente aus der Zeit der Sintflut sind nicht zahlreich. Außerhalb von Gizeh finden wir höchstens das Osireon in Abydos sowie einige gewaltige Steinblöcke, die vielleicht nicht aus der Zeit stammen die ihnen heute zuerkannt wird. All das wirkt eher wie ein Versuch, durch den kurz vor der Sintflut (300 Jahre davor?) die wesentlichen Eckpunkte der ägyptischen Religion schon installiert werden sollten. Daß diese Kultur „installiert" wurde, wird nach dem letzten Kapitel ohnehin klar werden. Die Sintflut selbst beendete diesen Prozeß, und wir haben heute nur vorsichtige Reste, die für eine natürlich „entwickelte" Kultur nicht ausreichen. Außerdem finden wir, daß die Zeit für eine Kulturübertragung an benachbarte Völker nicht ausgereicht hat. Wie löst man dieses Problem?
Prinzipiell würde ich eher zu dem Gedanken neigen, daß das Vermächtnis seit den Ereignissen auf dem Mars in mündlichen Überlieferungen weitergegeben wurde. Dagegen spricht aber ganz entschieden: Zum einen die Details dieser Überlieferungen, die eine Schrift, von der wir immerhin nichts wissen, zwangsläufig voraussetzt, zum anderen, daß die Legenden, die schließlich von der Bedeutung der großen Pyramide wußten, das krasse Gegenteil behaupten. Weiter kann, wenn die verlorene Zivilisation auf dem Mars womöglich wirklich vier Milliarden Jahre alt ist, eine mündliche Überlieferung wohl kaum in Betracht gezogen werden. Grundsätzlich erfährt die Hauptperson das Wissen der Menschheit von anonymen „Göttern". Besonders deutlich wird dies im Henochbuch.

Henoch selbst wird von zwei Personen, deren Aussehen er reichlich ungewöhnlich beschreibt, in den Himmel geholt. Der Auslöser für meine absolut nicht beweisbare Theorie war dabei folgender Satz:[727] „Und ich sehe alles wie in einem Spiegel." Diese Bemerkung gibt zu der Überlegung Anlaß, daß Henoch zwar in den Weltraum entführt wurde, er aber nicht an allen Orten selbst war, sondern – und das glaube ich zu erkennen – er sah das Wissen der Menschheit auf einem Bildschirm! Der Herr, der zu ihm sprach war freilich nicht der 10. Planet, weil Planeten zu selten sprechen, sondern es war die kommentierende Stimme zu den Ereignissen auf dem Bildschirm. So konnte er, als man ihm die Schöpfung vorführte, natürlich nicht selbst dabeigewesen sein. Die Frage lautet also:

1. Wohin wurde Henoch gebracht?
2. Wer hat ihn dorthin gebracht?

Die Beschreibung der beiden Männer die ihn in den Himmel mitnahmen sowie die grundsätzliche Existenz eines Bildschirms zeigt für meine Begriffe klar, daß, wer sie auch immer waren, sie nicht von der Erde kamen. Das ist absolut sicher. Wenn sie auch nicht von der Erde kamen, vom Mars – und das ist nicht weniger sicher – kamen sie ebenfalls nicht. Trotzdem war der Mars doch ein wesentlicher Bestandteil des hier überlieferten Wissens. Was sonst hätte dem Bau der Großen Pyramide vorangehen sollen?
Das was ich hier behaupte setzt grundsätzlich die Möglichkeit voraus, daß die Menschen in der Vergangenheit Besuch von anderen Sternen bekamen. Die Überlegung ist für mich nicht neu, und ich habe nicht gerade wenig Bücher zu diesem Thema gelesen. Das macht die Sache aber trotzdem nicht einfacher. Das Problem ist dabei, daß wir viele Dinge ohne die Sternenmenschen absolut nicht lösen können. Ganz vorne an steht hier die kulturelle Explosion – ein Phänomen, das überall auf der Welt auftaucht, und das nicht selten zur selben Zeit. Es folgt der nicht erklärbare Umstand, daß wir in allen Teilen unseres Planeten denselben Mythos vorfinden – später wird sich das noch genauer zeigen. Irdische Kulturbringer wären dazu nicht imstande gewesen. Was aber am meisten

heraussticht ist das, was auf den Besuch der Sternenmenschen folgte – nämlich der Bau der Großen Pyramide. Für Teotihuacan gilt das nicht weniger, wo man urplötzlich damit begann, das Sonnensystem nachzubauen. Das passiert ja nicht einfach so. Die dafür nötigen Kenntnisse setzen eine Entwicklung voraus, deren Endpunkt dem Beginn des 20. Jahrhunderts entsprechen müßte! Und wieder können wir sicher sagen, daß uns so eine Kultur nicht bekannt ist!

Wenn das Ergebnis ihres Besuches zum einen der Bau der Großen Pyramide war, deren wesentlicher Inhalt ja die Umlaufbahn des Mars ist, dann fragt man sich doch, welches Wissen die Sternenmenschen über die Erdenmenschen hatten. Und woher hatten sie dies? Ich will keine weiteren Umschweife machen und behaupte hiermit, die Sternenmenschen – sie sind schon durch ihre Handlungen als solche ausgewiesen – fanden das Wissen auf dem Mars! Dort in den gewaltigen Pyramiden.

Eine fortschrittliche weltraumerfahrene Zivilisation, wie wir sie hier vor uns haben, fliegt nicht blind durch das All. Wenn sie uns in der Vergangenheit besucht haben, dann haben sie auch die Stadt auf dem Mars gefunden. Nur dieser Umstand rechtfertigt die Erbauung einer Pyramide bei Gizeh, die deutlich genug auf den Mars bezogen ist.

Ich möchte hier keine grundsätzliche Debatte darüber führen, ob es Sternenmenschen überhaupt gibt und ob, wenn es sie gibt, die Möglichkeit zum interstellaren Raumflug besteht. Mir sind einfach keine wesentlichen Argumente gegen diesen Gedanken eingefallen. Zudem lautet unser Thema anders. Jedenfalls läßt sich die Verbindung Mars-Erde zur Zeit vor der Sintflut ohne außenstehende Hilfe nicht errichten. Wir stehen hier vor einem großen nicht erklärbaren Kulturloch, das selbst eines der größten Menschheitsrätsel darstellt, für das eine Lösung noch nicht gefunden wurde, ja, die man noch nicht einmal sucht!

Hypothesen über versunkene Kontinente sind wohl sehr spannend, und es mag sie tatsächlich gegeben haben. Doch beherbergten sie keine höhere Kultur, die das Rätsel auf dem Mars selbst entdeckten oder gar dafür verantwortlich waren. Eine solche Kultur hätte seine Spuren auch in anderen, nicht versunkenen Gebieten hinterlassen. Ob diese anderen Gebiete nun eine ähnlich hohe Kultur hatten oder in primitiven Formen lebte spielt doch dabei keine Rolle. In Ländern der dritten Welt gibt es ebenso Turnschuhe und Armbanduhren, wie uns die Japaner reichlich mit Autos oder Unterhaltungselektronik zudecken, oder die Amerikaner uns Deutsche nach dem zweiten Weltkrieg mit Coca Cola, Mickymaus und Elvis Presley mehr beeinflußten, als ihnen selbst jemals bewußt werden wird. Eine Kulturübertragung findet immer statt wo zwei Kulturen sind, und Entfernungen und Reifungsgrade spielen dabei keine Rolle. Dieser Rahmen muß also gesprengt werden.

Das führt uns zu der Frage zurück, was denn auf dem Mars eigentlich gefunden werden könnte. Die Pyramiden auf dem Mars wurden von einer High-Tech-Zivilisation gebaut – nicht Stein auf Stein, sondern aus massivem Felsen geschnitten. Das verrät uns schon das wenige, das wir über sie wissen. Wir können seelenruhig davon ausgehen, daß ihr Inhalt etwas anders aussehen wird als die Große Pyramide von Gizeh. Es gibt keinen Grund anzunehmen, daß die Marspyramiden nicht auch „Heiligtümer" in einem gewissen Sinn waren. Wenn beides zutrifft dann ist klar, wo „Henochs Spiegel" zu suchen ist – in einer der Pyramiden auf dem Mars. Thot war Hüter eines Geheimnisses, das ausdrücklich „unter dem Himmelsgewölbe" lokalisiert wurde, und das trifft am ehesten auf den Mars zu. Eine Botschaft zu vermitteln, das ist auch die Aufgabe der Pyramide von Gizeh. Diese Botschaft betrifft nicht unwesentlich die menschliche Zivilisation auf dem Mars. Das Wissen, das Henoch dort erhält, hat er für „uns" aufgezeichnet – in Form der Großen Pyramide, und in Form der ägyptischen Mythologie. Teotihuacan entstand in viel späterer Zeit, aber ebenso plötzlich. Die einzige Brücke die sich für die Lösung dieses Problems bietet, ist die Existenz einer federführenden außerirdischen Intelligenz!

Wenn der Leser dies für eine wilde Spekulation hält, die vielleicht niemals bewiesen werden kann, dann hat er recht. Trotzdem möchte ich die Überlegungen noch dahingehend erweitern, daß wir die Frage nach der Herkunft dieser Sternenmenschen stellen. Ich verweise hiermit ein für allemal auf Robert Temples Werk „Das Sirius-Rätsel", wo er dieser Frage tiefgreifend nachgegangen ist – auch wenn wir beide dieselben Dinge oft anders interpretieren.

Der Titel verrät schon, wo zu suchen ist. Temple ging der außerordentlich spannenden Frage nach, wieso der Stamm der Dogon in Mali Kenntnisse über die Existenz des Sirius B haben – und zwar schon länger als die moderne Astronomie –, der mit bloßem Auge immerhin absolut unsichtbar ist. Die Dogon selbst behaupten, dies von jemandem zu wissen, der selbst vom Sirius kam.[728] Wer will ihnen widersprechen? Die Unlösbarkeit dieses Problems, und nicht weniger Temples herausragende Arbeit zu dieser Fragestellung, haben mich annehmen lassen, daß es eine andere Lösung nicht gibt. Wir sollten öfter zu den Sternen blicken und mehr den Visionen Gene Roddenberrys lauschen, als dumpfe Statistiken zu entwerfen.

Dem interessierten Leser möchte ich trotzdem noch einiges mitgeben. Es gibt eine geheimnisvolle Beziehung zwischen Thot und Schu, die ich zur Zeit noch nicht näher erläutern kann. Anhand des ominösen „Spiegels" aber, läßt sich vielleicht etwas Klarheit verschaffen. Wir haben erfahren, daß Horus „Gesicht" heißen kann, und so ein Gesicht auf dem Mars verwirrt uns ja gerade. Rainer Hannig läßt uns die leider nicht gesicherte Möglichkeit, daß Horus auch „Spiegel" heißen kann![729] Ich glaube sehr fest daran, daß dies so zutrifft und irgendwo hier liegt ein weiterer Schlüssel vergraben, der uns die Beziehung zum Mars noch verdeutlichen könnte.

Kapitel III
Vom Ursprung zur Offenbarung

Licht und Himmelsgewölbe.
1. Im Anfang schuf Gott den Himmel und die Erde.
2. Die Erde war wüst und leer,
Finsternis lag über der Urflut, und der Geist Gottes
schwebte über den Wassern.
3. Da sprach Gott: „Es werde Licht!" Und es ward Licht.
4. Gott sah, daß das Licht gut war.
Da trennte Gott Licht von der Finsternis.
5. Gott nannte das Licht Tag, die Finsternis aber Nacht.
Es ward Abend, und es ward Morgen: ein Tag.
6. Dann sprach Gott: „Es entstehe ein festes Gewölbe
inmitten der Wasser, und es bilde eine Scheidewand
zwischen den Wassern!"
7. Gott bildete das feste Gewölbe und schied zwischen
den Wassern oberhalb und unterhalb des Gewölbes,
und es geschah so.
8. Gott nannte das feste Gewölbe Himmel.
Es ward Abend, und es ward Morgen: zweiter Tag.
Genesis, 1. Buch Moses, 1. Kapitel

Die Zeit der Urgötter

Wir wollen jetzt untersuchen, wie alles entstand, warum Re, der ganz offensichtlich nicht die Sonne ist, eine ungewöhnliche Bahn durch den Planetoidengürtel nimmt. Nicht zuletzt interessiert uns die Frage, ob die Planetoiden ursprünglich zu einem 5. Planeten gehörten, denn soviel ist sicher: Hat es diesen Planeten gegeben, dann steht seine Existenz im unmittelbaren Zusammenhang mit der Beantwortung des Marsrätsels. Wir konzentrieren uns also nun auf die Ereignisse, die weit vor dem Bau der Großen Pyramide stattfanden und gehen sogar in die Zeit vor der Schöpfung zurück. Wie sah die Welt vor der Schöpfung aus?

Die Beantwortung dieser Frage ist unablässig für die Lösung des Marsrätsels. Mit herausgerissenen Ereignisfetzen lassen sich schließlich keine zusammenhängenden Erkenntnisse ermitteln. Und das schon gar nicht in Ägypten, wo ein einziger Spruch sowohl vom Mars berichtet als auch von der Schöpfung. Diese „Szenen" sind untrennbar miteinander verbunden. Der Leser muß sich also zwangsläufig durch einen dicken Sumpf mythologischen Wirrwarrs hindurcharbeiten. Das kann ich ihm nicht ersparen. Aber am Ende dieses Mammutkapitels werden uns bereits die ersten Lichter aufgehen, wird uns zum ersten Mal klar, welch fundamentale Bedeutung der Mars hatte.

Die alten Ägypter hinterließen uns wenigstens vier verschiedene Kosmogonien, die auf die vier religiöse Zentren zurückgehen: Helipolis, Memphis, Hermopolis und Theben. Die Forscher und Wissenschaftler sind sich nicht ganz sicher, ob sie sich nun widersprechen, oder ob sie sich gar auf geheimnisvolle Weise ergänzen. Die verschiedenen Facetten der Schöpfung, die uns nur bruchstückhaft überliefert sind, vermitteln uns eher einen unverständlichen Eindruck. Dabei handelt es sich nicht um ein Versehen. Die ständigen Hinweise, daß es sich hierbei um Geheimnisse handelt, könnten die Erklärung sein.

Dagegen geht Veronica Ions davon aus, daß die Schöpfung selbst „nur sehr beiläufig erwähnt wird, weil eine allgemeine Kenntnis des Dogmas von Heliopolis vorausgesetzt wird."[730] Die Pyramidentexte, die uns als entscheidende Quelle dieses Dogmas überliefert sind, waren aber zu ihrer Zeit nur das Privileg des Königs, und das wurde streng gehandhabt. Auch den Griechen wurde doch die Schöpfung nur „unter dem Mantel der Verschwiegenheit" mitgeteilt. Was war daran so sonderbar, daß sie als „geheim" gelten mußte? Welches Geheimnis verbirgt die ägyptischen Version der Schöpfung.

Ohne genau zu wissen, was es mit dieser „Schöpfung" auf sich hat, fällt auf jeden Fall auf, daß sie eine zentrale Rolle spielt. Es gibt sehr wohl eine Zeit vor diesem Ereignis, die oft erwähnt, aber bisher nicht verstanden wird. Das liegt ganz einfach daran, daß die Versionen der alten Völker niemals ernst genommen wurden, und niemand kam auf die Idee, die realen kosmischen Phänomene mit den Klängen der ägyptischen Priester

in Einklang zu bringen, denn das widerspräche dem momentan gültigen Weltbild ganz erheblich.
Heliopolis ist die älteste Quelle altägyptischer Religion. Man teilte die „Neunheit“ von Heliopolis in Göttergenerationen auf, die in ihrer Reihenfolge die Eckdaten der Schöpfung und die Ursprünge des Königtums beherbergen. Für Re verwendete man meist die (fast) gleichbedeutende heliopolitanische Form Atum. Die hier gezeigte Aufstellung beinhaltet zusätzlich den Urgott Nun, der generell nicht zur Neunheit gehört, da sein Wesen vor der Schöpfung – und damit vor den Göttern – dominierte. Ebenso ist hier der „10. Gott der Neunheit“ Horus mit eingefügt,[731] der für den Beginn des „irdischen“ Königtums steht.

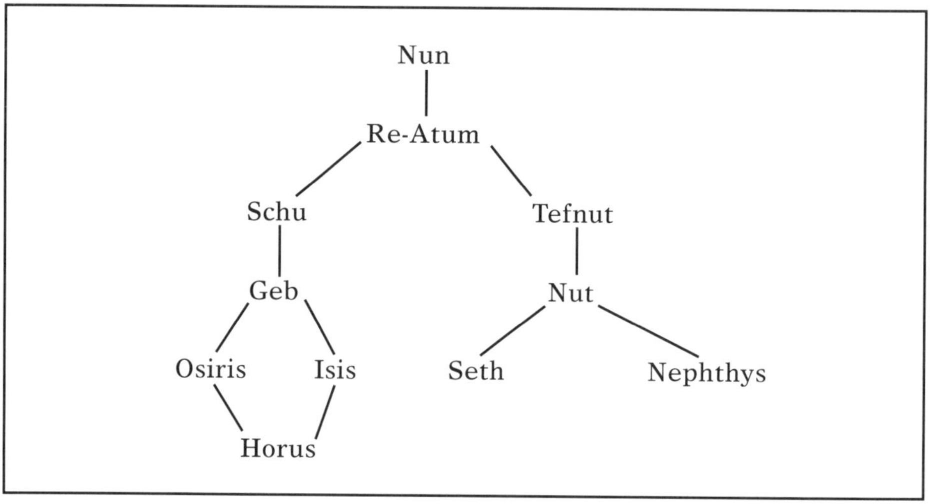

Henri Frankfort hat in seinem wichtigsten Werk die Neunheit so beschrieben:[732] „Es gibt da einen tiefgreifenden Unterschied zwischen den letzten vier Gottheiten und den vorangegangenen fünf. Atum, Schu und Tefnut, Geb und Nut repräsentieren eine Kosmologie. Ihre Namen beschrieben ursprüngliche Elemente; ihre Beziehung zueinander implizieren eine Geschichte der Schöpfung. Die vier Kinder von Geb und Nut sind in die Beschreibung des Universums nicht involviert. Sie etablieren eine Brücke zwischen Natur und Mensch, und das in der einzigen Art und Weise, in der sich der Ägypter eine solche Verbindung vorstellen konnte – durch Königtum.“

Wir können Frankforts Darstellung nur zustimmen. Von Schu wissen wir zwischenzeitlich, daß es sich um den Mars handelt. Nut ist der Planetoidengürtel, und Re – jedenfalls allem Anschein nach – ist ein Planet, der sowohl die 10. als auch die 5. Position im Sonnensystem einnehmen kann. Geb, und wenigstens darüber bedarf es keiner Auseinandersetzung, ist die Erde. Ergibt das irgendwie einen Sinn?
Beginnen wir mit unserer Erweiterung des ägyptischen Weltbildes bei Nun, oder älter auch Nu, dem „Urgewässer". Die Texte beschrieben ihn als kosmisches Meer, in dem einst die Erde schwamm. Eine häufige Beschreibung ist die des himmlischen Nils. Daß dieser seine Lage im Planetoidengürtel hat, haben wir bereits herausgefunden.
Edmund Dondelinger erwähnt eine Besonderheit seiner Hieroglyphen:[733] „Eine geheime Verbindung tut sich auf zwischen dem wässrigen Ur-Element und der Himmelsgöttin, bei der die Schreibweise des Namens eine deutliche Beziehung zum (Ur-) Wasser enthält. Mit der dreifachen Wasserlinie, der Dreifachsetzung des Nu-Topfes und der Himmelshieroglyphe wird auch Nun, der Urozean, geschrieben."
Damit zeigt uns Dondelinger, daß wir genau dort, wo sich heute die Planetoiden erstrecken, auch den Urgott Nun finden. Wie aber unterscheidet er sich von Nut?
Nun ist „in der Urzeit entstanden" oder „am Anfang geworden".[734] Er wird als erste Stufe des Seins gesehen, der sein Wesen vor der Schöpfung entwickelte. In der Vorstellung der Ägypter existierte auch die Idee, daß man Nun auch findet, wenn man in der Erde gräbt und auf Grundwasser stößt.[735] Ebenso galt er als *w3dj-wr*, als der „große Grüne".[736]
Re taucht in dem Moment in Nut ein, in dem er auch in den Nun eindringt. Da gibt es keinen topographischen Unterschied. Das zeigt das „Pfortenbuch":[737]

„Sie entstehen aber zur Geburt Res in der Nut,
sie entstehen zur Geburt Res,
sie kommen heraus aus dem Nun mit ihm."

Dabei geschieht genau das, was auch bei der Sintflut vor sich ging:[738]

„...bevor die Flut hervorströmt,
bevor Re zum Nun gelangt ist."

Wenn unser Weltenbau bis hierhin richtig war, und ich kann bis heute keinen Fehler darin entdecken, zumal alles Weitere nur so funktioniert, dann war Re nicht die Sonne! Wir werden dieses Problem noch ausgiebig diskutieren, denn, und das ist nicht weniger sicher, es gab in Ägypten Zeiten, in denen Re wirklich als Sonne gesehen wurde – zum Teil schon im Alten Reich. Ich kenne eine Textstelle, die von herausragender Wichtigkeit ist, gleichgültig, ob man nun diesen ominösen Planeten oder die Sonne in Re sehen möchte. Sie zeigt auf eindrucksvolle Weise, daß das Wissen der alten Ägypter weit über das hinausgeht, was man sich gemeinhin dabei vorstellt – ob Sonne oder nicht. Wir finden sie im Papyrus Strasbourg, einem späten liturgischen Hymnus an Sobek-Re:[739]

„O du, dessen Kopf Falke und Krokodil ist,
sein Auge ist Feuer,
seine Finger sind geheime Uräusschlangen,
Millionen Ellen hohe Flammen
sind auf allen seinen Seiten."

Woher kommt dieses Verständnis, wenn sie nur eine leuchtende Scheibe gesehen haben sollen. Aber es kommt noch toller:
Mit einem ähnlich verwegenen Text beglückt uns nämlich auch Erman. Er stammt aus der Zeit Amenophis' III. und sagt, daß Amon Re „einen Weg von Millionen und Hunderttausenden von Meilen (im) Augenblick" zurücklegt![740] Die Sonne aber – und man wird mir sicher falsch unterstellen, die Ägypter wüßten das nicht – steht fest in der Mitte unseres Planetensystems. Daß die Ägypter aber über viele Dinge Bescheid wußten, geht doch mehr als deutlich aus diesen zwei Zitaten hervor. Wer so detailreich das Sonnensystem nachbaut, für den sind dies einfache Dinge. Eine andere Frage ist, ob die alten Ägypter verstanden, was sie hier in Hieroglyphen verewigten, oder ob sie einfach blind die Urtexte abgeschrieben haben. Das weiß ich bis heute nicht genau.

Die Vorstellungen über den Urzustand, den Nun repräsentiert, wurden durch die Lehre von Memphis durch einen weiteren Aspekt erweitert. Diese Erweiterung der Vorstellungen wird durch den lokalen Gott Ptah ermöglicht, der nicht nur zu Ptah-Nun wird,[741] sondern beinahe mit allen wichtigen Göttern in einen Topf geworfen wird, so daß wir hier nicht weiter auf ihn eingehen müssen, denn das entspräche einer gesonderten Behandlung. Lediglich als Ptah-Tatenen, als Gott des Urhügels werden wir ihn noch kennenlernen.

Diese Götter, und allen voran Nun, repräsentieren die Zeit vor dem großen Welteneinsturz. Hans Bonnet verzeichnete dazu treffend wie immer:[742] „Denn daß Nun, der Urstoff, schon vor der Schöpfung bestand, war allgemeine Auffassung." Das können wir gleich noch detailreicher aufdecken.

In Hermopolis spaltet sich Nun in mehrere Aspekte auf. Man spricht von der Achtheit (ägyptisch Chemnu „Stadt der Acht"). Die Götter heißen:[743]

Männlich				Weiblich
Nun	–	Urgewässer	–	Naunet
Heh	–	Endlosigkeit	–	Hehut
Keku	–	Finsternis	–	Kekujt
Gereh	–	Mangel	–	Gerhet

Die Liste der Urgötter ist damit nicht vollständig und geht über die acht hinaus, wie es auch Neunheiten mit sieben oder auch 15 Göttern gab.[744] Dazu gesellen sich noch (das letzte Paar steht unter thebanischen Einflüssen vorn an):[745]

Niau	–	Leere	–	Niaut
Tenemu	–	Verschwinden	–	Tenemujt
Amun	–	Verborgenheit	–	Amaunet

All diese Beschreibungen des Urzustandes vor der Schöpfung klingen reichlich depressiv, und so sah der Ägypter in der Schöpfung selbst eine Erlösung von diesem eindeutig negativ beschriebenen Zustand. Durch

das Eingreifen Res wird dieser beendet. Was geschah damals?
Heinrich Schäfer hat sich in seinem Artikel „Weltgebäude der Ägypter“ mit dem Akt der Schöpfung befaßt. Er schrieb:[746] „Es ist der Nûn, das große Urgewässer, das wohl einst das ganze Weltall in sich barg, dann in einen oberen und einen unteren Teil gespalten sein wird, aus denen die Festen des Himmels und der Erde sich aussonderten.“
Was Schäfer hier zu Papier brachte, läßt sich durch unzählige Textstellen belegen. Die Trennung von Himmel und Erde ist das leitende Motiv der ägyptischen Genesis. Da wir den Himmel als Planetoidengürtel erkannt haben, stellen sich die Fragen über die tatsächlichen Ereignisse ganz neu. Erde und Himmel sollen zusammen den Nun gebildet haben, bevor dieser „geteilt“ wurde? Das ist eine sonderbare Idee, doch läßt sie sich an Hand sehr vieler Texte leicht belegen. Könnte also, und so lautet die alles entscheidende Frage, dieser Nun unser 5. Planet sein?
Die ägyptische Genesis wurde von Sethe bis in das hypothetische Horusreich von Helipolis zurückverfolgt.[747] Die Grundzüge der Schöpfung sind also uralt, und eine wesentliche Änderung in späterer Zeit ist nicht zu erkennen. Bis in diese späte Zeit hinein kennen wir die Hauptmotive der Schöpfung nur bruchstückhaft. Erst dann tritt uns mit dem „Buch von der Vernichtung des Apophis“ eine Quelle entgegen, die allgemein für vollständig angesehen wird, und doch fehlen viele Einzelkomponenten. Wir lesen dann dort die übliche Beschreibung des Zustandes vor der Schöpfung:[748]

„Noch war nicht der Himmel entstanden,
noch war nicht die Erde entstanden,
noch waren nicht der Erdboden geschaffen
und die Würmer an jenem Ort.“

Diese Zeit darf nicht verwechselt werden mit dem „Goldenen Zeitalter“, mit der „ersten Zeit“ des Osiris. Darauf weist auch Hermann Grapow hin, der in einem wichtigen Artikel das Material zusammengetragen hat.[749] Er erwähnt dabei eine Inschrift aus Edfu, die vor allem durch ihre Klarheit besticht:[750]

„der aus dem Nun kam,
als noch nicht Himmel und Erde
aus dem Nun entstanden waren.“

Die Schöpfung und der so oft erwähnte Welteneinsturz sind ein und dasselbe Ereignis. Auch das geht aus diesen Szenen hervor, wenn da steht:[751]

„Als noch nicht der Himmel entstanden war,
als noch nicht die Erde entstanden war,
als noch nicht die beiden Stützen
(Schu und Tefnut) entstanden waren,
als noch nicht die Störung entstanden war.“

Auch Schu hatte also seine Aufgabe noch nicht zu erfüllen – es gab noch keinen Himmel zu stützen. Was tat der Mars also vorher?
Vielleicht wird hier schon klar, daß sich eine völlig neue Lösung mit sehr sehr weitreichenden Folgen auftut.
Himmel und Erde bildeten also, wie Schäfer es ja gerade ausgedrückt hat, zusammen den Nun. Wenn es sich bei diesem Nun um den fünften Planeten handelt – und so sieht es ja wohl aus, dann wurde mir einiges klar. Bei mir stellte sich dabei ein merkwürdiges Gefühl ein. Diese Geschichte kannte ich nämlich schon.

Genesis

Als ich die Geschichte, an die ich mich sogleich erinnerte, zum ersten Mal las – ich weiß es noch genau –, da war ich sicher, daß sie so nicht wahr sein konnte. Sie widerspricht allen gelehrten Anschauungen aufs Äußerste. Mit jeder Quelle, die ich während meiner Studien verschlang, kristallisierte sich aber genau dieses Bild heraus. Die Motive in der ägyptischen Fassung sind so außerordentlich genau, daß jeder Irrtum ausgeschlossen ist.
Ich möchte nun Zecharia Sitchin bemühen, denn es ist seine Lösung, daß er uns die Vorgänge im Ursonnensystem erklärt, denn er ist der Wieder-

entdecker dieser uralten Erkenntnis. Sein umfassendes Wissen, das er sich als Orientalist erworben hat, hinderte mich ursprünglich nicht an meiner Ablehnung seiner Version. Die 30 Jahre Forschungsarbeit, die er für sein erstes Buch „Der zwölfte Planet" benötigte, haben sich aber ausgezahlt. Seit der ersten Veröffentlichung 1976 gab es nicht wenig deutliche Kritik, doch glaube ich hier beweisen zu können, daß der Kern seiner Aussage auch dem Glauben der Ägypter entspricht. Ja, es zieht noch viel weitere Kreise, denn es hat sich während meiner Forschungen herausgestellt, daß diese so unglaublich klingende Version besser mit den heutigen Kenntnissen der Planetenforschung harmoniert als die geltende Lehrmeinung (siehe Anhang 4). „Der zwölfte Planet" wird sicher eines Tages zu den großen Klassikern gehören. Ich möchte dabei warnen, daß es höchst unglaubwürdig klingt, wenn andere Forscher die alten Texte gern wörtlich nehmen möchten, aber diese Version aus Eigennutz für ihre eigene Theorie gleichsam ablehnen, denn soviel ist sicher: Was jetzt kommt steht „wörtlich" so in den alten Texten – nicht nur bei den alten Ägyptern!

Sitchin bezieht sein Wissen über die Entstehung des Sonnensystems aus dem babylonischen „Enuma Elish", dessen Inhalte aber bis in sumerische Zeiten zurückreichen. Das erstaunliche an der Parallele zwischen seinen mesopotamischen und meinen ägyptischen Quellen ist aber, daß Budge und Roeder diese Übereinstimmung schon prophezeit hatten.

Im Enuma Elish entstehen nach Sitchin die Planeten nacheinander.[752] Der große Unterschied zur modernen Wissenschaft ist – die Erde ist nicht dabei. Stattdessen macht er „Tiamat" als fünften heute fehlenden Planeten aus. Die Beschreibung der Tiamat als „Wasserungeheuer" und die instabilen Verhältnisse zu dieser Zeit lassen sofort einen Rückschluß auf den ägyptischen Nun, den „großen Grünen" zu. Selbst der Mond, den Sitchin in „Kingu" wiedererkennt, war bereits entstanden, als von der Erde immer noch nichts zu sehen war.[753] (Anbei bemerkt gibt das den Okkultisten recht, die immer behauptet haben, daß der Mond älter als die Erde sei.)

Kingu, also unser Mond, verfügt hier sogar über die „Anuschaft" oder die „Tafeln des Schicksals“. Mit anderen Worten: Er hat eine eigene Umlaufbahn um die Sonne.[754] Es geschieht dann aber folgendes:[755]

„In der Schicksalskammer, dem Ort der Geschicke,
wurde ein Gott erzeugt,
der fähigste und weiseste der Götter;
im Herzen der Tiefe wurde Marduk geschaffen.“

Damals war Neptun der äußerste Planet, und Pluto war ein Mond des Saturn. In entgegengesetzter Laufrichtung zu unseren Planeten trat Marduk in das Sonnensystem ein.[756] Während er an Neptun vorbeikommt, der ihn durch seine Anziehungskräfte in unser Sonnensystem holte, verursachen die gewaltigen Anziehungskräfte Wölbungen an seiner Seite, so als ob Marduk „einen zweiten Kopf“ hätte.[757] Bei seinem Vorbeiflug an Uranus spalten sich daraus vier Satelliten ab. Uranus selbst wird umgeworfen, seine Achse befindet sich heute auf der Bahnebene. Bei der Begegnung mit Saturn und Jupiter spalten sich weitere drei Satelliten ab, so daß Marduk jetzt mit sieben Begleitern die Tiamat angreift.[758] Am Kampfplatz selber werden Tiamats Satelliten besiegt, und der tapfere Kingu, der ebenfalls an Tiamats Seite stand, wurde seiner Schicksalstafeln beraubt, denn die heftete sich Marduk selbst an die Brust – er ist damit zu einem Mitglied unseres Sonnensystems geworden.[759] Er geht auf eine elliptische Umlaufbahn, die ihn weit aus den bisherigen Grenzen unseres Sonnensystems herausbringt: er wird zum 10. Planeten! Als Marduk nach seinem ersten Umlauf um die Sonne wieder an den Kampfplatz zurückkehrt,[760] plant er die Schöpfung:[761]

„Der Herr stand still,
ihren leblosen Körper zu betrachten.
Kunstvoll plante er,
das Ungeheuer zu zerteilen,
und wie eine Muschel
ward sie in zwei Teile gespalten.“

Es folgt nun die Schöpfung der Erde:[762]

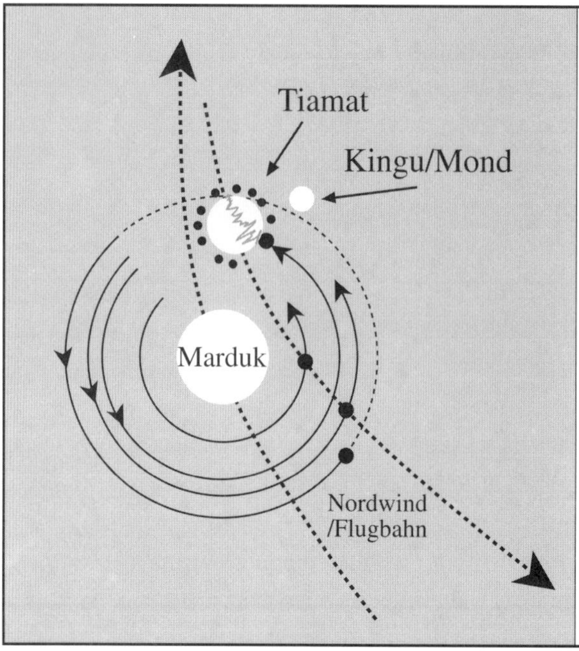

„Der große Welteneinsturz der Urzeit“

Quelle: Sitchin: Der zwölfte Planet

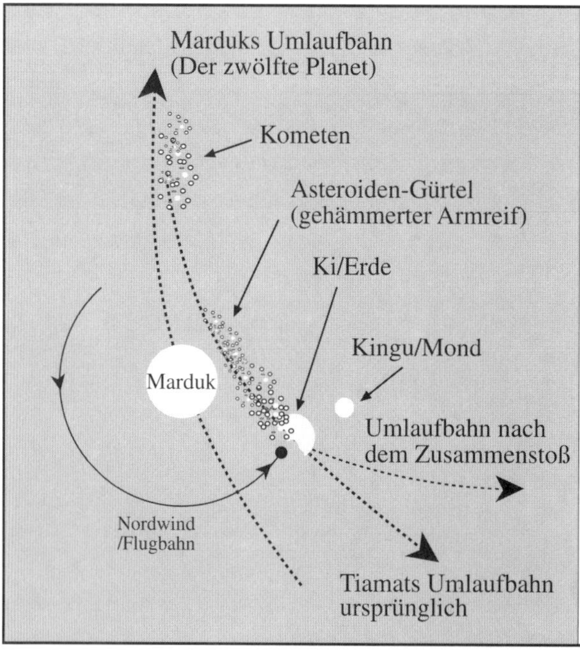

„Der große Welteneinsturz der Urzeit“

Quelle: Sitchin: Der zwölfte Planet

„Der Herr trat auf Tiamats Hinterteil;
mit seiner Waffe schnitt er ihr den Kopf ab,
durchtrennte ihre Blutkanäle
und befahl dem Nordwind
ihn zu unbekanntem Ort zu tragen."

Auch der Himmel wird geschaffen, und das Ergebnis ist der Planetoidengürtel. Nachdem sich Marduk nämlich wieder auf seine Umlaufbahn begeben hat, kehrte er abermals zum Kampfplatz zurück :[763]

„Die (andere) Hälfte hängte er auf
als Schirm für den Himmel:
Er kettete sie aneinander,
als Wächter bestellte er sie.
Er bog Tiamats Schwanz,
das große gehämmerte Band
als Armreif zu formen."

Die Trennung von Himmel und Erde war vollzogen. Die Erde selbst war die eine Hälfte des Wasserungeheuers, und die Herkunft der irdischen Gewässer wäre damit endlich geklärt – sie stammen wörtlich „aus dem Himmel". Das scheint sich sogar direkt auf das Salzwasser zu beziehen, denn wir finden im Totenbuch „das ‚Salzfeld' des Himmels" ebenso dort oben lokalisiert.[764] Daß der abgetrennte Kopf in den Vorstellungen der Autoren wirklich die Erde war, beweist die Fortsetzung des Textes:[765]

„Als Tiamats Kopf seine Stellung hatte,
errichtete er darauf die Berge.
Er erschloß Quellen, die Regengüsse abzuziehen.
Aus ihren Augen ließ er Tigris und Euphrat frei.
Aus ihren Brustwarzen formte er die hohen Berge,
bohrte Brunnen, das Wasser der Quellen fortzutragen."

Marduk beauftragte den Mond „die Nacht zu bezeichnen und die Tage jeden Monats zu bestimmen."[766] Damit kommen wir auf die ägyptischen Parallelen, die so erschlagend sind, daß nichts weiter bleibt, als diese Geschichte zu akzeptieren. Daß es sich dabei nicht nur um eigenwillige Vorstellungen handelt, beweist die Existenz des Planetoidengürtels nicht weniger als die Stadt auf dem Mars, die eine Folge dieser Ereignisse ist. Doch nun zu der völlig gleichlautenden altägyptischen Version.

Die ägyptische Version sieht im Mond ebenfalls den Zeitrechner, und Thot, dem diese Aufgabe ja obliegt, wird zu einem Gott des Mondes.[767] Fangen wir aber von vorn an.

Die Gleichsetzung der Tiamat mit Nun fällt leicht – beide sind durch Wasser charakterisiert. Schäfer hat zudem in seinem Artikel ebenfalls Nun als Urkörper von Geb und Nut erkannt, und das ist leicht so zu erkennen. Ich empfehle dem kritischen Leser, sich am besten selbst mit den altägyptischen Texten zu befassen.

In der babylonischen Fassung erscheint Marduk aus den Tiefen des Alls, ist also ursprünglich kein Mitglied des Sonnensystems. Das Gegenstück dazu fand ich in Kolpaktchys Totenbuchübersetzung:[768] „Gestern erblickte ich die Geburt des Re, der aus den Tiefen des Himmels erschienen." Weil aber seine Übersetzung nicht zählt, muß natürlich eine weitere Grundlage her. Wir erinnern uns: Naunet, der Nachthimmel, zu dem die ganzen bekannten Sterne zählen, war nicht das Ergebnis der Schöpfung, sondern vor dieser längst präsent, und sie erhält dabei eine ähnliche Aufgabe wie Nun – beide geleiten letztendlich den Re zum Punkt der Schöpfung. Ich kenne bis heute leider keine passende Textstelle, aber ich glaube sicher an eine, die etwa so klingen könnte: Re kam aus der Naunet.

Sitchin behauptet weiter, daß Neptun die Bahn Marduks ins Sonnensystem geführt habe.[769] Ägyptische Parallelen sind schwer zu finden, weil sie sich immer auf das Hauptmotiv konzentrieren, das aber in endlosen Ausschmückungen. Trotzdem gelang es mir im Höhlenbuch, das sich von der Schöpfung selbst dahingehend unterscheidet, daß es die Beschreibung der immer wiederkehrenden Umlaufbahn des Re ist, der an den einzelnen Stationen nur an die Schöpfung erinnert wird. Das Höhlenbuch ist eine vereinfachte Fassung des Amduat und des Pfortenbuches und kommt daher mit sechs Höhlen aus. Zweifellos kommt es dem Enu-

ma Elish am nächsten.
Res Reise beginnt in der tiefsten Unterwelt, im Reich des Osiris. Zuerst gelangt er im 2. Abschnitt zu Pluto:[770] „O ‚Dunkelkopf', ich durchziehe deine Höhle, um den zu sehen, dessen Name verborgen ist..." Re spricht noch einen zweiten Dunkelkopf an, nennt aber keine Details. Dank der modernen Astronomie wissen wir aber, daß Pluto die „Höhle" nicht für sich allein hat, sondern mit Neptun, dessen Bahn er fortwährend kreuzt, teilen muß.[771]
Im folgenden trifft Re/Marduk dann Neptun persönlich. Sitchin schreibt:[772] „Zuerst kommt er an dem Planeten vorbei, der ihn ‚gezeugt' und ins Sonnensystem gezogen hat: Ea/Neptun." Sein Name ist Nudimmud, „Schöpferischer Künstler".[773] Im Höhlenbuch ist es Nehebkau, und Re spricht:[774] „...ich trete ein in die Welt, aus der ich hervorgegangen bin, ich lasse mich nieder auf (der Stätte) meiner ersten Geburt!" Sitchin schreibt weiter:[775] „Als er an Ea/Neptun vorbeikommt, ruft die Anziehungskraft an einer Seite eine Wölbung hervor, als ob Marduk ‚einen zweiten Kopf' habe." Im Höhlenbuch steht der Beiname:[776] „Der mit breitem Maul, der die beiden Kiefer aufsperrt." Von ihm heißt es:[777] „O Nehebkau in seiner Höhle, der den Großen Kopf anfügt..."
Schon die Beschreibungen Nehebkaus an sich, verraten ihn als Neptun. Astronomisch fällt er durch seine dichte Wolkendecke auf.[778] Im Höhlenbuch heißt er: Der „mit dem Kopftuch".[779] Sein mesopotamischer Beiname Ea, der „dessen Haus Wasser ist"[780] bedeutet, zeigt, daß wir es mit einem sehr wasserreichen Planeten zu tun haben, was in jeder astronomischen Beschreibung zu finden ist. Im Höhlenbuch tragen sechs von sieben charakterisierten Göttern Fischnamen![781]
Re erläutert noch einmal, daß in dieser Höhle zwei „Hügel" sind, um dann nach allerlei Anleitungen für den Verstorbenen in die vierte Höhle zu gelangen. Wir treffen im Enuma Elish auf Anu, „der des Himmels", der unser Uranus ist.[782] Uranus zählt zu den auffälligsten Planeten, denn seine Achse ist um 98° geneigt und liegt damit fast auf der Bahnebene. Im „Humboldt-Astronomie-Lexikon" spekuliert man:[783] „...vielleicht das Resultat eines Zusammenpralls mit einem sehr großen Körper während der Bildungsphase der Planeten." Im „Lexikon der Astronomie", dem

Standardwerk schlechthin, klingt eine ähnliche Vermutung an:[784] „Es ist möglich, daß zwischen Uranus und einem oder mehreren Körpern größere Kollisionen stattfanden, ehe der Planet und sein Satellitensystem gebildet wurden."
Es sollte nach allem was wir bisher erfahren haben nicht verwundern, daß die Ägypter den Zustand des Uranus kannten, denn das Höhlenbuch fährt fort:[785]

„Dieser große Gott zieht vorbei
an der Höhle des ‚Großen auf seinem Bauch'
dessen Haupt in der Finsternis
und dessen Hinterer in der Finsternis ist...
an dessen Höhle niemand vorbeizieht,
außer diesem großen Gott, der im Himmel ist."

„Der auf seinem Bauch" ist normalerweise Anubis,[786] den wir hier in einer kosmischen Rolle finden – für den Ägypter nichts Außergewöhnliches. Hier bei Anu wird Anubis angerufen. Darum heißt es auch im Pyramidentext:[787]

„...der wie Anubis auf seinem Bauche liegt,
ein Osiris in seinem Elend,
der der erste im Greifen war."

Ich meine: das paßt doch alles prima zusammen.
Weiter ist Anubis der, „der gebietet in der Gotteshalle"[788] und die Fortsetzung des Textes bezeugt, daß Anubis für die Herniederkunft des „Morgensterns" verantwortlich war.[789] Als Ortsgott von Rife (südlich von Assiût) heißt Anubis ausdrücklich „Herr der Höhlenöffnung".[790]
Doch zurück zum Höhlenbuch, wo wir uns dem Saturn mit seinem gewaltigen Ringsystem nähern. Leider gibt es dort sonst nichts Greifbares zu berichten:[791] „So ist dieser Gott beschaffen. Er reicht seine Hände diesem großen Gott, wenn er die geheime Dat durchzieht... Ich gehe vorbei an diesen, die vor ihr [der Nut, A.d.A.] sind."

Jupiter, der der größte Planet im Sonnensystem ist, kann leichter identifiziert werden:[792] „O Sefeg, der du größer an Gestalt bist als die Erscheinungsform des Dat-Vorstehers... Vorbeigehen durch diesen großen Gott an der Höhle des Sefeg, der groß ist in seiner Gestalt. Gelangen durch diesen großen Gott zu der Höhle des Tatenen." Auch auf die Westgöttin treffen wir nun, die ja als Hathor bekannt ist, die ihren Namen hier aber mit der Nut teilen muß. Wir sind im Planetoidengürtel, am Ort der Schöpfung.

Wenn wir uns kurz ins „Pfortenbuch" einblenden, das wohl das „schwierigste" Unterweltsbuch sein wird, erfahren wir weitere Details. Sitchin schreibt, daß nicht Marduk selbst für die Vernichtung der Tiamat verantwortlich ist, sondern vielmehr die durch die Anziehungskräfte abgetrennten Begleiter. Ihre Zahl beläuft sich im Enuma Elish auf sieben. So ist Marduk unter anderem mit einem „Netz" bewaffnet.[793] Die ersten vier Begleiter, die durch das „Netz" (die Anziehungskräfte) des Uranus hervorgebracht wurden, heißen Südwind, Nordwind, Ostwind und Westwind. Im Enuma Elish heißt es:[794]

„Der Herr breitete sein Netz aus,
sie einzufangen.
Mit dem bösen Wind
peitschte er ihr Gesicht [Tiamats, A.d.A.].
Als Tiamat den Mund öffnete,
ihn zu verschlingen,
jagte er den bösen Wind hinein,
so daß sie die Lippen nicht schließen konnte.
Die heftigen Sturmwinde
griffen dann ihren Bauch an;
ihr Körper schwoll,
ihr Mund war weit geöffnet.
Er schoß einen Pfeil ab
[wie in der mesoamerikanischen Version],
er zerriß ihren Bauch;
er schnitt in ihr Inneres,

zerfetzte ihren Schoß.
Als sie ihm derart unterlegen war,
löschte er ihren Lebensatem aus."

Doch nun zu den ägyptischen Parallelen. Zunächst heißt es im Pfortenbuch:[795]

„Re ist gekommen,
damit du deinen Leib einnimmst.
Es schützen sich die,
die über ihre Wurfnetze gebieten!"

Gleich darauf finden wir dann sieben Götter (insgesamt sind es hier dreizehn)! Drei, „die über (Zauber-) Worte gebieten" und vier „die Re schützen".[796] Hornung beschreibt die Szene:[797] „Mit der Wirkensmacht des ‚Zaubers', die im Kraftfeld ihrer Wurfnetze verteilt ist, machen sie den Sonnenfeind Apophis unschädlich." Im Text dazu steht:[798] „Sie fahren vor Re dahin... Sie wandeln mit ihm zum Himmel, sie treten für ihn in Erscheinung auf beiden Seiten. Sie sind es, die ihn erscheinen lassen aus der Nut." Sie sagen:[799]

„Hei, Rebell!
Gebunden ist Apophis,
dessen Übel bestimmt ist!
Dein Gesicht ist vernichtet Apophis!
Nimm den Weg zum Schlachtblock,
Messer sind gegen dich,
so daß du zerstückelt wirst!
Der ‚Alte' ist gegen dich,
so daß du vernichtet wirst!
‚Die mit den Speeren'
stoßen (Speere) in dich,
und wir verzaubern dich mit dem,
was in unserer Hand ist."

Das ist doch wiederum klar dieselbe Geschichte mit denselben Motiven, nur daß der Pfeil gegen einen Speer ausgetauscht wurde. Und es sind wiederum die „Winde“, die dafür verantwortlich sind. Wir treffen sie in der 68. Szene derselben Stunde, wo gleich ihre Entstehung geschildert wird:[800]

„Sie sind es,
die ihn [Re, A.d.A.] in der Nut ziehen,
Sie leben vom Südwind,
sie atmen vom Nordwind,
von dem, was hervorgeht aus Res Mund.“

Wer ist Apophis?
Wir begegnen dieser geheimnisvollen Gestalt zum ersten Mal in den Sargtexten des Mittleren Reiches. Für eine Nennung im Alten Reich sind mir keine Beispiele bekannt. Apophis (ägypt. Apep) bildet in dieser Textstelle klar einen Aspekt des ursprünglichen Planeten Nun. Die ausgesprochene Feindschaft aber, die ihm in allen Texten entgegensteht, ist niemals auf den Nun übertragen worden. Die Verbindung Tiamat-Apophis ist nicht neu, und Wallis Budge notierte dazu, daß „Tiamat denselben Part in ihrer Mythologie [der Babylonier, A.d.A.] spielt, wie Apep oder Apepi bei den ägyptischen Göttern.“[801] Dies ist im Wesentlichen richtig. Wir werden aber noch sehen, daß Apophis' Wesen über diesen Part weit hinausgeht. Jedenfalls ist Apophis hier deutlich die zweite Hälfte des Nun, der bei Res zweitem Umlauf vernichtet und zum Planetoidengürtel wird.
Die Schöpfung selbst wird im Höhlenbuch, ja überhaupt in den Unterweltsbüchern nicht erwähnt, doch der Hinweis, daß diese Gegend auch „Höhle des Tatenen“ genannt wird,[802], leitet direkt über zum nächsten Schritt. Tatenen (*t3-tnn*) ist der Urhügel der Schöpfung.[803] Viele Ägyptologen sehen in ihm die wahre Bedeutung der Pyramide. Der Urhügel ist der erste abgespaltene Teil selbst – die Erde. Wir erkennen das leicht, wenn wir uns seine Schreibung ansehen. Meist tritt der Himmelsbalken auf, der damit die Herkunft der Erde erklärt, oder die Hieroglyphe *t3*,

die mit drei Punkten versehen ohnehin die astronomische Position unseres Planeten angibt. Genauso stoßen wir bei einigen Schreibungen auf die Wasserlinien.[804]

Betrachten wir also die Schöpfung selbst. Die Trennung von Himmel und Erde finden wir erstmals in den Pyramidentexten. Dort heißt es nämlich:[805]

„...als der Himmel von der Erde geschieden wurde,
als die Götter zum Himmel aufstiegen."

Oder auch:[806]

„...der seinen Platz einnahm,
als der Himmel abgeschieden wurde (von der Erde),
an dem Orte, wo dein Herz zufrieden war."

Sethe nimmt sowohl im Kommentar zu dieser Stelle,[807] als auch in seiner „Urgeschichte" zu diesen Begebenheiten Stellung.[808] Er greift auf das Wort p.t für Himmel zurück, da dieses Wort auch die „Abscheidung" bedeuten kann – von *wpj* für „scheiden". „Ist doch von der Abscheidung (*wpj*) des Himmels von der Erde in den alten Texten so oft mit Bezug auf die Entstehung der gegenwärtigen Weltordnung die Rede." Man sieht deutlich, warum Sethe der „unübertreffliche Meister der Textanalyse"[809] genannt wurde. Wenn er die Geschichte auch nicht aus der Gedankenwelt der Ägypter herauslöste, so kann er doch sicher als erster Entdecker dieses Zusammenhangs gelten. Daß er dies erkannte, geht immer wieder aus seinen Kommentaren hervor. Wir befinden uns also in ausgezeichneter Gesellschaft.

Zum eben genannten Spruch fehlte nur noch die Erkenntnis, daß Re nicht die Sonne war:[810] „Nach einer oft belegten Auffassung der Ägypter soll der Himmel für die Sonne erschaffen sein, damit sie daran ihren Tageslauf vollziehe... Bei der Entstehung des Himmels soll die Sonne nach unserer Stelle ‚ihren Platz' empfangen haben." So schrieb er auch zu diesem Spruch:[811]

„Gereinigt hat sich NN.
auf jener Erscheinungsinsel der Erde
auf der sich Re gereinigt hat"

den Kommentar:[812] „Es wird dem Hügel entsprechen, auf dem er sich zuerst bei der Schöpfung gezeigt haben soll, und der selbst als einziges Stück festen Landes zuerst aus dem Urgewässer emporgestiegen sein sollte." Gerade dieser Spruch ist einer der besten Belege für die Abspaltung der Erde. Die „Erscheinungsinsel der Erde" liegt hier ganz klar im Himmel, am selben Ort wie Re! Und der Himmel selbst trägt den Namen „die Abscheidung". Und wiederum Re selbst kann nur der Verursacher sein. Deutlicher geht's kaum.

Jan Assmann, der mit „Ägyptische Hymnen und Gebete" eine äußerst umfangreiche Textsammlung vorgelegt hat, erwähnt zu folgender Textstelle aus dem Grab des Iamunedjeh (Theben) ebenfalls die Meinung Sethes:[813]

„Der (die Erde löst) bei seinem Hervorkommen
aus der Himmelsgöttin,
der die beiden Länder erleuchtet
mit seinem rechten Auge,
der Licht schafft (gemäß) der Urzeit der Erde."

Assmann glaubt hier die Erde gelöst aus der Totenstarre. Sethe meinte dagegen die Erde gelöst aus der „Himmelsgöttin" Nut![814] Durch die Trennung von Himmel und Erde wurde Nun in seiner ursprünglichen Form damit zerstört. Sein Wasser befindet sich aber auf der Erde und genauso im Himmel. Im „Buch von der Erde" treffen wir auf den „Leichnam des Nun".[815] Eine andere sehr gute Beschreibung für seinen jetzigen Zustand finden wir in einem Pyramidentext, wo es heißt:[816] „...geöffnet ist der Lauf des Nun."

Natürlich fand ich auch in Sethes „Amun" entsprechend passende Details zu der Schöpfung. Zunächst soll auf Hermopolis hingewiesen werden, die Stadt der Acht, in der Nun ohnehin eine bedeutende Rolle spielte. Dort kannte man, um sich seine astronomische Position in Erinnerung zu rufen, einen Gott „Großer der Fünf".[817] Die Fünf wird auch direkt mit Nun zusammengebracht, wenn von den „fünf lebenden Seelen, die im Nun sind" die Rede ist.[818] Auch ist „während die Erde noch im Nun war"[819] eine deutliche Anspielung auf die Zeit vor der Schöpfung, als noch ein fünfter Planet existierte.

Auch Kees sieht in der Schöpfung „den ersten festen Platz des Weltbeginns, der sich aus dem chaotischen Urgewässer absonderte."[820] Diese Vorstellung ist vielfach belegbar und ich führe alle diese Beispiele nur an, um daran keinen Zweifel zu lassen. Welches andere Ereignis könnte sonst noch dahinterstecken? Mir fällt sonst nichts Lohnendes ein das abgewägt werden müßte, was ich gerne getan hätte. Ich bin überzeugt von Sitchins Lösung. Sethes Vorarbeit läßt sich nicht anders deuten. Zudem genügt ein kurzer Blick in unser Sonnensystem, um all die Phänomene anzutreffen, die uns die „Echtheit" der Überlieferungen garantieren.

Die Grundzüge des Trennungsmotivs begegnet uns auch in spätester Zeit, und die hermetischen Lehren – hier im Kapitel Kore Kosmu – beweisen dies:[821]

„Ich sprach, und sogleich wurde die formlose
homogene Masse in zwei Teile getrennt."

Der Übersetzer Walter Scott bestätigt die Auffassung in seiner Anmerkung,[822] wenn er hier die Entstehung von Himmel und Erde sieht. Der letzte „Beweis", den ich an dieser Stelle für das Trennungsmotiv vorbringen möchte, ist die Große Pyramide selbst. Die meisten der Darstellungen, die den Weltenbau Nut, Schu und Geb zeigen, deuten die ehemalige Verbindung zwischen Himmel und Erde damit an, daß sich Nut und Geb, die ja von Haus aus ein Paar sind, an Händen und Füßen berühren. Ich habe bereits darauf hingewiesen, daß dies auch die Pyramide selbst so symbolisiert – es ist die zweite Achse, die sich zwischen Felsenkammer und Königskammer ergibt. Sehen Sie sich den Querschnitt der Pyramide noch einmal genau an. Das südliche Ende der Felsenkammer entspricht der Mittelachse der Königskammer. Besser ließe sich all das, was wir eben vernommen haben, gar nicht darstellen. Die Symbolik ist perfekt!

Ich werde im Anhang II zu diesem Buch die Beweisführung noch auf sehr ungewöhnliche Art erweitern.
Während die Babylonier als Rahmenhandlung hauptsächlich die Feindschaft zwischen Marduk und Tiamat sehen, scheint zwischen Re und Nun sonst keinerlei Motiv dieser Art wichtig gewesen zu sein. Die Feindschaft wurde hier auf die Gestalten Re und Apophis übertragen. Die Parallele zwischen diesen Göttern wurde bereits erläutert. Der wesentliche Unterschied liegt in der Natur des Apophis. Er ist die Schlange, die die Unterwelt durchzieht. In den Unterweltsbüchern, die nichts anderes sind als die Beschreibung der Umlaufbahn des Re, kämpft Re in jeder Stunde, in jeder Pforte gegen seinen Widersacher. Dieser Umstand, daß er nämlich nicht nur im „Himmel" vorkommt, zeigt, daß es sich bei Apophis nicht nur um die Planetoiden handelt, sondern hauptsächlich um die Kometen! Diese Kometen versuchen mit aller Gewalt die Fahrt der Barke des Re zu verhindern. Übrigens erklärt das gut die sonst merkwürdige Vorstellung über die Barken, die dieser Gott braucht, um über den Himmel zu fahren. Nur das himmlische Wasser kann diesen Gedanken impliziert haben. Zum ersten Mal wurde mir klar, daß ich eine Lösung gefunden hatte, die sowohl in der ägyptischen Religion, als auch im Sonnensystem nur Unterstützung erfährt – das war eine runde Sache.
Die Feindschaft des Re zu Apophis spiegelt sich aber so wider, daß Apophis als der feindliche Teil des Nun gesehen werden kann, als der Teil der wirklich in kleine Teile zerstückelt wurde. Die Erde erhält, wie in Sumer, eine ganz andere Rolle. Aber auch hier sehen wir beinahe so etwas wie einen zweiten Teil dieses Planeten, den hier das babylonische Gegenstück des ägyptischen Urwassers bildet, nämlich Abzu.[823] Für diese Teilung der Aspekte, die zumindest für den mesopotamischen Kulturraum ungewöhnlich scheint, muß es eine bedeutende Erklärung geben, die mir bisher nicht einleuchten wollte. Wir haben also folgendes Bild (hier ist Sitchin anderer Meinung):

Sumer	Ägypten
Tiamat – Abzu	Apophis – Nun

Die typischen ägyptischen Motive zeigen Texte, wie hier aus Hornungs Totenbuchübersetzung:[824]

„Apophis, Feind des Re!
Schwimme eilends zum Gewässer des Nun,
zu dem Ort,
wo dein Vater befohlen hat,
dich zu zerstückeln!

„Wende dein Gesicht um, du, den Re haßt,
daß du hinter dich blickst
du mit verstümmelten Kopf,
zerschnittenem Gesicht,
der am Wegrand dahinschwindet!
Dein Kopf ist abgetrennt, du in der Erde,
deine Knochen sind zerbrochen,
deine Glieder verstümmelt."

Eine sichere Sache ist in Ägypten, daß Nut die „Frau" des Geb ist. Das ist für uns jetzt nachvollziehbar. So wird die Bedeutung dieses Totenbuchspruches klar:[825]

„Ich rufe durch meinen Mund
die Worte des Atum an
meinen Vater in Erinnerung,
als der die Dienerin untergehen ließ,
die Frau des Geb,
deren Kopf zerstört wurde
auf seinen Ausspruch hin."

Während im Totenbuch die Erde treffend zur „Nase des Himmels"[826] wird und die Umlaufbahn des Re als „dessen vollkommener Lauf groß ist" beschreibt,[827] finden wir auch viele wichtige Details noch einmal bestätigt:[828]

„Der Gott geht hervor aus dem verborgenen Platz,

und Zittern befällt den östlichen Himmelshorizont
auf die Stimme der Nut hin,
wenn sie den Weg bereitet für Re,
dem Großen voran, damit er dahinfahre...
Der Himmel ist voll Erschütterung...
Jubel und Jauchzen ist vor Re täglich
beim Überqueren der Urflut..."

Ich kenne keine einzige Textstelle, die Sitchins Lösung, die ich hier nach Ägypten übertrage, widerspricht. Ich glaube es ist höchste Zeit, daß wir die ganze Welt mit anderen Augen sehen, und sie wird uns dann viel klarer.

Kosmische Rätsel

Wir sehen hier ein wichtiges Problem gelöst. Die Astronomen gehen davon aus, daß der Planetoidengürtel kein Planet gewesen sein konnte, weil seine Masse nicht ausreicht. Durch die Erklärung der Ägypter kennen wir nun den Grund. Einmal muß die ganze Erde selbst mit zur ursprünglichen Masse des Planeten gezählt werden. Weiter sind es die Kometen, die Sitchin richtig als die letzten Zeugen der Genesis interpretierte. Ihre Zahl, und damit ihre Gesamtmasse, ist unbekannt. Ihre Umlaufbahnen, die weit bis hinter die letzten Planeten hinausführen, ähneln der Bahn des Re. Man könnte also von einer großen kosmischen Schlange reden, die den „Sonnengott" auf seiner Bahn begleitet. Tatsächlich scheint der Name nach dem koptischen Aphoph, was „Riese" heißt, etwa „Riesenschlange" bedeuten,[829] und als solche stört sie aktiv die Umlaufbahn des großen Gottes.
Die Theorie der Oortschen Wolke wurde ebenfalls schon angesprochen. Jetzt brauchen wir uns nur noch daran zu erinnern, daß die Unterweltsschlange Apophis die Kometen verkörpert, und daß die Unterwelt „Westen" genannt wird, und schon verstehen wir diesen Spruch aus dem Pfortenbuch:[830]

„Seine [Apophis', A.d.A.] Sandbank ist im Himmel,

sein Gift aber fließt im Westen ab."

Dort draußen müßten wir also das gesamte Reservoir der Kometen mit in die ursprüngliche Masse des Nun einbeziehen. Ich glaube, die Frage nach der fehlenden Masse ist damit beantwortet.
Es ist fast nicht zu glauben, aber ich fand doch tatsächlich zufällig heraus, daß die modernen Astronomen selbst die Kometen mit dem Spitznamen „Fliegende Sandbänke" bezeichnen.[831] Irgendwie, dachte ich mir, kann das nicht nur auf Zufall beruhen. Vielleicht sind unsere Denkstrukturen, die hier gerade auf eine sonderbare Probe gestellt werden, doch nicht so weit vom altägyptischen Denken entfernt.
Im Totenbuch finden wir wieder eine ähnliche Behauptung für den Verbleib der Nun-Masse:[832]

„O ihr Götter,
die ihr die Barke des Herrn der Millionen zieht,
die ihr den Himmel zur Unterwelt (herab)bringt..."

In einem anderen Spruch des Totenbuches derselben Ausgabe wird dies vielleicht besser verdeutlicht. Wir verstehen ihn, wenn wir uns das Oval vorstellen, das auf einer Seite von Nut, auf der anderern von Osiris, dem äußersten Punkt von Res Umlaufbahn begrenzt wird:[833]

„Dein Gesicht zum Himmel, Wennefer [Osiris, A.d.A.],
richte dich auf, Stier des Westens,
der du fortgesetzt bleibst im Leib der Nut!
Sie bleibt mit dir vereint, (auch) wenn du aus ihr
hervorgegangen bist."

Das ist eben nicht der Osiris des Königtummythos, das ist Osiris der Nilgott, wie er ausdrücklich zum Beispiel in Philae genannt wird.[834] Dort bringt man die Dat mit ihm in Zusammenhang, und dort tritt er auch als Orion auf.[835] Seine Hauptbedeutung findet er aber als Herr des Ovals, das Re mit seiner Umlaufbahn an den Himmel zeichnet. Osiris ist ja

selbst das „unendliche, die *d3.t* umgebende Wasser“.[836] Oft finden wir Osiris auch zusammengekrümmt in einem Oval liegen. Er selbst ist die Unterwelt geworden, als ... aber das wird im V. Kapitel (Band 2) erzählt.
Wenn es in der altägyptischen Literatur weit schwieriger ist den Sachverhalt klarzulegen, dann liegt das nicht an den Ägyptern selbst. Es ist vielmehr der beklagenswerte Umstand, daß uns keine zusammenhängende Schöpfung überliefert wurde. Ich glaube jedoch, daß die hier zitierten Stellen den Hintergrund klar genug aufzeigen.
Am Beispiel des Osiris sehen wir ein weiteres großes Hindernis zum Verständnis der alten Texte: Die vielseitige Einsetzbarkeit des Gottes Osiris. Wir können nichts weiter tun als Sethes Bezeichnung „Berufsgott“ übernehmen und uns nicht von seinen verschiedenen Rollen überraschen zu lassen. Es ist wieder diese Verzahnung zwischen Schöpfung und Königtum, die uns hier keine Abgrenzung erlaubt. Frankfort machte deutlich, daß Osiris in keiner seiner Funktion ganz aufgegangen ist:[837] „Kein Gebiet der Natur war gänzlich das seine.“
Er war zuständig für die Erde, den Mond, den Nil, das Wasser allgemein, das Korn, den Orion und das Totenreich. Doch alle Gebiete gehören ihm nur sekundär, denn sie hatten längst einen eigenen Gott.
Es steht nun an, zu erklären, welche Bedeutung den anderen Göttern der Neunheit zukommt, die wir noch nicht besprochen haben. Gehen wir das Szenario noch einmal durch. Am Anfang gibt es den fünften Planeten Nun – und natürlich auch alle anderen Planeten, abgesehen von der Erde. Re kommt und zerstört diesen Planeten. Aus einer Hälfte schafft er die Planetoiden, die andere Hälfte gelangt in eine neue Umlaufbahn und wird zu unserer Erde. Neben Schu, dem Mars, kommt dann die Göttin Tefnut ins Spiel, die aufgrund ihrer hohen Hierarchie sicher eine bedeutende Rolle einnimmt, die ich zugegebenermaßen nicht zufriedenstellend klären kann. Ihre Rolle ist nämlich in den uns bekannten Texten so unbedeutend, daß ich mit ihr weiter nichts anfangen konnte.
Aus ihrer Schreibweise *Tfnwt nb. t p.t*, „Tefnut, Herrin des Himmels“, ergibt sich aber wieder diese Beziehung zum Urgewässer. Sie führt wieder den Nu-Topf in ihrem Namen, der schon von Haus aus „Feuchtigkeit“ bedeutet.[838] Ihre Beinamen „Herrin der Flamme“ oder „Stirnschlange am

Haupte aller Götter"[839] deuten dabei eine Beziehung zur Hathor an, wie sie die Menschen bei der Sintflut vernichtet, oder wie sie als „Schlange" – respektive Planetoidengürtel – den Himmel selbst verkörpert. Den Nu-Topf trägt schon die Nut selbst im Namen, und die älteste Form der Himmelskuh, die *meher-weret*, führt die dreifache Wasserlinie.[840]

„Die Göttin Tefnut"

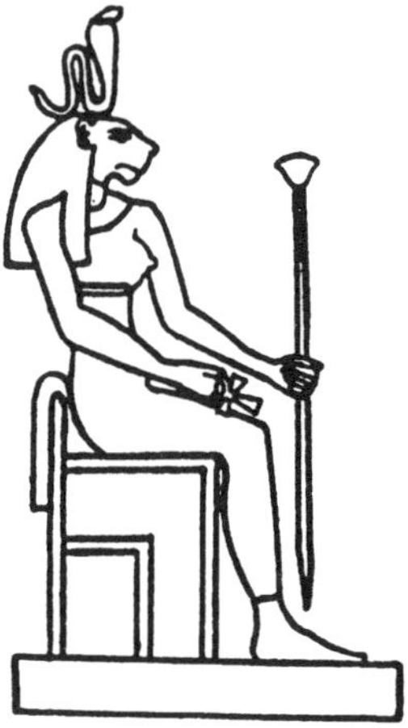

Quelle: E. A. Wallis Budge: From Fetish to God, 1934, S. 7

Andererseits ist die Verbindung zwischen Schu und Tefnut gesichert. Sie gelten als Löwenpaar,[841] und auch in den Legenden werden sie immer zusammen genannt. Die Beziehung Schu-Tefnut, also Mars-Feuchtigkeit, erinnerte mich aber an eine Variation der Schöpfung. Im „Buch der Kenntnis der Entwicklung des Re" heißt es:[842]

„Ich [Re, A.d.A.] war allein,
(denn noch) nicht
hatte ich ausgespien
in Gestalt des Schu,
(noch) nicht
hatte ich ausgeworfen Tefnut."

Bei welcher Gelegenheit könnte Tefnut wohin ausgeworfen worden sein?

Da die Beziehung Schu-Tefnut in Pyramidentext[843] dahingehend gipfelt, daß Tefnut sogar statt Schu zum Himmelsträger werden konnte, und ihr Ort damit zwischen Himmel und Erde liegt, gab es nur die Möglichkeit, daß bei der Schöpfung das Wasser auch auf den Mars gekommen ist. Dazu Norman Horowitz:[844] „In der Vergangenheit sind große Wassermengen in irgendeiner Form auf die Oberfläche und in die Atmosphäre des Planeten Mars gelangt." Ebenso steht es im Bericht über die Ergebnisse der Viking-Mission, im „Journal of Geophysical Research" vom 30. September 1977:[845] „Vor langer Zeit hat eine riesige Überschwemmung die Marslandschaft zerklüftet. Eine Wassermenge wie die des Erie-Sees hat sich über das Land ergossen und große Kanäle ausgehöhlt." Für mich war damit die Göttin Tefnut abgehandelt, wenn auch nicht ganz zufriedenstellend, denn insgeheim glaube ich, daß wir in Tefnut den Mond zu sehen haben, und zwar in der Phase, als er selbst als vierter Planet eine eigene Umlaufbahn um die Sonne besaß. Vielleicht kann ich dieses Rätsel in Zukunft noch klären, wenn mir mehr Material zur Verfügung steht.
Die nächste Generation der Neunheit wird von Geb und Nut gebildet, über die wir inzwischen ausreichend informiert sind. Es folgen die Götter Osiris, Isis, Seth und Nephthys, die Frankfort von der kosmischen Bedeutung, von den Elementen ausgenommen hat. Um es gleich vorwegzunehmen: Ihre Charaktere sind äußerst vielschichtig, und wir können nicht einfach leichtfertig losgehen, um sie zu interpretieren.
Daß das „10." Mitglied der Neunheit, Horus, der Ursprung des irdischen Königtums ist, darüber besteht kein Zweifel. Wie integriert man aber diese vier Gottheiten zwischen Gestirnen und Menschen, zwischen „Natur" und „Gesellschaft"?

Das große Oval

Sitchin stellt die Behauptung auf, daß Marduk, unser Re, eine Umlaufbahn von 3600 Jahren benötigt, um immer wieder zwischen seiner Position am Kampfplatz und seiner Stellung als 10. Planet zu seiner Ausgangsposition zurückzukehren.[846] Unsere Untersuchung scheint das bisher grob zu bestätigen. Re beschreibt damit eine riesengroße Ellipse am Himmel. Die

Sumerer nannten ihn Nibiru, das heißt „Planet der Durchquerung“, und sie beschrieben ihn als dunkelrot.[847] Auf den Chak Ek, den „großen roten Stern“ der Maya, muß ich wohl nicht erst extra verweisen. Jedenfalls finden wir eine ägyptische Parallele für die „Durchquerung“, wie aus dem Pyramidentext hervorgeht:[848]

„Re, der Sonnengott“

Quelle: E. A. Wallis Budge: From Fetish to God, 1934, S. 5

„Chepri, der Sonnengott als Skarabäuskäfer“

Quelle: E. A. Wallis Budge: From Fetish to God, 1934, S. 5

„Gegrüßet seist du, o Re,
Durchquerer des Himmels,
Durchfahrer der Nut.“

Für Re selbst hatte man ebenfalls verschiedene Namen zur Auswahl – mit gutem Grund, wie sich bald zeigt. Sein heliopolitanischer Beiname zu Atum, *nb-er-djer*, bedeutet „Herr bis zur äußersten Grenze“.[849] Sein Name Chepri heißt „Der, der ins Leben tritt“,[850] und er spielt auf seine Rolle als „Herr der Weltordnung“ an. Als Chepri verjüngt er sich täglich in der Nut. Als Re-Harachte, als „Horus im Horizont“, steht er mitten am Ort der Himmelschlacht, wo er von der Erde aus gesehen werden konnte. Das beweist das Material, das Sitchin zusammentrug zusammen mit unseren Quellen:[851]

„Wenn der Planet des Himmelsthrones
an Helligkeit zunimmt,

wird es Regen
und Überschwemmungen geben..."

Wie die Ägypter – und nicht zu vergessen die Azteken – sahen sie dieses Unheil mit Freude kommen:[852]

„Wenn Nibiru seine Sonnennähe erreicht,
werden die Götter Frieden bescheren,
Sorgen werden sich glätten,
Schwierigkeiten beigelegt werden."

Sind Re, Chak Ek und der „dunkelrote" Nibiru identisch?
Ich wähle einfach einmal ein paar Beispiele aus. Als definitiv rote Scheibe tritt uns Re entgegen: im Grab von Ramses VI., im Grab Ramses IX., im Grab der Nefertari, im Grab der Tausret, im Grab des Merenptah, im Grab des Haremhab, im Grab des Siptah, im Grab Amenophis II., im Grab Sethos I. Und das sind nur Beispiele aus dem Tal der Könige.[853]
Zudem soll noch erwähnt werden, daß Heinrich Schäfer auf den sonderbaren Umstand hinweist, daß die Sonnenscheiben nie rund, sondern stets oben und unten abgeplattet dargestellt wurden. Eine Erklärung dafür scheint es nicht zu geben.[854]
Daß auch diese rote Scheibe des Re als „Morgenstern" gesehen werden konnte, so wie es die Maya bei ihrer Suche nach einem Ersatz zeigten, beweist Sargtext 159 II, 372, wo Re-Harachte ausdrücklich „Morgenstern" genannt wird.[855]
Wir wissen, daß der irdische König entweder Re selbst, oder der „Sohn des Re" war. Der Zusammenhang ist leicht herzustellen, wenn man weiß, daß Res Umlaufbahn eine große Ellipse war, und die Könige ihre Namen in eben eine solche schrieben – die Königskartusche oder der Königsring!
Schäfer gesteht an selber Stelle seine Ratlosigkeit ein, wenn Chepri als Käfer das Oval vor sich herschiebt:[856] „Es muß mit dem, was der Käfer hier tut, eine ganz andere Handlung als das Rollen der Nahrungskugel, mit dem (Oval) etwas anderes als die Kugel gemeint sein, obgleich ich nicht sagen kann was."

Bei der Auffindung der Bedeutung der Götter Osiris, Isis, Nephthys und Seth ist dieser Umstand von Bedeutung, wenn man zudem weiß, daß Osiris mit dem Orion und Isis mit dem Sirius identifiziert wurden. Kurz und bündig erfahren wir das in Philae:[857] „Osiris ist der Orion, Isis ist die Sothis [Sirius, A.d.A.].“ Wenn auch beide Gestalten nie richtig in ihren Gestirnen aufgegangen sind, so bietet das zumindest einen Anhaltspunkt für ihren Teilaspekt. Hilfreich ist uns dabei wieder Sitchin, der aus dem Buch Hiob zitiert:[858]

„Chepri mit dem Oval“

Quelle: Heinrich Schäfer: Die Ausdeutung der Spiegelplatte, 1932, S. 2, Abb. 3

„Allein spannt er den Himmel aus
und betritt die fernste Tiefe.
Er kommt beim Großen Bär an,
bei Orion und Sirius
und bei den Konstellationen des Südens...
Mit lächelndem Angesicht
blickt er Stier und Widder an;
vom Stier zum Schützen wird er gehen.“

Orion und Sirius sind hier einfach nur Eckpunkte auf Res Umlaufbahn. Und genauso kann auch ihr Name umschrieben werden. Osiris' ägyptischer Name *As-ar* heißt nichts anderes als „Sitz des Auges“,[859] und der Name der Isis, Ast, heißt ebenfalls einfach nur „Sitz“.[860] Gemeint ist damit der Punkt seiner Umlaufbahn, oder, wenn man so will, Res „Thron“ am Himmel. Und die Verbindung zwischen Königtum und Kosmos verwischt vollends, wenn wir sehen, daß Osiris und Isis so einfach zu Vater und Mutter des Horus-Re werden können. Man weiß nie genau, ob man sich im Königtummythos des Horus befindet oder in der elliptischen Umlaufbahn des Horus-Re. (Später werden wir allerdings eine Möglichkeit finden.)

Daß Horus-Re sich wirklich auf seinen Thronen befinden kann – obwohl das gar nicht ginge, wäre er die Sonne – zeigt der Ägyptologe Dieter Kurth, der den Umstand in einer Anmerkung so kommentiert:[861] „Horus ist dabei real ein in der Nähe der Sothis befindlicher Stern." Diese Beschreibung könnte doch niemals für die Sonne vorgenommen werden! Aber sie „paßt" ausgezeichnet auf einen fernen Planeten, der gerade dort vorüberzieht.

Am einfachsten läßt sich Osiris lokalisieren. Als „Dat-Vorsteher" oder als „Erster der Westlichen" ist er die tiefste Station der großen Ellipse. Im Höhlenbuch steht:[862]

„...o diese Schlangen
der untersten Region der Dat,
die Osiris enthält,
Türhüter der (Region),
deren Finsternis groß ist..."

Das ist der äußerste Bereich der Unterwelt, dort wo die Strahlen der Sonne kaum noch wirken. Hermann Kees berichtete über einen alten Text, der die Gegend so beschreibt:[863]

„Das Haus der Westlandsbewohner, es ist tief und dunkel. Keine Tür, kein Fenster ist daran. Kein (Licht) zur Erleuchtung; kein Nordwind, das Herz zu (erquicken). Dort geht die Sonne nicht auf, sondern sie liegen alle Tage im Dunkel da."

Das ist der „Platz der ewigen Finsternis", wie er dort ausdrücklich genannt wird. Wo sonst sollte das sein? Wo hätten die Ägypter, die mehr wußten als man ihnen heute zugestehen möchte, diesen Ort sehen können?

Daß das große Oval des Re die Unterwelt ist, kann man ebenfalls erklären. Zunächst greife ich auf einen gelehrten Aufsatz von Winfried

Barta zurück. Daraus geht als erstes der Name dieses Ringes hervor, der mit *schn* überliefert wird oder auch *schnw,* und das heißt „Umkreis" und kommt von *schnj,* und das wiederum heißt „umkreisen".[864] Die Verbindung des Namenrings mit der Umkreisung des Re gilt als gesichert und kann bis in die 1. Dynastie zurückverfolgt werden.[865] Die Verbindung des Ausdrucks *schnnt jtn,* „das, was die Sonne umkreist" mit dem Königsring, wurde schon von vielen Gelehrten angenommen.[866] Man erkannte darin auch die Grenzen der Welt und Barta schreibt:[867] „Die einzig mögliche Folgerung daraus ist, daß er eine immer wieder in sich selbst zurückkehrende Kreisbahn beschreiben soll."

„Die Kartusche des Königs: Der Königsring"

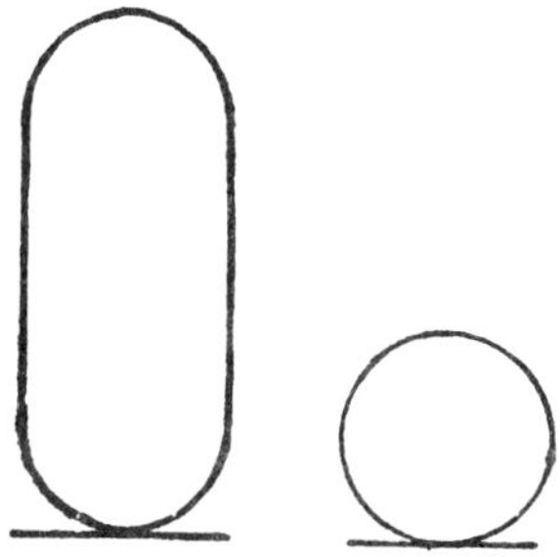

Quelle: Rainer Lorenz

Sehen Sie! Es gibt überhaupt keinen Widerspruch zu den gelehrten Meinungen. Sie stützen meine These an allen Ecken – freilich ohne dies zu wollen. Ich habe nur den Mythos in eine reale Welt gesteckt, um ihm einen Sinn zu geben. Doch weiter.

Gewöhnlich ist dann noch das Zahlzeichen hh für „Million" auf den Königsring zu setzen,[868] oder es wird die Jahresrippe *rnpt* (das sich Erneuernde) hineingesteckt.[869] All das sind Symbole für die Zeit der Umkreisung und die geht damit auf Re zurück, wie nicht zuletzt die vorwiegende Verwendung des Namensringes für den Re-Namen zeigt.

Nun gilt es noch eine Beziehung zwischen dem Oval des Re und der Dat, oder Duat, der Unterwelt also, herzustellen. Wir finden das Oval von Thutmosis I. bis Thutmosis III. so in die Tat umgesetzt, daß sie ihre Sargkammern nicht rechteckig, sondern oval anlegten.[870] Auch hier nehme ich

gelehrte Hilfe in Anspruch. Sir Wallis Budge hat mit „The Egyptian Heaven and Hell“ eine Übersetzung des Amduat und des Pfortenbuches vorgelegt, die allerdings von der Fachwelt sehr skeptisch angenommen wurde. Dort kommt er aber zu folgendem zweifellos richtigen Schluß:[871]
„Die Bedeutung des Namens Duat ist unbekannt, und es ist nutzlos über ihn zu spekulieren, oder dafür Etymologien zu erfinden...es ist zulässig zu sagen, daß die Duat in ihrer Form beinahe kreisförmig war. Daß dies die Ansicht der Ägypter selbst war, beweist die Szene, die im Pfortenbuch wiedergegeben ist. Hier haben wir den Körper des Osiris rund gebeugt in einem Kreis, und die beistehenden Hieroglyphen deklarieren es als Duat. Für die Identifikation des Osiris mit der Duat brauchen wir nicht zu spekulieren, aber es ist bedeutend für unseren Zweck, daß in der Zeit von Seti I. die Ägypter der Duat die Kreisform zuwiesen.“
Budge hat alles Wesentliche erwähnt, bis auf den Umstand, daß die Darstellung des Osiris bei genauer Betrachtung ein Oval ist. Damit sind Osiris, Isis, Seth und Nephthys die vier Eckpunkte des Ovals, dessen Herr Osiris ist. Während wir für Osiris und Isis diese Punkte bereits kennen, verblaßt die Figur der Nephthys völlig. Ohne ihre Schwester Isis tritt sie kaum auf. Doch können wir vielleicht trotzdem ein Sternbild hinter ihr vermuten. Im Höhlenbuch wird sie selbst als Höhle behandelt:[872]

„Vorbeigehen durch diesen großen Gott
an der Höhle des Osiris-Leibes,
Gelangen durch diesen großen Gott
zur Höhle der Nephthys,
deren Kopf verborgen ist.
Re sagt zu dieser Höhle:
O Nephthys,
deren Kopf verborgen ist,
die (schützend) hinter Osiris steht –
reiche mir deine Hand,
du mit verborgenem Kopf!
Siehe, ich ziehe vorbei an deiner Höhle...“

Der Beschreibung nach ist das Sternbild, das durch Nephthys repräsentiert wird, klar unsichtbar. Eine Stelle bei Plutarch, nach der Isis den sichtbaren Teil eines horizontalen Kreises beschreibt und Nephthys den unsichtbaren. Der ganze Kreis berührt „sowohl den Bereich des Lichtes wie den des Schattens“.[873] Isis ist also der Teil der Umlaufbahn, an dem man Re noch sehen kann. Nephthys ist der andere Teil, der bis in das Sternbild des Orion reicht, und an dem Re von der Erde aus nicht mehr gesehen wurde. Das ist unsere Duat. Ja, es wird noch präziser, wenn wir dort erfahren, daß Anubis, „der auf seinem Bauch“, den „horizontalen Kreis“ selbst bildet.[874] Tatsächlich kann er als Verursacher des Kreises gesehen werden, und er selbst scheint eine Art Mittelpunkt zu bilden, als „Gebieter der Gotteshalle“ in seiner Funktion als Uranus.

Isis und Nephthys treten immer wieder zusammen auf, wenn es darum geht, den Weg des Re zu bezeichnen. In Edfu heißt es:[875] „Es erwachen in Frieden deine beiden Leibesstützen, die kein Ermüden kennen, Isis und Nephthys...“ oder:[876] „Von den beiden Schoten ist die eine Isis, die andere Nephthys, wobei eine jede von ihnen an den Rahen [der Re-Barke, A.d.A.] festhält, was ihr gehört...“ Beide werden mit den beiden Pylonen des Tempels identifiziert, wo sie ihn symbolisch in den Himmel heben.[877]

Im „Buch von der Erde“ wird das Oval, das Re am Himmel vollzieht, abgebildet.[878] Links wird das Oval von Isis, rechts von Nephthys gestützt. Im Oval selbst befindet sich die Gestalt des Osiris, der manchmal auch als „Nachtsonne“ bezeichnet wird. In der Mitte befindet sich Re als Horus und in der Beischrift steht:[879] „So ist dieser große Gott beschaffen in seinem *nnwt* (Oval), das in der Dat ist.“ Genau diese Bezeichnung *nnwt* finden wir für die Mistkugel des Skarabäuskäfers, der eine Erscheinungsform des Gottes Chepri darstellt. Es handelt sich hier wiederum um das Oval der Unterwelt und Hornung kommentiert eine entsprechende Textstelle aus der verwandten „Sonnenlitanei“, nämlich:[880] „Der [Re, A.d.A.] mit erhobenem Haupt vor seinem Oval“, mit:[881] „Das ‚Oval‘ ist, wie in der fünften Stunde des Amduat, vielleicht als Bild der ganzen Unterwelt zu verstehen.“ Auch zur 10. Stunde des Amduats schreibt Hornung zum Oval des Mistkäfers:[882] „In dem Oval darf man die Mistkugel des Käfers erblicken, aber zugleich ein Abbild der ganzen Unterwelt, aus der die Sonne morgens als Käfer herauskommt.“ Der Text dazu zeigt wiederum, daß dieses Oval zum „Himmel“ führt:[883]

„So sind sie beschaffen in der Dat
als Gestalten und Formen des Chepri,
wenn er sein Oval zu dieser Stätte trägt,
um danach herauszugehen
zum östlichen Horizont des Himmels.“

Genau das ist der Punkt, und der zeigt, daß meine ursprüngliche Idee, nämlich die Umlaufbahn des Re als großes Oval am Himmel zu deuten, von den Gelehrten und den Texten selbst grundsätzlich unterstützt wird. Es ist also nicht eine Ausgeburt meiner Phantasie, die mich hier leitet, oder ein blinder Glauben an Sitchins Ideen. Der Gedanke an diesen ovalen Kreis ist so alt wie die ägyptische Kultur selbst. Und ich frage nachdrücklich: Was sonst könnte sich hinter diesem Oval noch verstecken? Was sonst ist kompatibel mit den Beschreibungen? In den Pyramidentexten begegnen wir dem Oval zuerst:[884]

„Osiris NN. du bist groß und kreisrund als der Kreis,
der um die schwimmenden Inseln läuft.“
Noch deutlicher geht das hier hervor:[885]

„Siehe (denn) du bist groß und rund (ringförmig)
als großes Rund,
siehe (denn) du bist kreisgebogen und rund (ringförmig)
als Kreisbogen, der um die schwimmenden Inseln läuft,
siehe (denn) du bist rund (ringförmig) und groß
als der Große Ring der untergeht.“

Das hier sind die ersten Unterweltsbeschreibungen überhaupt. Daß diese Aufgabe im Neuen Reich von den Unterweltsbüchern für so wichtig befunden wurde, daß sie gleich für längere Zeit als dies bei den Pyramidentexten der Fall war für die Könige in Theben-West galten, zeigt schon die Einleitung des Amduat:[886]

„Die Schrift des Verborgenen Raumes,
Die Standorte der *Bau*
[Mehrzahl von Ba, A.d.A.]
und der Götter,
der Schatten und *Achu*, und was getan wird.
Der Anfang ist das Horn des Westens,
das Tor des Westhorizontes;
das Ende ist die Urfinsternis,
...zu kennen die Tore und die Wege,
auf denen der größte Gott wandelt."

Genauso der Schlußtitel:[887] „Der erlesene Leitfaden, die geheimnisvolle Schrift der Dat, die nicht gekannt wird von irgendeinem Menschen, außer vom Erlesenen." Dieser Text stand nur dem König, nicht einmal seinen nächsten Verwandten zu Verfügung.[888]
Insgesamt kennen wir also – die zitierten Stellen lassen daran keinen Zweifel – zwei Kreise, beide durch Wasser gebildet, am Himmel: Die Nut als Planetoidengürtel und den Osiris oder Apophis als Oval, das von der Bahn des Re oder von den Kometen vorgegeben ist. Im Chnum-Hymnus von Esna findet so eine Unterscheidung ebenfalls statt, wo es von Chnum-Re ausdrücklich heißt (auf die genaue Bedeutung kommen wir später zurück):[889]

„...der das Land überschwemmt mit dem Nun,
dem der große Ring-Ozean
und der große Kreis-Ozean dienen."

Das ist wichtig, wenn wir am Ende dieses Kapitels den Weltenbau weiter vervollständigen wollen.
Den Punkt des Ovals, der von dem Gott Seth gebildet wird, können wir nicht ausmachen. Zu keiner Zeit wurde er in einem Himmelskörper verehrt, der in dieses Konzept gehört. Aber vielleicht ist die Antwort viel einfacher, wenn wir sehen, daß Seth ständig damit beschäftigt ist, den Apophis zu bekämpfen. Den bekämpft man am besten am Kampfplatz

des Himmels. Oder wir vertrauen auf die Aussage, nach der das Eisen die „Knochen des Seth" genannt wird.[890]
„Als wahr erprobt, Millionen Mal!"

Re und die Zeit

Bevor wir uns die Ereignisse der Menschheit näher ansehen – sie führen schließlich zum Marsrätsel –, möchte ich zuerst noch einige Aspekte des Re näher betrachten, der aus dem Gesamtbild, wenn es dem Leser hier und da auch zu viel werden könnte, nicht ausschließbar ist. Dazu muß auch seine Bedeutung im altägyptischen Denken und Handeln erörtert werden, um nicht in oberflächliche Betrachtungen und Mutmaßungen zu verfallen, denn letztendlich – und das ist die Antwort auf die nicht vorhandene Sternenreligion – hätten wir es hier mit einer Sonnenreligion zu tun. Jedenfalls dann, wenn Re die Sonne wäre. Es erscheint trotzdem zweckmäßig diesen Begriff zu verwenden, weil zum Beispiel „Re-Religion" nicht ganz richtig wäre.
Um sich die Bedeutung dieses „10. Planeten" zu vergegenwärtigen, muß zunächst die Umlaufzeit, die Sitchin mit 3600 Jahren angegeben hat, erörtert werden. Er bezieht sich dabei auf Nibirus Beinamen *schar*, der ebenfalls auch „vollständiger Kreis" bedeutet.[891] Wir erinnern uns natürlich an das erste Kapitel, wo eine unserer ersten Spuren zwischen Mars und Erde das sumerische Wort *DUB* war, und das es „Weltumfang" bedeute, und daß die Sumerer als erste den Kreis in 360 Teile zerlegten. Wir können jetzt daran anknüpfen. Sitchin weist wohl nicht zu Unrecht auf den Zusammenhang zu diesen Zahlenspielen hin.
Wir erkennen dann auch sofort einen direkten Bezug zu den klassischen Kalendern unserer Vorfahren, die sehr oft auf der Zahl 360 fußen und deren Kompatibilität zum tatsächlichen Jahr mit nachträglichen Erweiterungen hergestellt wurde – also 360+5, usw. Genau so war es in Ägypten.[892]
Eine sehr bekannte Liste vorsintflutlicher Könige in Mesopotamien fällt dann noch durch den besonderen Umstand auf, daß sich ihre Regierungszeiten – die allesamt utopisch lang sind – grundsätzlich durch 3600 dividieren lassen.[893]

Rein zufällig stieß ich bei meinen Materialstudien auf einen Kommentar von Wolfgang Cordan in seiner Ausgabe des Mayabuches Popol Vuh, in der er eine Inschrift aus Copan erläutert, die den Zahlengott 9 zum Inhalt hat:[894] „Der Zahlengott 9, durch seine Tätowierung als solcher ausgewiesen, ist im Begriff, sich mit seiner Last zu erheben um den Geier davonzutragen. Da der Geier einen Zyklus von 400 Jahren ausdrückt, sagt die Zeichnung in ihrem Wortspiel eine ‚Bürde von 3600 Jahren' aus." Wir finden diese vorsichtigen Spuren überall auf der Welt, und wir selbst sind es schließlich, die wir als die Erben den Kreis immer noch in 360° aufteilen. Die Frage war nun, ob dergleichen auch in Ägypten zu finden ist.

So deutlich wir auch das „Oval" ausmachen konnten, der Zyklus selbst ist hier außerhalb der Jahrerechnung nur schwer auszumachen. Wir können aber die Dat als Oval lokalisieren. Das alte Schriftbild für die Dat ist ein fünfzackiger Stern, der von einem Kreis umgeben wird. Der Zusammenhang zur Zeiteinteilung wird dadurch hergestellt, daß das ägyptische Wort für „Stunde", *wnw.t,* mit so einem Stern determiniert wurde. Der Stamm *wnw* heißt dann auch passend „vorbeigehen" oder „durcheilen" und damit „durchqueren",[895] was ja zweifelsfrei auf unseren 10. Planeten anspielt.

Entgegen der weitverbreiteten Annahme, die Ägypter hätten sich im Leben nur mit dem Tod beschäftigt, steht das Wunschalter von 110 oder 120 Jahren.[896] Zugleich maßen sie einer Generation 30 Jahre zu,[897] und multiplizieren wir dies mit 120, dann erhalten wir 3600. Nach einer Grabinschrift des Nebwenenef, eines Hohepriesters des Osiris unter Ramses II., steht das Wunschalter direkt mit Re in Verbindung:[898] „Du verbringst 100 Jahre und noch 20 Jahre danach. Das ist meine tägliche Bitte an Re." Einleuchtender ist aber die Parallele, die man im Hebsed (heb=Fest, Sed=Schwanz) findet. Zur Durchführung des Sedfestes gab es in den Tempeln immer besondere Vorrichtungen. Obschon es eine Reihe von Darstellungen zu diesem Fest gibt, ist seine eigentliche Bedeutung noch nicht ganz klar. Wir wissen aber, daß es schon in der Frühzeit begangen wurde, und daß es auch die Ptolemäer noch durchführten.[899]

Das Fest diente zur Erneuerung des irdischen Königtums und war kein

Volksfest. Wir wissen sicher, daß diese Feierlichkeiten im Idealfall – die Praxis sah anders aus – alle dreißig Jahre durchgeführt wurde. Andererseits wissen wir auch sicher von der Bedeutung des Mondes, der Res Stellvertreter war – auch für die Zeitrechnung, was ihn zum *hsb* $^{c}h^{c}$, zum „Zeitrechner“ schlechthin machte.[900] Über zwölf Monate verfügte schon das ägyptische Jahr, und wenn wir diese Zahlen multiplizieren erhalten wir wiederum 360! Das war das ägyptische „Rumpfjahr“![901]
Wie Re, der sich als Chepri immer wieder in der Nut verjüngt – „erneuert“ – mußte sich auch der König dieser Erneuerungszeremonie unterwerfen, um den weiteren Bestand der Weltordnung zu garantieren. Der kosmische Zusammenhang findet sich auch in der Vorstellung wieder, nach der dieses Fest immer mit dem Ansteigen des Nils verbunden war. Die Flut sollte dann besonders reichlich ausfallen.[902] Erinnern wir uns also an den Brauch, nach dem in die Königskartusche die Jahresrippe *rnpt* hineingesteckt wurde. Das ist die gesuchte Verbindung zwischen Re und der Zeit, denn die Kartusche ist Res Umlaufbahn, *rnpt* ist das Jahr, und das hat eben 360 Tage!
Noch zur Zeit der Chaldäer kannte man den Saros-Kreislauf, dessen Bezeichnung vom babylonischen saru abstammt, und dessen Zyklus 3600 Jahre beträgt. Man maß diesem Zyklus nicht nur magische Kräfte zu, er sollte auch zur Vernichtung der Welt beitragen.[903] Die Sintflut ist dafür die praktische Erklärung.
Kurt Sethe hat mit „Die Zeitrechnung der alten Ägypter“ wohl das bedeutendste Werk dieser Art verfaßt. Wir erfahren dort einige nützliche Hinweise. So sprach der Ägypter, wenn er ein Jahr von 365 Tagen meinte, von „einem Jahr und fünf Tagen“.[904] Die Ignorierung der fünf „Epagomenen“ hatte eine unbekannte, aber immerhin wichtige Bedeutung, denn selbst in geschichtlicher Zeit, als die tatsächliche Länge des Jahres längst bekannt war, stoßen wir immer wieder auf ein Jahr von 360 Tagen.[905] Sethe wundert sich natürlich über dieses „Jahr“, „weil weder von den Mondumläufen noch vom Sonnenjahr zu einem solchen Jahre zu gelangen ist und weil es in der Praxis seine Unzulänglichkeit sehr bald hätte erweisen müssen.“[906] „Weiter sieht er eine direkte Verbindung zur Einteilung des Himmelskreises in 36 Dekane:[907] „Diese, die fünf Zusatzta-

ge so gänzlich ignorierende und an ihnen geradezu scheiternde Einteilung des Jahres und des Himmelskreises, auf der letzten Endes auch die bei uns bis heute übliche Kreisteilung in 360 Grade beruhen muß, wird doch wohl aus einer Zeit stammen müssen, in der man wirklich nur mit einer festen Jahreslänge von 360 Tagen rechnete."

Sethe ist wieder einmal auf meiner Seite, und es bedarf keiner gewaltigen Verrenkungen, um diesen „natürlichen" Zusammenhang in unserem Oval zu sehen.

Folgen wir Sethes Ausführungen weiter, stoßen wir auch auf andere sonderbare Dinge. Da ist einmal das Schriftzeichen für Re, ein Kreis mit einem Punkt in der Mitte, das hier natürlich als „Bild der Sonne" bezeichnet wird. Ich halte es doch für außerordentlich interessant, wenn im Alten Reich dieses Bild keinerlei Beziehungen zum Wort für „Jahr" oder, und das ist noch viel toller, zu den Jahreszeiten hatte![908] Erst mit der 6. Dynastie beginnt die Verwendung dieses Zeichens für Zeitbegriffe, da aber noch sehr selten. Ab dem Mittleren Reich finden wir es dann erst definitiv mit dem Deutzeichen des Re versehen.[909]

Dann kommt der große Wandel, auf den wir gleich noch genauer eingehen. Im Neuen Reich wird der Zusammenhang zwischen Re und den Jahreszeiten zum „Dogma". Sethe zitiert:[910] „Sie ‚macht die Jahreszeiten in den Monaten, die Hitze, wenn sie will, die Kühle, wenn sie will'." Kein Zweifel: Hier hat ein Wandel stattgefunden, an dessem Ende tatsächlich die echte Sonne stand! Daß dies nicht die ursprüngliche Zuordnung war, zeigt sich an dem Begriff *hdj-t3*, der für den „morgendlichen Tagesanfang" stehen kann.[911] Das heißt nämlich „das Hellwerden der Erde" und bezieht sich auf die Geburt derselbigen an einem Punkt, der viel näher an der Sonne lag. Das war die Schöpfung selbst, die eigentliche „Geburt der Sonne", wenn man so will! Und das gleichzeitig die der Erde.

Wo liegt also die Quelle der Zahl 3600? Dieselbe Frage stellte sich natürlich auch Sethe:[912] „Das Sexagesimalsystem findet in der Natur keinerlei vernünftige und einfache Erklärung, – wie sie das Dezimalsystem in der Zahl der Finger, die Rolle der Zahl 4 als heilige Zahl bei den Ägyptern in den vier Himmelsrichtungen beziehungsweise im Körperbau des Menschen, das Duodezimalsystem in der Zahl der Monate des Jahres usw.

haben – es sei denn eben von der Zahl 360 aus, deren natürliche Grundlage die Zahl der Tage des Rund- oder Rumpfjahres bildete.“ Das hieße aber dann, daß die Ägypter bei der Erstellung ihres Kalenders mit 360 Tagen zu einer genaueren Rechnung nicht fähig gewesen wären. Ihre Fähigkeiten waren aber, wie wir schon wissen, herausragend!
Folgen wir Sethes Überlegungen weiter, ergeben sich wiederum neue Aspekte. Die 360 könnte nämlich auch auf der besonderen Bedeutung der Zahl sechs beruhen, weil eben ganz einfach 6 x 6 36 ergibt. Von den mesoamerikanischen Kalenderspezialisten haben wir erfahren, daß die ihren Kalender mit dem Mars in Verbindung brachten (siehe oben, Kapitel II). Der war ja selbst der 6. Planet, und zwar von Res äußerer Position aus. Wenn dann noch der babylonische Name dieses „Sechstels“ *shushshu* ist,[913] was ja augenscheinlich unserem *shw,* dem Mars nämlich entspricht, dann scheint es sich hier doch sehr stark um eine ähnliche Parallele zu handeln. Das wäre eine alternative Konstruktion zwischen der 3600jährigen Umlaufbahn und der natürlich überaus wichtigen Position des Mars gerade aus dieser Sicht! Das scheint zunächst weit hergeholt, aber wie sonst sollte man erklären, daß das Keilschriftzeichen für den Winkelgrad einen sechszackigen Stern zeigt![914]
Dementsprechend haben die Babylonier den Tag in 6 *mana* zu je 60 *imdu* eingeteilt,[915] und darin finden wir wiederum unsere Zahl 360. Sethe faßt diesen Abschnitt seiner Untersuchung zusammen:[916]
„Bestätigt sich diese Erklärung, so würden wir die vom Rundjahre hergenommene Einteilung des Himmelskreises, wie sie in Ägypten in den Dekanen indirekt gegeben ist, auch den Babyloniern als originales Eigentum zuschreiben müssen, wenn man nicht annehmen will, daß diese die 360teilige Kreisteilung in unvordenklichen Zeiten von den Ägyptern als etwas Fertiges übernommen hatten. Jedenfalls werden aber das ägyptische Dekansystem und das babylonische Sexagesimalsystem letzten Endes gemeinsamen Ursprung gehabt haben.“ Ganz abgesehen davon, tritt Sethe hier in den Kreis der schon erwähnten Gelehrten ein, die in Mesopotamien dieselben Spuren fanden wie in Ägypten und damit von einem gemeinsamen Ursprung ausgehen.
Diese ursprüngliche Quelle hat Sitchin meiner Meinung nach gefunden,

indem er seinem Marduk diesen Zyklus zumaß, und ich würde ihn nur dahingehend ergänzen, daß die Zahl sechs zunächst die Basis bildete oder wenigstens einen besonderen Teil dieses Zyklus'.
Die fundamentale Bedeutung der mit 3600 kompatiblen Zahlen wie 12 oder 30 zeigt auch in Ägypten diese Verbindung auf, auch wenn der Zyklus selbst keine Rolle zu spielen scheint. Wenden wir uns daher der modernen Astronomie zu, die ja selbst mit dem Gedanken hadert, daß irgendwo hinter Pluto noch ein Planet zu finden wäre. Fragen wir, ob es diesen Planeten überhaupt geben kann.
Grundsätzlich ist festzuhalten, daß Sitchins These über die Existenz des Planeten von vielen Seiten widersprochen wird. Hoagland, der Sitchin sonst in höchsten Tönen lobt, kommentiert:[917] „Eine Schwachstelle, die Sitchin in seinen Werken zeigt, sind seine Kenntnisse in Astrophysik. Als endgültige Erklärung des mysteriösen NE.BI.RU bietet Sitchin einen bis dahin unbekannten Planeten an.
Für mich war diese ganze Vorstellung aus Gründen einfacher Gesetze der Himmelsmechanik höchst unwahrscheinlich."
Sitchin dagegen führt als grundsätzliches Beispiel den Kometen Halley an, der im Schnitt alle 76 Jahre wiederkehrt – zuletzt 1985/86. Er schreibt:[918]
„Wenn man den Halleyschen Kometen betrachtet, sieht man einen kleinen Nibiru! Diese vergleichbare Umlaufbahn ist bloß einer der Aspekte, die den Halleyschen Kometen – und auch andere Kometen – nicht nur zu einem Boten aus jüngster Vergangenheit macht, sondern aus einer Zeit weit zurück bis zur Genesis."
Meine astronomischen Kenntnisse werden nicht besser sein als Sitchins. Zeigt aber die Bahn der Kometen nicht ganz klar, daß so eine Umlaufbahn astrophysikalisch möglich ist? Selbst die 3600 Jahre seiner Umlaufbahn sind nichts Besonderes für Kometen. Hat man nicht dem Kometen Kohoutek eine Periode von 75.000 Jahren zugestanden? Ja, selbst mit Zyklen von Millionen von Jahren rechnet man bei den Kometen. Nicht wenige dieser Reisenden durchqueren im Perihel (Sonnennähe) den Planetoidengürtel. Das ist nicht nur Beweis für den dortigen Ursprung der Kometen, das zeigt doch vor allem, daß solche Umlaufbahnen möglich

sind. Mehr brauchen wir doch nicht. Re ist keine spektakuläre Erscheinung, die es nicht geben kann!

Wie aber steht die moderne Astronomie zur grundsätzlichen Existenz dieses Planeten, der in gelehrten Kreisen „Transpluto“ genannt wird? Dieser Transpluto wird im Prinzip für möglich gehalten. Auf seine Existenz weisen bisher nicht erklärbare Bahnschwankungen der Planeten Uranus, Neptun und Pluto hin sowie eine Störung der Bahn bei den Raumsonden Pionier 10 und 11. Im „Lexikon der Astronomie“ heißt es weiter:[919] „Auch Abweichungen der Perihel-Durchganszeiten einiger Kometen von den berechneten (zum Beispiel bis zu 100 Tage beim Halleyschen Kometen) stützen die Hypothese von einem 10. äußeren Planeten, bei dem es sich um einen ‚nahen' größeren Planeten oder um einen weit entfernten (ca. 90 Milliarden km) massiven, aber dunklen ‚Stern' handeln könnte.“ Selbst eine Kometenfamilie will man ihm zumessen.

1993 wurden dann aber durch neue Berechnungen anhand der Voyager-2-Daten die Bahnschwankungen für nicht existent erklärt.[920] Stattdessen fand man 1992 die Masse des Transplutos, die aber für Einflüsse in den Umlaufbahnen der äußeren Planeten zu gering war.[921] Die Objekte nehmen einen Platz zwischen 31 und 45 AE von der Sonne ein und werden als Planetoiden klassifiziert. Das größte gefundene Objekt weist einen Durchmesser von 200 Kilometer auf und hat eine „rötliche Farbe“!

Bis Juni 1995 konnten insgesamt 50 Transplutos entdeckt werden, davon 29 mit dem Hubble-Space-Teleskop. Eine statistische Auswertung ergab, daß etwa 35.000 Transplutos mit mehr als 100 Kilometer Durchmesser zwischen 30 und 50 AE anzunehmen sind, was etwa 0,003 Erdmassen entspricht. Aus dem Verhalten der Objekte schließt man auf ein Reservoir für das Gebiet um 35 und 1000 AE.[922] Die Ägypter – zu denen wir gleich wieder zurückkehren – behaupten dies, denn sie hegten die Vorstellung einer Schlange, die die ganze Welt umgibt – der Uroboros, der „Schwanzbeißer“.[923] Das ist niemand anderer als Apophis!

Im „Lexikon der Astronomie“ lesen wir dann das, was wir schon längst vermutet haben:[924] „Möglicherweise hatten Objekte in dieser Entfernung einen wesentlichen Einfluß auf die Planetenentstehung. So wird beispielsweise vermutet, daß solche Planetoiden mit den äußeren Planeten zusammengestoßen sind. Hiermit will man die starken Neigungen der Rotationsachsen von Uranus und Pluto oder die retrograde Umlaufbahn des Neptunmonds Triton erklären. Es wird auch spekuliert, daß Pluto, Chiron oder Triton selbst einst zu dieser Population von Objekten gehört haben."

Damit kommen wir zu einem enormen Problem. Nach Sitchins Analyse hätte um 200 v. Chr. Marduk/Re wieder im Planetoidengürtel auftauchen müssen.[925] Es läßt sich aber mit absoluter Sicherheit sagen, daß das nicht der Fall war. Die vielen Kulturen, die zu dieser Zeit schon auf ihrem Höhepunkt oder sogar darüber waren hätten dieses Ereignis aufgezeichnet. Nur die von Sitchin zitierten Stellen lassen annehmen, daß die Schreiber den Planeten noch selbst gesehen haben. Nicht zuletzt sollten wir aber an Re selbst denken.

Wir wissen: Mit dem Zeichen *hh* für „Million" wurde die Königskartusche gekennzeichnet, und eine immerwiederkehrende Formel ist „Millionen Mal erprobt". Auch im Papyrus Ani kniet der Gott mit dem Namen „Million" vor dem „Oval".[926] In den über vier Milliarden Jahren seit der Schöpfung – so wird unser Sonnensystem meist datiert – hätte Re die Planetoiden mehr als eine Millionen Mal passieren müssen![927] Daß er dabei nicht ungeschoren davonkam, können wir uns leicht ausmalen. Immer wieder tauchte er in den Gürtel ein, der vor vier Milliarden Jahren freilich noch viel dichter war!

Wir finden eine Erklärung für diesen Umstand in der Literatur der Ägypter genauso, wie in den neuen Erkenntnissen der Astronomie. In vielen Textstellen muß Re immer wieder seine „Glieder" zählen, als wenn ihm welche abhanden gekommen wären. Wenn er aber so oft seine Bahn mitten durch die Planetoiden gelenkt hat, dann ist das nur eine logische Schlußfolgerung. So heißt es im Totenbuch:[928] „...daß er hervorgehe, matt von Wunden". Wunden mußte Re dort laufend hinnehmen. Oder:[929] „Ich habe ihm den Apophis abgewehrt, ich habe ihm seine Wunden bespien." Die Motive treten sehr stark hervor. Auf die Sonne selbst ließe sich all das gar nicht anwenden. Auch heißt es im Totenbuch:[930]

„Das ist das Blut,
das aus dem Phallus des Re herabfloß,
als er daran ging,
sich selbst zu verstümmeln."

Im „Buch von der Himmelskuh" haben wir die ägyptische Sintflut gesehen. Dort wird ganz besonders auf das fortgeschrittene Alter des höchsten Gottes angespielt. Es beginnt so:[931]

„Da ersannen die Menschen Anschläge gegen Re,
denn seine Majestät war ja alt geworden,
und seine Knochen waren silber,
und seine Glieder waren Gold,
sein Haar [ein Schweif?, A.d.A.]
war echter Lapislazuli."

Re verzichtet hier sogar ganz offiziell auf sein irdisches Königtum, und das bedeutet für den Ägypter nicht wenig: „So wahr ich lebe, mein Herz ist es allzu müde, mit ihnen zu sein."[932] „Diese Bemerkung ist der Auslöser für die Sintflut selbst, und er behauptet, daß das seine letzte Wiederkehr war:[933]

„Mein Leib ist kraftlos zum ersten Mal,
und ich will nicht zurückkehren,
daß mich ein anderer angreift."

Mit dieser Bemerkung wird Thot sein Stellvertreter. Im Neuen Reich beginnt man sogar damit, Re als alten gebrechlichen Greis darzustellen, der sich „müde" über einen Stab beugt.[934] Im Denken der Ägypter war damit die Weltordnung bedroht, für die Re selbst einstand. Er hatte sie ja selbst so erschaffen! In der Erzählung „List der Isis" zeigt sich Re als „Greis", aus dessen zitterndem Mund schon der Speichel tropft.[935] Namen wie „der Alte", „der Greise", „der Altersschwache", „der seine Jahre durchlebt hat" oder „der Grauhaarige" sprechen für sich.[936] In den Pyramidentexten heißt es dann:[937] „Atum ist zufrieden über seine Jahre." Es scheint also tatsächlich so zu sein, daß Re-Atum nicht mehr aus der Unterwelt herauskommt, und daß er womöglich nur noch aus Einzelteilen besteht – Teile die schon gefunden wurden, und die vielleicht nicht nur zufällig eine rote Farbe aufweisen.

„Re-Atum als Greis"

Quelle: E. A. Wallis Budge: From Fetish to God, 1934, S. 5

Krisen in der Weltanschauung

Die Behauptung, bei Re handle es sich nicht um die Sonne, ist natürlich zunächst etwas kräftig. Es gilt also die religionsgeschichtliche Entwicklung dieses Gottes im Ansatz – eine genaue Untersuchung hat hier leider keinen Platz – ein wenig zu verfolgen, um den Wechselpunkt zu lokalisieren. Und den gibt es.

Die Wandlung des Re in Amun-Re unter thebanischem Einfluß mag dafür ebenfalls ein Zeichen sein. Während die Maya auf der anderen Seite der Erde neue Himmelskörper suchten, vertieften sich die Ägypter in das Wesen dieses Gottes und änderten es dahingehend, daß es von nun verborgen war. Amun ist sehr wahrscheinlich die Ableitung des Wortstammes *jmn,* und das heißt „verbergen" oder „unsichtbar machen" und wurde in den Pyramidentexten mit einem leeren Raum determiniert.[938] Amun selbst war einer der Urgötter, und sein Erscheinen in der Form des Re rief die Zeit vor der Schöpfung auf den Plan. Amun-Re heißt dann auch wörtlich etwa „Re, der sich verborgen hält". Daß es sich hier um ein und dieselbe Person handelt, zeigt der Leidener Amun-Hymnus:[939] „Amun, der aus dem Nun hervorkam, damit er die Gesichter (der Menschen) leite, er, dessen andere (hier die ältere) Form die Achtheit war, der Urzeitliche, der die Urzeitlichen erzeugte, der den Re gebären ließ, so daß er sich vervollständigte als Atum, der ein Leib ist mit ihm."

„Amun, der Verborgene"

Quelle: E. A. Wallis Budge: From Fetish to God, 1934, S. 18

Zahlreiche Inschriften, die Sethe in seinem bahnbrechenden Werk „Amun und die acht Urgötter" aufzeigte, belegen den Sinn der Verwandlung:[940] „Du verbirgst dich als Amun der Alte", oder:[941] „Amun der sich verbirgt vor seinen Kindern, der sich geheim macht, dessen Gestalt man nicht kennt", und:[942] „Der einzige Amun, der sich verbirgt vor ihnen, der sich verborgen hält vor den Göttern, dessen Farben man nicht kennt."

Durch die ganze ägyptische Geschichte hindurch hatte Re in seinen verschiedenen Formen immer einen geheimen Charakter, und nur der Eingeweihte wußte um seine „wahre Gestalt". Daß dies mit der Sonne eigentlich gar nicht funktioniert, scheint bisher niemandem aufgefallen zu sein. Amun, der „Herr der Weltenthrone" kam aus der Unterwelt nicht mehr hervor, und er wurde nie von einem Ägypter der geschichtlichen Zeit gesehen. So ist im Neuen Reich „Der in allen Dingen bleibt"[943]

ein häufiger Beiname des Amun und wir finden das „Bleiben“ tatsächlich in seinem Namen Amun wieder – *mn*.[944] Es wird sich leicht auf das „Bleiben“ in der tiefsten Unterwelt anwenden lassen, denn obwohl er nicht zurückkehrt, hat seine Schöpfung, die Weltordnung selbst, immer noch Bestand, und zwar „in allen Dingen“.
Die Ägypter selbst hatten in der Zeit ihrer weltanschaulichen Krise auch versucht eine andere Entsprechung, einen anderen Himmelskörper zu finden, der den Platz des höchsten Gottes einnahm. Damit eiferten sie den Maya nach. Der Höhepunkt dieser für Ägypten ketzerischen Verhaltensweise bildete König Amenophis IV, der besser unter seinem späteren Namen Echnaton bekannt ist.
Ich möchte hier nicht auf alle Aspekte der „Amarnazeit“ eingehen – das ist nicht unser Thema. Es sollte aber kurz erläutert werden, daß der religiöse Wandel dieser Zeit, der sich vielleicht nur im Kopf des Königs abgespielt hat, unser Problem direkt beim Namen nennt.
Was dem Betrachter der Amarnazeit am ehesten ins Auge fällt, ist der Wandel in der Darstellung der Kunst.[945] Wir engen den Blick auf den Gott Aton ein, dessen Name als „Sonnenscheibe“ übersetzt wird, der aber meist mit dem Zeichen R^{C} geschrieben wird.[946] Bei Aton scheint es sich um eine theologische Schöpfung zu handeln. Jedenfalls datiert das älteste Zeugnis seines Wesens nur bis ins Mittlere Reich zurück.[947] Er blieb stets ein Wesen völlig ohne eigene Lehre.
Herrmann Schlögl bringt den Wandel auf den Punkt:[948] „Alle Darstellungen, seien sie nun an den Wänden der Tempel oder im Innern des Grabes, spielten sich nach der neuen Lehre immer unter den Strahlen des Gottes Aton ab...“
Gestrahlt hat auch Re schon seit langer Zeit. Der Unterschied zwischen den Strahlen des Re und des Aton zeigt noch ein Text aus der Voramarnazeit:[949] „Deine Strahlen sind im Gesicht, aber man erkennt sie nicht.“ Jetzt aber, seit Amenophis IV. damit begann den Gott Aton dem Re überzustülpen, und nacheinander alle anderen Götter abzuschaffen – sie ergaben ja nun keinen Sinn mehr – jetzt waren die Strahlen überall sichtbar. Amenophis hat genau das getan, was die Ägyptologen und schon lange vor ihnen sogar die Heliopolitaner schon immer versuchen: Er hat

aus Re die Sonne gemacht, versuchte sie seinem Volk als Wiederentdeckung zu präsentieren, und das war letztlich sein großer Fehler.

„Das neue Bild des strahlenden Sonnengottes"

Quelle: E. A. Wallis Budge: From Fetish to God, 1934, S. 167

Von dieser neuen Personifizierung wird man geradezu erschlagen. Die Texte, die unter dem Wesen des Aton immer noch Re sehen, beweisen dies:[950] „Strahlenaussendend vertreibst du die Nacht", oder:[951] „Schön bist du, groß und strahlend... Deine Strahlen umfassen die Länder, du bist Re... Du vertreibst die Finsternis und schenkst deine Strahlen." Seit Echnaton wird man in Ägypten verstrahlt wohin man sieht. Der wesentliche Unterschied ist, daß diese Strahlen jetzt sichtbar sind:[952]

„Fern bist du,
Und doch ist dein Strahlenglanz über der Erde.
Und es sehn dich die Menschen..."

Diese völlig „unägyptischen" Ansichten[953] konnten sich nicht lange halten, und seine Götterrevolution war schneller beendet als sie anfing. Das Chaos, das er anrichtete, war beispiellos. Weil die neue Religion nicht mit den Eigenschaften des Osiris zu vereinbaren war, wurde dieser kurzerhand selbst zur Sonne.[954] Bei seiner Krönung in Hermonthis wählte er den Namen:[955] „Erster Prophet Re-Harachte, der sich im Namen von Schu, der Aton ist, am Horizont erfreut." Für den gebildeten Ägypter war dies natürlich ausgemachter Unsinn.
Der Wandel zum Gott Aton hin, der zwar älter, aber dafür völlig unbedeutend war, beginnt schon mit Thutmosis I. und Amenophis III., und er beginnt sich vom verborgenen Wesen des Amun abzuwenden, um sich dem heliopolitanischen Re anzuschließen.[956] Dieser war leichter als Sonne zu sehen als der verborgene Amun, denn daß die Sonne ihren Charakter verbirgt, läßt sich in Ägypten schwerlich behaupten.
Nun kommt dieser Gott Aton, der von Haus aus die Sonne ist, und wird gewaltsam mit Re vereinigt. Daß dies der entscheidende Schritt dieser Revolution war, läßt sich leicht erkennen. Da ist zum Beispiel der Atontempel „Gematon", und das heißt doch tatsächlich „Aton ist gefunden"[957] was als glückliche Entdeckung verkauft wurde. Dieser Umstand ist der eigentliche Wandel, und Echnaton sah seine Hauptaufgabe darin, seinem Volk zu zeigen, daß er Re entdeckt hat:[958]
„Re der Vater, der als Aton kommt...".
Die Felsgräber wurden nun so ausgerichtet, daß die Sonne in ihr Inneres scheinen konnte.[959] Und ab dem 6. Regierungsjahr nennt sich Echnaton „Der, der den Namen des Aton bekannt machen will."[960] Das waren die Begebenheiten in Ägypten, als Zweifel über den Sinn der Religion aufka-

men, eine Religion deren höchster Gott aus verständlichen Gründen niemals gesehen wurde.
Ich weiß um die vielen Probleme, die sich mit meinen Vorstellungen verbinden. Tatsächlich ist es doch so, daß die Sonne selbst schon seit längerer Zeit als Re gesehen wurde. Für die meisten Texte aus dem Neuen Reich scheint mir das sogar gesichert. In den Urtexten aber, dem Vermächtnis des Thot, war dieser Platz eindeutig für den 5./10. Planeten vorgesehen. Die Beschreibungen, Maßangaben, die Große Pyramide und der Weltenbau zeigen alle Symptome dafür. All das paßt ausgezeichnet auf die tatsächlichen Verhältnisse im Sonnensystem, die ja ihrerseits eigentlich einer Erklärung bedürfen.
In all den Jahren habe ich mich stets gefragt, wie es denn möglich war, daß die Gelehrten trotz ihrer Spitzfindigkeit niemals auf die Idee kamen, daß Re gar nicht die Sonne sein sollte. Wenn auch alle Beschreibungen dem nicht unbedingt widersprechen, so bleiben doch immerhin seltsame Details, die sich mit der Sonne nicht vereinbaren lassen. Eine seltene kritische Anmerkung dazu fand ich bei Frankfort:[961]
„In der unbeholfenen Redeweise der modernen Wisenschaft wird gesagt, daß Horus sowohl ein Sonnengott als auch ein Himmelsgott war; und wir vergessen oft, daß eine falsche Genauigkeit solcher Bezeichnungen das Verstehen seiner wahren Bedeutung effektiv ausschließen und Unvereinbarkeit suggerieren kann, die sich mit unseren eigenen Vorstellungen ergeben."
In der dazugehörigen Anmerkung geht er sogar noch weiter, wenn er notiert, daß die „geflügelte Scheibe" des Horus „primär mit dem Falken und nicht mit der Sonne in Verbindung stand."[962]
Viele solche Dinge müssen – weil hier Platz und Zeit nicht reichen – zukünftig noch genauer untersucht werden. Zur Problematik der „echten" Sonne fällt vor allem Atum, der lokale Gott von Heliopolis, auf. Es gibt wohl einen Re-Atum, aber niemals einen Horus-Atum – jedenfalls fand ich keinen solchen, ohne daß seine Verbindung über Re gelaufen wäre. Irgendwo in dieser Unvereinbarkeit muß die Antwort auf diese schwierige Frage zu suchen sein. So stößt man denn in Bonnets „Reallexikon" auf diese Trennung:[963] „Von dem Sonnengott Re und diesem

bereits im Alten Reich gleichgesetzten ‚Horus vom Lichtland' war Atum anfänglich scharf unterschieden." Genau das meine ich. Schon in den Pyramidentexten treffen wir nicht mehr auf die ursprüngliche Lehre.
Der Faden läßt sich so weit zurückverfolgen, wenn wir noch einmal unseren Weltenbau etwas erweitern – eben Stück für Stück.
Von Isis wissen wir, daß sie den Teil des Ovals repräsentiert, der durch den Planetoidengürtel führt. Ihr „Kuhgehörn" und das der Hathor könnte leicht für ein „halbes" Oval stehen. Hathor, und das zeigt doch ihre Verbindung zur Sintflut, ist ausschließlich der Teil des Planetoidengürtels, der von Re durchquert wird, während die Nut für den ganzen Kreis des Planetoidengürtels steht. Wir sehen also: Keine Göttin ist hier überflüssig oder gar nur dem Synkretismus entsprungen. Jedes Detail hat seine eigene wichtige Aufgabe, jeder Gott erfüllt seinen symbolischen Zweck.
Der Kreis schließt sich nun, wenn wir von Frankfort erfahren, daß Isis und Nephthys als Falken dargestellt werden konnten.[964] Die „ausgestreckten Flügel" des Horusfalken „sind der Himmel", schreibt er.[965] Es sind nach meiner Meinung Isis und Nephthys, die den ganzen Kreis des Himmels symbolisieren, und dieser hatte nichts mit der Sonne zu tun, denn Horus heißt „Der Ferne"![966] Die ägyptische Sonne ist nicht „fern".

„Mit ihren ausgestreckten Flügeln bildet auch Nut das Himmelsgewölbe"

Quelle: Adolf Rusch: Die Entwicklung der Himmelsgöttin Nut, 1992, S. 37, Abb. 3

Gehen wir mit unserer Untersuchung bis zu den Anfängen der ägyptischen Religionsgeschichte zurück, treffen wir auf eine Reihe Götter, die auf unterschiedliche Weise mit der echten Sonne verbunden wurden. Die drei ältesten Formen sind Horus in seiner heliopolitanischen Sonderform Harachte, Atum und Re. Die Verschmelzung dieser Götter, die zum Teil schon mit den Pyramidentexten begann, ist nicht ursprünglich.[967] So sehen wir, daß Atum statt der solaren Aspekte des Re eigentlich der Schöpfergott war, und daß erst die Verbindung zu Re diesen ebenfalls zum Weltschöpfer erhob.[968] Für Harachte sehe ich keine brauchbaren Deutungsmöglichkeiten, aber sicher stand auch er am Anfang als eigenständige Form neben den anderen. Daß Horus nur über die Sonderform Harachte, mit dem davorstehenden Re in diesen Kreis gelangte, scheint doch zu zeigen, daß Horus ursprünglich der Königsgott war.[969] Dies scheint sich zu bestätigen, wenn wir zum Beispiel in Efdu auf das Vater-Sohn-Verhältnis treffen, das Re als „Sonnengott" über Horus stellt. Es scheint also tatsächlich so zu sein, daß Re wirklich schon auf die Sonne abzielte bevor er mit Atum vermischt wurde, der von Haus aus keine solaren Aspekte erkennen ließ, und somit Atum die eigentliche Urform des 10. Planeten bildete. Und noch bevor Re zum Schöpfergott wurde gelang das dem eigentlichen Königsgott Horus, von dem im Band 2, V. Kapitel zu sprechen sein wird. Mit anderen Worten: Atum ist eigentlich unser 10. Planet. Junker glaubte diesem ursprünglichen Gott auf die Spur gekommen zu sein. Er hieß oft ganz einfach nur *Wr*, „Der Große", und wurde häufig auf Atum angewendet. Junker meinte sogar, daß *Wr* „der gebräuchlichere Name des Allgotts war".[970] Letzlich spricht viel für offensichtlich spätere Gleichsetzung des Horus mit Atum, die Junker dann so begründet:[971] „Horus war der Himmelsgott geworden und hatte die Rolle des Allherrn übernommen, die Verbindung *Hr-Wr* war eine äußere Bekundung dieser Tatsache." Der *Wr* war dann eine Art anonyme Bezeichnung für den 10. Planeten, von dem Junker glaubt, „daß Atum niemand anderes ist, als der *Wr*, *Itmw* [Atum, A.d.A.] muß sein gerade für Heliopolis geprägter Name sein."

Insgesamt hat Junkers Anschauung nicht nur Begeisterung erweckt, doch sind seine Überlegungen gerade aus unserer Sicht von höchstem Interesse. Das Zusammentreffen zwischen Re und Atum ist der entscheidende Auslöser für die widersprüchlichen Auslegungen, die sich aus einer Kombination Sonne-10. Planet ergeben. Es ist ein sonderbares Phänomen, daß die meisten Beschreibungen des 10. Planeten fugenlos auch auf die Sonne „passen". Sehen Sie sich einmal alte ägyptische Texte an!

Mit einem letzten Streich läßt sich nun der altägyptische Weltenbau zu Ende bringen. Die Ägypter hegten die Vorstellung zweier „Berge“ im Himmel. Der östliche Berg ist „Bachu“,[972] die Stelle des Planetoidengürtels, in der Re in die Nut eintaucht. Beim „Westberg“ „Manu“ verläßt er ihn wieder.[973] Vielleicht haben wir uns das Ereignis so vorzustellen, daß Re bei seinem Eintritt in den Planetoidengürtel ein feuriges Himmelsschauspiel bot, das mit seinem Austritt endete.

Dieser Bereich zwischen den beiden „Himmelstoren“ ist den Beschreibungen nach das Gebiet der Hathor, Herrin des Westberges. Beide Berge zusammen ergeben aber vor allem die Hieroglyphe für Horizont.[974] So heißt *3cht n b3chw* „Horizont von Bachu“[975] und *c3wj pwy shpsswj nw m3nw* heißt „die erlauchten Türflügel des Westens“.[976] Dieser „Horizont“ ist der „Erscheinungsort“ des Re. Lassen wir seine Scheibe aus der Hieroglyphe heraus, dann sehen wir nichts anderes als eben diese zwei Berge. Aber es ist mehr. Es sind nämlich – und das ist doch mythologisch und symbolisch deutlich – die Tempelpylonen, zwischen denen ja ebenfalls das „Erscheinungsfenster“ liegt.[977]

„Der »Horizont« mit der abgeflachten Scheibe des Sonnengottes“

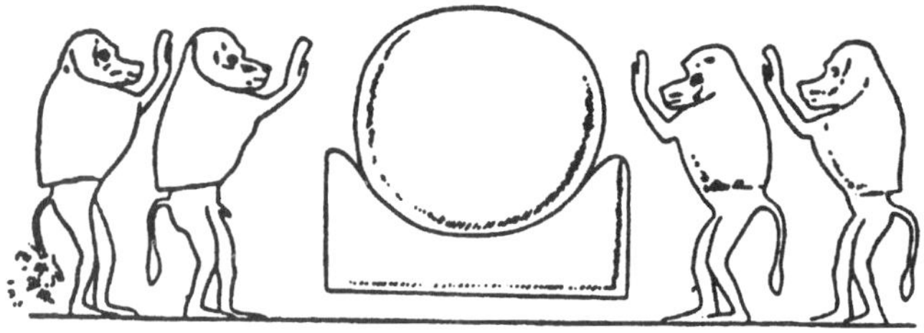

Quelle: Adolf Erman: Die Religion der Ägypter, Berlin, 1934, S. 20, Abb. 8

Es wird aber noch toller: Sehen Sie sich die Hieroglyphe genau an, und werfen sie dann einen Blick auf die Felsformationen der Felsenkammer – genau! Unser Querschnitt durch die Kammer zeigt doch messerscharf die beiden Felsreihen zwischen dem Gang, er zeigt genau diese Hieroglyphe! Das nenne ich Symbolik, und so heißt ja *djw n b3chw* treffend „Stein (oder Fels) von Bachu“.[978] Also wird der Horizont doch wohl durch die Felsen der Felsenkammer dargestellt werden können, ohne daß von einer Überinterpretation gesprochen werden könnte. Zudem heißt *b3ch*, die spätere Form von *b3chw*, ganz einfach „hell“,[979] und das ist nunmal das häufige „Lichtland“ des Horizontes. Es ist auch der Ort der Vernichtung des Apophis, wie aus Totenbuch hervorgeht,[980] so daß der Ostberg, trotz des augenscheinlichen Widerspruches, ebenfalls im Westen liegt, und so galt der Bachu speziell im Alten Reich als Berg im Westen,[981] was ja für einen „irdischen“ Berg schlechterdings unmöglich wäre.

Für die allgemein gültige Übersetzung des Begriffes „Horizont“ gibt es, soweit ich das Feld überblicken kann, keine ägyptische Basis, sondern es resultiert allein, wie so vieles andere auch, aus unserer Vorstellung, die sich durch eine „Sonnenscheibe“ zwischen zwei Bergen ergibt – das mußte also der Horizont sein.

Welche Übersetzung der eingeweihte Priester empfohlen hätte, bleibt uns verschlossen. Völlig gleichlaufend mit unserer Bedeutung des Wortes Horizont, vom ägyptischen *3ch.t*, entwickelt sich dieses Wort zu einer Metapher für den Tempel allgemein und auch für die Totenstadt,[982] was seinen guten Grund haben wird, wie wir bald sehen werden. Warum wohl sahen die Ägypter – und natürlich die anderen Kulturen, die wir untersuchten – das Totenreich dort oben im Himmel bei den Planetoiden?

Überlegen Sie einmal...

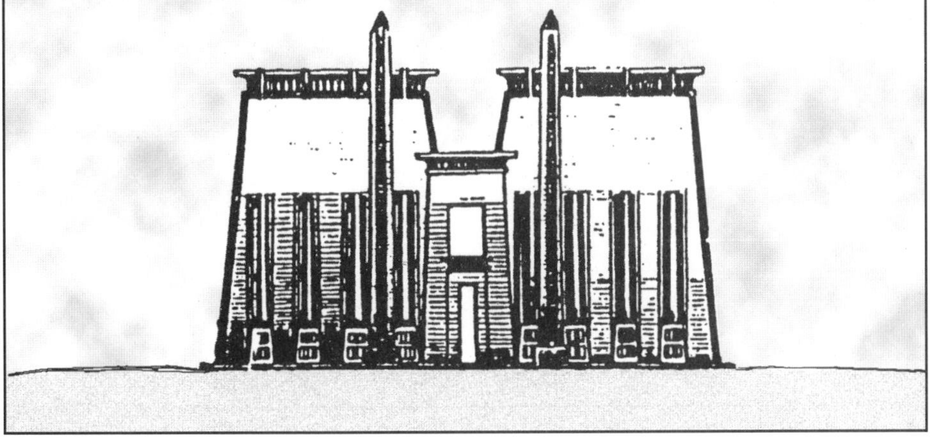

„Zwischen den Pylonen des ägyptischen Tempels befand sich das Erscheinungsfenster des höchsten Gottes“

Quelle: Sitchin: Das erste Zeitalter

„Schematische Darstellung des Sonnensystems mit altägyptischen Vorstellungen des Weltenbaues"

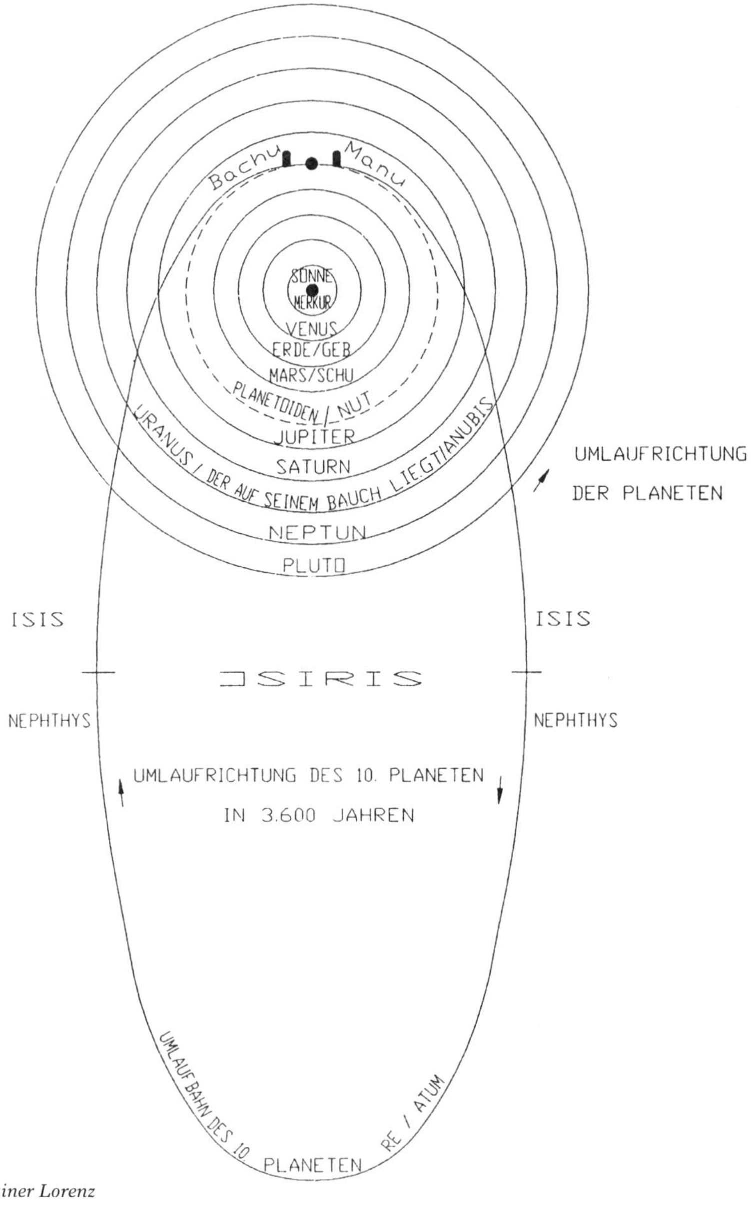

Quelle: Rainer Lorenz

Kapitel IV
Von Menschen und ihren Planeten

Es ist den Menschen nicht leichtgefallen,
der Zeit ins Auge zu sehen.
Einige sind so vor der fürchterlichen Aussicht
in den Schlund der Zeit zurückgeschreckt,
daß sie nach hinten
in den Schlund der Ignoranz gekippt sind.
Claude Albritton, »Der Schlund der Zeit«

Nach vorn zu schreiten, ohne zu wissen,
woher man kommt, ist ein Unding.
Robert Temple, »Das Sirius-Rätsel«

Der Ursprung des Menschen

Bereits seit dem I. Kapitel (1. Band) propagiere ich dafür, die Errichtung der Marsanlagen den Menschen zuzuschreiben, und nicht irgendwelchen Außerirdischen, die zufällig des Weges kamen, um auf unserem Nachbarplaneten Pyramiden zu errichten. Die Gründe habe ich im I. Kapitel (1. Band) dargelegt.
Nun hat Sitchin – und hier trennen sich unsere Wege entschieden – die Lösung angeboten, daß die „Götter" ihre Heimat auf dem 10. Planeten haben, und daß sie uns von dort her regelmäßig – im Abstand von 3600 Jahren, versteht sich – besuchen. Hier ist die Kritik, die so verallgemeinernd gewirkt hat, daß sich niemand mit dem Planeten selbst befaßte, hier ist die Kritik angebracht. Ein Planet, der jahrtausendelang in der dunkelsten Nacht lebt, dessen Oberflächentemperaturen nahe dem absoluten Nullpunkt liegen, der feuerglänzend und in Flammen getaucht beschrieben wird, kann leicht existieren, aber er hätte niemals Leben hervorbringen können! Und wenn diese „Götter" so erfahrene Raumfahrer waren, warum haben sie dann nicht einfach einen angenehmeren Planeten bevorzugt? Da bleiben einfach zu viele Dinge, die noch weit

unwahrscheinlicher wirken als „Leben auf dem Mars".
Zudem stand diese These für mich zu sehr im Widerspruch mit dem Anspruch der ägyptischen Könige auf die Abstammung vom himmlischen Königtum. Die Römer und Azteken tragen dazu nicht weniger bei. Die Konstruktion, die ich aber benötige, um die Menschen aus einer Vorzeit, an die sich niemand mehr erinnern kann, bis zum Bau der Großen Pyramide zu überbrücken, ist nicht weniger abenteuerlich. Der Faden der aufgeklärten Menschheit reißt aber vor den Ereignissen in Gizeh völlig ab. Erinnern wir uns an die Datierung, die von Hoagland als mögliche Lösung für das Alter der Marsmonumente vorgeschlagen wurde – 4 Milliarden Jahre! – dann kann man die Schwierigkeiten richtig fühlen, denn das ist nach meiner Ansicht das wahre Alter dieser Monumente.
Es genügt ein kurzer Blick in die Lehrbücher der Menschwerdung, und wir sehen, daß es hier nichts gab – von Menschen ist gar nicht zu reden. Der „Mensch im Raumfahrtzeitalter" beschränkt sich bis jetzt auf die letzten Jahrzehnte unseres Jahrhunderts. Das mag wohl die maßgebliche Basis für Hoagland gewesen sein, die ihn dazu führte, daß er die Monumente des Mars einer außerirdischen Rasse zuschreibt. Danach wäre zum Beispiel das Gesicht auf dem Mars eine Botschaft der Außerirdischen an die Menschheit auf der Erde, die es aber vor vier Milliarden Jahren noch nicht einmal in der entferntesten Zukunftsplanung gab. Das ist zwar eine schöne Idee, doch beruht sie einzig und allein auf einem Gefühl. Das war mir zu wenig. Es geht auch nicht darum, Möglichkeiten und Unmöglichkeiten auszusortieren. Vielmehr müßte es reichlich genügen, die alten Ägypter zu befragen, die uns bisher, trotz erheblicher Gegensätze zur heutigen Wissenschaft, mit ihrem sonderbar exakten Wissen über Dinge überrascht haben, von denen sie nicht einmal wissen dürften, daß es sie überhaupt gibt!
Verfolgen wir also ein wenig die Zeit und die Entwicklung der Erde mit ihren Charakteristika. Der ursprüngliche Anfang allen Seins in unserer näheren galaktischen Umgebung beginnt vor rund 10 Milliarden Jahren mit der Entstehung unserer Galaxie.[983] Unsere gute alte Erde bringt es nach fachwissenschaftlicher Sicht auf 4,57 Milliarden Jahre.[984] Ob diese Datierung geändert werden müßte, weil die Schöpfung sich nach Mei-

nung der alten Völker anders abgespielt hat, kann ich nicht beurteilen. Hier sind gelehrte Stimmen gefragt. Vielleicht liegt die Abtrennung der Erde noch gar nicht so weit zurück.
Die ersten einzelligen Organismen werden auf 3,5 Milliarden Jahre datiert,[985] so als wolle das Leben gerade auf der Erde mit aller Gewalt entstehen. Irgendwo habe ich einmal gelesen, daß das irdische Leben nicht gut zu den damals hier vorherrschenden Bedingungen paßt. Zu dieser Zeit jedenfalls könnte die Stadt auf dem Mars vielleicht schon 500 Millionen Jahre alt gewesen sein! Man stelle sich das einmal vor! Kein Wunder, wenn Hoagland jede irdische Beteiligung ausschließt. Es ist wirklich zu verrückt.
Zwei amerikanische Forscher entdeckten unlängst in einem seltenen Paläokarst-Vorkommen in Hohlräumen zwischen Feuersteinbrekzien eine kieselsäurehaltige Füllung, die jede Menge Mikrofossilien enthielt.[986] Der Fundort, der Beckspring-Dolomit in Kalifornien, wird auf 800 Millionen Jahre datiert. Die Umstände des Fundes sprechen dafür, daß diese Mikroorganismen einst an Land lebten, denn solche Karste enstehen durch Verwitterung mit Niederschlagseinfluß. Die Konsequenzen daraus sind, daß das Leben an Land bereits vor 800 Millionen Jahren begann, wogegen die ersten Landpflanzen erst auf 438 Millionen Jahre geschätzt werden.[987]
Rund 590 Millionen Jahre soll es her sein, da entwickelten sich die ersten wirbellosen Lebensformen, wie zum Beispiel die Trilobiten. Man spricht von der kambrischen Explosion, weil hier die Entwicklung plötzlich schneller vonstatten ging. Im Devon vor 408 Millionen Jahren erschienen die ersten Amphibien, gefolgt von den Reptilien im Karbon vor etwa 360 Millionen Jahren. Bis zum Trias dauerte es noch, als vor 248 Millionen Jahren die ersten Säugetiere entstanden. Die ersten Vögel wiederum erschienen mit den Dinosauriern vor ungefähr 213 Millionen Jahren im Jura, und sie starben vor 65 Millionen Jahren mit dem Ende der Kreidezeit aus. Als Auslöser sieht man gerne den Krater Chicxulub auf der Halbinsel Yukatan, der von einem 10 Kilometer messenden Himmelskörper verursacht worden sein soll.
Vor 38 Millionen Jahren beginnt im Oligozän ein völlig neues Zeitalter.

Die ersten affenähnlichen Wesen treten auf. In der Zeit von vor 5 bis 25 Millionen Jahren soll sich der Mensch vom Affen getrennt haben.[988] Da das Verbindungsstück, das „Missing Link“, noch fehlt, gibt es keine genaueren Daten für diesen entscheidenden Vorgang.

Lassen wir alle die Fakten an uns vorbeiziehen, erscheint es unmöglich für den Menschen, ein früheres Zeitalter zu finden, in dem er es womöglich bis zur Raumfahrt brachte. Die Lösung des Problems lag erst 1994 auf meinem Tisch. Bis dahin mußte ich mich mit vorsichtigen Hinweisen begnügen. Da war zunächst einmal Erich von Däniken, der einst meine Neugier erweckt hatte. In seinem Buch „Beweise“ erwähnt er einen spektakulären Fund, den ich wegen seiner Einzigartigkeit nicht weiter ernst nahm.[989] Danach machte sich am 3. Juni 1968 ein gewisser William J. Meister – Hobby-Fossiliensammler und Spezialist für Trilobiten – zusammen mit seiner Frau, zwei Töchtern und einem bekannten Ehepaar, ebenfalls mit zwei Töchtern, auf Fossilienjagd. Plötzlich glaubten die Mädchen im Felsen eine Versteinerung zu erkennen. Meister entfernte den Felsen und traute seinen Augen nicht. Zwei versteinerte Schuh!-Abdrücke blickten ihm entgegen. Mit dem Absatz des linken Schuhs wurde ein Trilobit zertreten. Trilobiten starben aber vor 200 Millionen Jahren restlos aus! Das war natürlich unmöglich, und ich maß dem keine größere Bedeutung zu.

Das änderte sich auch nur geringfügig, als ich in Johannes von Buttlars „Leben auf dem Mars“ erneut mit solchen Tatsachen konfrontiert wurde. Dort las ich etwas über menschliche Fuß- und Schuhabdrücke im Paluxy River bei Glenn Rose in Texas.[990] In derselben Schicht ließen auch Dinosaurier ihre Abdrücke zurück. Die aber – und das ist sicher – starben vor 65 Millionen Jahren aus! Nachdem in Anwesenheit von Wissenschaftlern weitere Abdrücke zutage gefördert wurden, brach in den USA eine heftige Kontroverse darüber aus. Das alles war für meine damaligen Forschungen zum Marsgesicht nicht bedeutend, und gerade das sollte sich als Fehler erweisen.

Das änderte sich dann auch schlagartig, als 1994 in Deutschland ein Buch erschien, das diesem Phänomen so wissenschaftlich genau nachging, wie es nur möglich war. Dort ging man die Sache von einer ganz anderen Seite her an. Der Titel „Verbotene Archäologie“ zeigt, welche Daten die beiden Autoren, Michael A. Cremo und Dr. Richard L. Thompson, gesammelt hatten. Es waren Unmengen solcher Funde, die uns nicht nur an der herkömmlichen Theorie zweifeln lassen, sondern sie schlichtweg über Bord geworfen haben. Darwins Evolution war nicht das Ende der Erforschung des Lebens, sondern nur der Anfang!

Werfen wir nur einen kurzen Blick hinter die Kulissen der „Verbotenen Archäologie“. Da ist zum Beispiel ein Knochenfund aus Illinois, der 1862 in einer Tiefe von 28 Metern gefunden wurde.[991] Die Knochen des Mannes befanden sich auf einem Kohleflöz, das wiederum von einer 60 Zentimeter dicken Schieferschicht bedeckt war. Das Alter der Kohle wurde auf mindestens 286 Millionen Jahre, eventuell auch auf 320 Millionen Jahre datiert. Dementsprechend trifft dies auch auf das Alter der menschlichen Knochen zu!

Die Konsequenzen aus den neuen (aber doch eigentlich alten) wissenschaftlichen Tatsachen sind umwerfend. Es zeigt sich auf außerordentlich klare Weise, daß diese Menschheit nicht die erste auf der Erde ist! Zu dieser Menschheit fehlt genauso jede Beziehung, jede Erinnerung, wie zu den Monumenten auf dem Mars. Das einzige was wir von ihnen besitzen ist das Vermächtnis einer Pyramide, einer Stadt in Mexiko und einiger Religionen, von denen wir bis jetzt ganz offensichtlich nichts begriffen haben!

Wir stehen mit diesen Funden vor einem weiteren Problem. Nach allem, was die moderne Forschung über die Frühzeit der Erde in Erfahrung bringen konnte, ist es unmöglich bis völlig ausgeschlossen, daß diese „erste Menscheit“ einen Weg über die Evolution bis hin zum Menschen auf der Erde durchlaufen hat! Diese uralte „Menschheit“ stammt nicht von diesem Planeten! Entweder wurde also die Erdgeschichte für diese Epochen falsch geschrieben – ich werde mir hier kein Urteil anmaßen – oder die Spuren deuten auf eine Menschheit, die nicht von diesem Planeten kam.

Das Marsgesicht selbst zeigt uns die Antwort!

Ich möchte hier nicht auf die Echtheit der Funde eingehen. Das haben andere, bessere Fachleute, wie Thompson und Cremo schon getan

(s. Anhang III). Es genügt, wenn wir aus ihren Erkenntnissen die notwendigen Schlußfolgerungen ziehen. Und die sehen so aus:
Wir haben Ruinen auf dem Mars, die beinahe so alt sein könnten wie die Erde selbst. Wir haben Spuren einer unbekannten Menschheit auf der Erde, die den irdischen Weg der Evolution nicht gegangen sein kann! Die Lösung liegt auf der Hand: Wir ziehen die Querverbindung und fragen uns, ob diese Menschen nicht selbst die gesuchten Marsianer sind. Gleichzeitig sollten wir nicht den nächstliegenden Schluß ziehen, daß wir selbst, weil unsere Herkunft nicht klar zu sein scheint, die Erben dieser Menschheit sind. Uns trennen Millionen von Jahren, und es existiert heute keine Brücke, die dieses Tal überquert.
Der nächstliegende Schluß ist, die Ägypter nach dem Ursprung des Menschen zu fragen. Sie haben soviel gewußt, daß sie auch darauf eine Antwort kennen müßten. Wieder einmal mußte ich in die dunklen Katakomben der altägyptischen Religion abtauchen... Es sollte sich lohnen.
Überraschend stellen wir fest, daß die Menschwerdung eine stark untergeordnete Rolle bei den Ägyptern spielt. Bisher waren wir so in das Geflecht der kosmischen Götter verstrickt, daß wir an den Menschen selbst schon nicht mehr dachten. Genau das entspricht aber dem Schwerpunkt des ägyptischen Glaubens. Die Fragmente, die ein wenig Licht in dieses Dunkel bringen, sind weit verstreut. Die unerwartete Antwort der damaligen Nilbewohner sieht so aus:
Im „Buch von der Himmelskuh" ist es Nun, „der älteste Vater", „der die Menschen geschaffen hat".[992] In den Sargtexten ist der Mensch aus den Tränen Res, aus seinem Auge entstanden.[993] Auch im „Buch von der Himmelskuh" findet sich diese Vorstellung einige Zeilen unter der obigen Stelle.[994] Das ist verständlich, denn das Auge des Re ist die Hathor, und genau dort befindet sich auch Nun. Weitere Bestätigung finden wir schon in den Pyramidentexten:[995]

„NN. ist geboren im Nun,
als der Himmel noch nicht entstanden war,
als die Erde noch nicht entstanden war."

Ich hätte mir sehr viel Arbeit erspart, wäre mir E.A.E. Reymonds „The Mythical Origin of the Egyptian Temple“ früher bekannt gewesen. In diesem ausgezeichneten Buch, das ich zu den besten des gelehrten Genres zählen möchte, kam Reymond nicht nur zu denselben Schlußfolgerungen in Bezug auf die Schöpfung. Viele, viele weitere Details dieser Ereignisse sind dort erläutert, die ich dem interessierten oder kritischen Leser nur empfehlen kann. An diesem Buch müssen all meine künftigen Gegner vorbei, die an meiner Darstellung der ägyptischen Religion zweifeln. Da heißt es zum Beispiel:[996]

„Das Ergebnis des Studiums der Quellen aus Edfu zeigt auch, daß die Ägypter an die Existenz von zwei mythischen Welten glaubten. Genau gesagt, die erste mythische Welt wird durch eine uranfängliche Insel repräsentiert, die aus unbekannten Gründen zerstört wurde und verschwand.“

Wie der Titel schon zeigt, zieht Reymond die Parallelen zum ägyptischen Tempel, speziell in Edfu, wo sich ergibt, daß sich alle diese Ereignisse nicht nur im Text, sondern auch in den baulichen Entsprechungen widerspiegeln. Er faßt dann zusammen:[997]

„Wir sahen, daß die Schöpfungstheorie auf zwei Phasen des uranfänglichen Zeitalters anspielt... Die Texte beschreiben in erster Instanz wohlüberlegt wie eine uranfängliche Insel aus dem uranfänglichen Wasser auftaucht. Diese Insel – wie und warum ist nicht bekannt – verschwand. Als sie wieder auftauchte, und das Leben sich erneuerte, begann sich neues Land an ihren Rändern zu formen, und es war in diesen Ländern, genannt die *pay*-Länder, daß der Tempel ins Leben trat.

Die schlammige Insel in der Mitte des Nun war daher der ursprüngliche Kern der Welt der Götter. In ihr war der *Sitz des Schöpfers* und die *Heimat der uranfänglichen Einen*, der anderen schöpferischen Kraft...“

Was Reymond hier schreibt klingt so, als hätte es auf dieser „Insel“ bereits Leben gegeben. Genau das haben wir ja gerade schon herausgefunden. Um das zu sichern, müssen wir uns noch weiter in die mythologischen Tiefen der Ägypter begeben.

Wir kennen in Ägypten zwei bedeutende Gottheiten, die auf einer Töpferscheibe den Menschen formen – Ptah und Chnum. Ptah, der Stadtgott von Memphis, ist ein sehr schwieriger Gott, der im Lauf der Zeit mit allen möglichen Elementen verschmolz. Eine besondere Bedeutung erlangte er aber als Ptah-Nun, wo er selbst zu einer Verkörperung des Urgewässers wird.[998] Seine Verbindung zu Re und Amun erfolgte erst in der 19. Dynastie, so daß wir in Ptah-Nun wohl die älteste Verbindung erkennen können.[999] Der Stil seiner Schöpfung, mit Herz und Zunge, sowie durch die Macht des Wortes, zeigt ihn als transzendenten Gott, der eher geistig als physisch waltete. Wenn sich daraus etwas ablesen lassen soll, dann nur die Entstehung des Menschen durch einen natürlichen Prozeß, aber stark verbunden mit dem Urgewässer Nun, nach dem Motto: „Wasser ist Leben".

„Chnum formt den Menschen auf der Töpferscheibe"

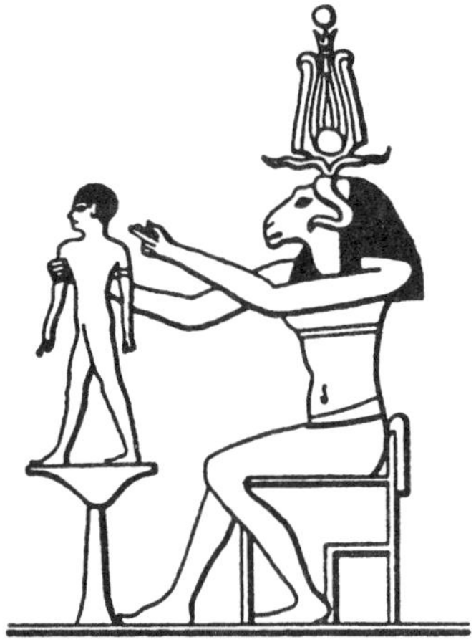

Quelle: E. A. Wallis Budge: From Fetish to God, 1934, S. 174

Mit Chnum – der Name könnte „erschaffen" bedeuten[1000] – wird es nicht viel einfacher. Sein Beiname ist „Bildner, der belebt" und „Vater der Väter, die Mutter der Mütter".[1001] Damit nähert er sich schon wieder dem Nun an, der selbst „Vater der Götter"[1002] hieß. Auch er verschmilzt mit Re, Schu, Geb und Osiris, so daß eine Deutung erhebliche Probleme mit sich bringt. In Elephantine gilt er aber besonders als Wächter des Nils, der die Überschwemmung verursacht. Budge nennt sieben Beinamen des Chnum, wobei der vierte und fünfte wiederum besonders auffällt:[1003]

„Herrscher im Haus des Lebens“ und „Herr im Land des Lebens“. Dort am ersten Nilkatarakt in Oberägypten soll nach der Vorstellung der alten Ägypter der Nil aus dem Nun entspringen. Wir werden später sehen, daß diese Vorstellung nicht nur leere Phantasie war, wenn wir ganz Ägypten als Nachbau der Welt erkennen. Chnum ist jedenfalls ein typischer Wassergott, der über seine ausgestreckten Hände das Wasser hervorbrachte,[1004] und mit dem menschlichen Leben selbst wird es nicht anders gewesen sein. Im hieratischen Berliner Papyrus 3049 heißt es von Chnum:[1005]

„Die Götter jauchzen:
‚Laßt uns unseren Vater anbeten!’
Die Menschen:
‚Laßt uns unserem Schöpfer (huldigen)
in seinem Namen:
Der unsere Leiber erschuf!’
– Chnum, der die Menschen baut
und die Götter hervorbringt,
der alle Gesichter am Leben erhält
und für sie sorgt -
‚Hei, laßt uns seinen Ka verehren’!“

Aus der römischen Zeit, aber deswegen nicht weniger wertvoll, stammen diese Szenen. Man fand sie inschriftlich im Tempel von Esna, wo Chnum, „die Seele Schus“, hauptsächlich verehrt wurde:[1006]

„Ein anderer Hymnus an Chnum-Re,
den Gott der Töpferscheibe...,
der das Land überschwemmt mit dem Nun,
dem der große Ring-Ozean
und der große Kreis-Ozean dienen...
Er hat Götter und Menschen geformt...
Er hat den Blutkreislauf
in den Knochen geknotet,

formend in seiner Werkstatt
mit dem Werk seiner Hände.
Da durchdrang der Lebenshauch
alle Dinge...,
So wurden sie alle getöpfert
auf seiner Scheibe...
Der Fürst der Töpferscheibe,
er ist (auch) ihr Vater,
Tatenen, der alles hervorbrachte,
was da ist auf ihrem Erdboden.
Er spuckte aus mit seinem Munde,
und sie entstanden auf der Stelle
ohne Aufhören:
seit die Töpferscheibe begann,
dreht sie sich Tag für Tag.
Alle deine Geschöpfe danken dir.
Du bist Ptah-Tatenen,
der Schöpfer der Schöpfer,
der alles, was ist, hervorbrachte
im Innern von Esna."

Zur Gruppe der Erdgötter gehört der hier erwähnte Tatenen, „das (aus Nun) erhobene Land".[1007] Während dieser Gott im „Denkmal Memphitischer Theologie" auftaucht, das kaum aus dem Alten Reich stammen kann, begegnet er uns im Mittleren Reich nur selten, um im Neuen Reich seine wahre Größe zu erlangen. Wir finden seinen Namen oft mit dem Himmelsbalken geschrieben und können aus den Erläuterungen der Unterweltsbücher herauslesen, daß er nicht nur die geschaffene Erde bezeichnet, das war vorwiegend, aber nicht nur, die Aufgabe Gebs, sondern vor allem das Stück Land auf Nun, also die „Insel" im Himmel. Wir lesen ja auch im „Buch von der Erde":[1008]

„Passieren des Tatenen-Leichnams
durch diesen Großen Gott,

indem er vorübereilt
am Leichnam des Nun."

Ebenso tritt Tatenen mit dem Beiwort *shn-wr* auf, das „Gewässer, das groß und rund ist" bedeutet.[1009] Das ist Nun selbst, und Tatenen ist der Urhügel, der sich bei der Schöpfung aus ihm erhebt – also die Erde. Das ist keine plumpe Deutung von mir! Deswegen möchte ich hier die gleichlautende Erklärung von Hans Bonnet anführen:[1010] „Tatenen bedeutet ‚das erhobene Land' und bezeichnet die beim Weltbeginn aus dem Urmeer aufsteigende Erde... als...Tatenen ist er der Urhügel selbst." Damit greift er klar auf Sethes Erklärung zurück, daß nämlich Nun, der 5. Planet, der Geburtsort der Erde ist.
So scheint mir die Verschmelzung Ptah-Nun und Ptah-Tatenen doch fast identisch zu sein, und das wird in einer Inschrift des Königs Haremhab in Gebel Silsileh bestätigt, wo die Verbindung „Ptah-der große Nun-Tatenen" auftritt. Wir finden diesen Gott dann in einem thebanischen Grab (Nr. 57) als typischen Schöpfer:[1011]

„...am Anfang entstanden
zur ersten Urzeit des Tatenen,
der Menschen und Götter entstehen ließ."

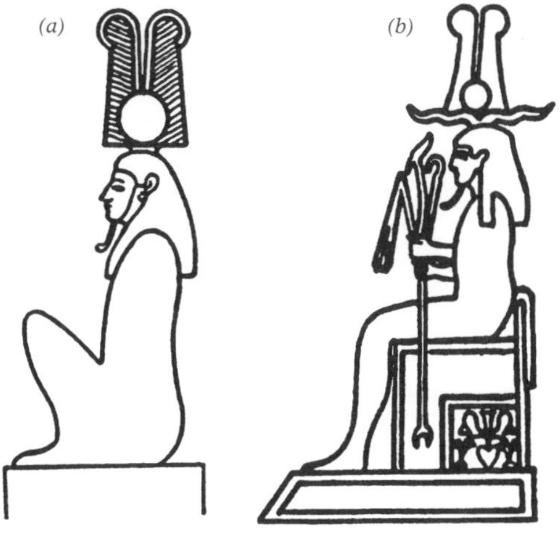

„Ptah-Nun (a), der »Vater der Götter« und Ptah-Tatenen (b), der Gott des Urhügels, der sich aus Nun erhob."

Quelle: E. A. Wallis Budge: From Fetish to God, 1934, S. 14

Im Totenbuch des Schreibers Ani klingt die vergleichbare Stelle so:[1012] „Tatenen, der Eine, der die Menschheit schuf.“ Und eine Inschrift im Grab des Anchefenmut aus der 22. Dynastie sagt:[1013] „Du erscheinst auf der Töpferscheibe auf den Armen des Tatenen.“ Auch im Höhlenbuch bekommt er diese Rolle, wenn er den Namen „der Geburten schafft“ trägt.[1014]

Hermann A. Schlögl hat in seiner Arbeit „Der Gott Tatenen“ weiteres Material gesammelt, das Tatenen als Schöpfergott der Menschen und Götter eindeutig hervorhebt. Wir können also auch auf diesem Wege die Schöpfung des Menschen klar in den Himmel verlegen. In einem Gebet an Ptah von Ramses III. im großen Papyrus Harris I, das selbst eine kurze Zusammenfassung der Schöpfung ist, heißt es:[1015]

„Gegrüßet seiest du,
der du groß und uralt bist,
Tatenen, Vater der Götter!
Du ältester Gott des Anbeginns,
der die Menschen baute und die Götter schuf,
der das Werden begann als erster Urgott,
alles was kam entstand nach ihm.
Der den Himmel schuf
nach dem Plan seines Herzens
und ihn hochhob mit Hilfe des Luftraums;
der die Erde gründete
mit seiner eigenen Schöpfung
und sie umgibt als Urwasser und großes Grün;
der die Unterwelt schuf
und die Leichname ruhen läßt
und den Sonnengott [Re, A.d.A.]
an ihnen vorbeiziehen läßt,
um sie zu bewahren.“

In den Vorstellungen der alten Ägypter befand sich dort oben auch eine „Stadt“, die als Stadt der Toten interpretiert werden kann. Sie könnte aber, und zwar vor der Schöpfung, auch die Stadt der Lebenden gewesen sein. Jedenfalls finden wir Tatenen in der 9. Stunde des „Pfortenbuches" mit der Hieroglyphe für „Stadt" geschrieben.[1016] Vielleicht können wir hier auch eine Art Kontinent auf Nun sehen. Dafür spricht in der Tat einiges.

Nun, der fünfte Planet war ein wässriger Planet, den wir uns wohl tatsächlich als einziges großes Meer vorstellen können. Wie wir ja von Reymond erfahren haben, soll sich aber aus diesem Meer eine Insel erhoben haben – „festes Land" war ja das Sinnbild hinter Tatenens Namen und Wesen.

Wie Reymond richtig erkannte, ist die Schöpfung der Erde nicht dasselbe wie die Erhebung dieser „Insel". So heißt es ja von (und in) Theben:[1017] „Der Hügel, der aus dem Nun gegeben wurde zu Anfang, als es weder Himmel noch Erde noch Unterwelt gab." So muß also ein Stück festes Land, ein Kontinent auf dem fünften Planeten entstanden sein:[1018] „Der große Hügel (oder Anhöhe), der sein Haupt hervorstreckte aus dem Nun." Das ist Tatenen, von dem die alle eben genannten Zitate behaupten, daß dort das erste Leben entstand!

Auch die mespotamische Tiamat (akkadisch passend: „das Meer") trägt den Beinamen „die sie alle gebar".[1019] Zugleich wird sie, wie Helmut Uhlig schreibt, „als die Grenze der Menschenwelt begriffen".[1020] Und weiter: „Und diese Gottheit des Unendlichen, zugleich Gottheit des Uranfangs, ist Tiamat. Aus ihrer Verbindung mit Abzu („dem Zeuger" oder auch „Chaoswasser"), akkadisch Apsu, ist nach akkadischer, also semitischer Überlieferung alles Leben entstanden." Genau wie Re in der Nut geboren wird (als Herrscher über seine neuen Bereiche), wurde Marduk „inmitten des heiligen Apsu...geboren".[1021]

Machen wir aber wieder einen kurzen Sprung zu den hermetischen Lehren, um weitere Belege für das Vorhandensein von scheinbar „menschlichen" Wesen auf dem 5. Planeten zu suchen. Dort finden wir im Kapitel Kore Kosmu denselben sonderbaren Gedanken:[1022] „Der Himmel ist die Quelle unseres Seins..."

Was bedeutet denn das alles? Es ist kaum zu glauben, aber Nun, der wässrige Planet, ist in den ägyptischen Vorstellungen – und nicht nur dort –

der Ursprung des Menschen! Dort haben die ersten „Menschen“ gelebt, Milliarden Jahre bevor wir auf den Plan traten, ja lange bevor überhaupt unsere Erde entstanden war. „Als ich noch im Nun war“, ist eine häufige und unzweideutige Formel, die klar auf die Zeit vor der Schöpfung anspielt. Es gibt kein Zurück von dem Weltenbau, keine Möglichkeit um diesen Gedanken zu entschärfen. Der einstige fünfte Planet in unserem Sonnensystem, den die Ägypter Nun nannten, besaß einen Kontinent, Tatenen, auf dem sich Milliarden Jahre vor unserem Erscheinen das erste Leben bildete, die ersten Menschen lebten.

Es gibt eine Möglichkeit, diese Entdeckung weiter zu untermauern. Fragen wir doch in anderen Kulturkreisen nach. Da gab es zum Beispiel einen babylonischen Priester namens Berossus, einen Priester des Marduk übrigens, der im 3. Jahrhundert v. Chr. durch die Griechen dazu angespornt wurde, die Überlieferungen seines Volkes niederzuschreiben. Der Bericht[1023] beginnt stark ägyptisch angehaucht mit „einst gab es nichts als Dunkelheit und Wasser, wo selbsterzeugte scheußliche Wesen aufwuchsen.“ Es folgt eine lange Reihe mit merkwürdigen Gestalten, Mischwesen zwischen Mensch und Tier. „Von ihnen allen waren im Tempel des Belos Abbildungen erhalten.“ Berossus fährt fort: „Als Herrin über sie alle galt eine Frau namens Omroka, was im Chaldäischen Thalatth heißt, und was die Griechen als *thalassa* (das Meer) aussprechen...“ Ich glaube nicht zu weit zu gehen, wenn ich in diesem Meer den ägyptischen Nun sehe. Die Fortsetzung der Geschichte, für die es leider keine zusammenhängende ägyptische Entsprechung gibt, zeigt das so:

„Als es so um alle Dinge stand, kam Belos [Marduk, A.d.A.] und schnitt die Frau entzwei. Und aus der einen Hälfte schuf er die Erde, aus der anderen Hälfte den Himmel; gleichzeitig zerstörte er die Tiere im Abgrund.“

Das ist genau unsere Beschreibung der Schöpfung selbst. Ich war nicht wenig überrascht, als ich beim Stöbern in den Büchereien auf das Buch eines Ethnologen stieß, der die Zusammenhänge ähnlich sah wie ich. Karl F. Kohlenberg schrieb bereits 1970 in „Enträtselte Vorzeit“ über das weltweite Phänomen der Trennung von Himmel und Erde. Er stellte fest, daß sich dieses Ereignis weder zeitlich einordnen noch astrophysikalisch erklären ließ. Anhand der ihm bekannten Überlieferungen kam er zu dem Schluß, „daß ein Teil der Menschheit sich bereits auf der Erde oder jenem rätselhaften Gestirn befand, der andere aber erst eintraf, nachdem die Trennung vollzogen war.“[1024] Er berichtet weiter von südafrikanischen Buschmännern, den Bakairi, die behaupten, früher auf diesem Planeten gelebt zu haben. Damit verfügen sie über eine Legende, die mehr als vier Milliarden Jahre alt zu sein scheint!

Eine weitere sehr interessante Parallele fand ich im Buch Sohar, dem heiligen Buch der Kabbala. Dort ist von einer „höheren Erde“ die Rede, die den vielversprechenden Namen „Tewel“ trägt. Doch lesen Sie selbst:[1025]

„Vielmehr war Adams Aufenthalt in jener höchsten Welt von allen, die genannt ist ‚Tewel' und von der es heißt: ‚Und er befahl an Tewel seine Erde'. Dieses ‚Tewel' ist eingefaßt vom oberen Himmel... So fanden sich auch die Söhne Adams in jener höheren Erde, welche ‚Tewele' genannt ist... So findet sich in Tewel der König von allem, das ist Adam, und nicht in den unteren Welten.“

Selbst der Ägyptologe Gregoire Kolpaktchy stößt in der Einleitung zu seiner Totenbuchübersetzung auf dieses Phänomen:[1026] „Nun lehrt uns die esoterische Überlieferung, daß die beiden Lichtkörper, im Uranfang miteinander und mit der Erde vereint, sich von dieser letzten trennten und dann in Opposition zueinander traten; das war der Anfang der kosmischen Involution, oder, mit der Bibel zu sprechen, das erste Stadium des ‚Falles'.“

Ich glaube, wir haben nun genügend Material gesammelt, genügend Forscher befragt, wir kommen zu keinem anderen Ergebnis. Tatsächlich scheint der ehemalige fünfte Planet unseres Sonnensystems die Wiege der Menschheit zu sein, die vor Jahrmillionen und Jahrmilliarden zuerst auf dem Mars, und dann auf der Erde lebten. So stellt es sich dar.

Wir können jetzt diesem Aspekt auf eine völlig neue Weise begegnen. Ich meine die tiefgreifenden Vorstellungen der Ägypter vom Tod schlechthin, denn dieser war ja als einziger Aspekt bisher von den Gelehrten mit den Pyramiden zusammengebracht worden, und das hat uns ja nicht genügt. Jetzt kommen wir aber darauf zurück. Wir brauchen nur eins und eins zusammenzuzählen, um die Bedeutung des ägyptischen

Totenglaubens zu erkennen. Der Ort nämlich, und wer bisher gut aufgepaßt hat weiß dies längst, zu dem die Seele des Verstorbenen reist, ist die Himmelsgöttin Nut! Robert Brier schreibt:[1027]
„Der Sargdeckel symbolisiert den Himmel, und so kann es nicht überraschen, daß Nut, die Göttin des Himmelsgewölbes, darauf abgebildet war... Im übertragenen Sinne erwarten die Ägypter, daß sie auf diese Weise auch den Toten Schutz und Wiedergeburt gewähre."
Wir finden diesen Gedanken grundsätzlich, und als ältestes Zeugnis dafür fragen wir wieder die Pyramidentexte. Dort heißt es:[1028]

„Die Himmelgöttin Nut ist der Sarg"

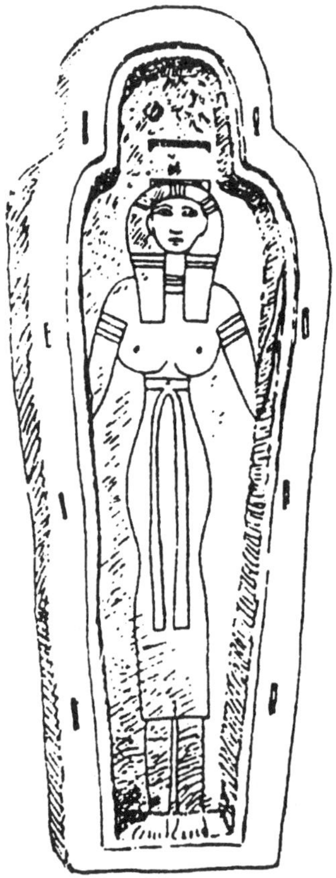

Quelle: Adolf Rusch: Die Entwicklung der Himmelsgöttin Nut, 1922, S. 37, Abb. 6

„...und du bist übergeben worden
deiner Mutter Nut,
in ihrem Namen ‚Grab',
sie hat dich umfangen
in ihrem Namen ‚Sarg',
und du bist zu ihr gebracht worden
in ihrem Namen ‚Grab'."

In den Sargtexten spielt daher Nut und Schu so eine große Rolle. Wollte man zur Nut, konnte man sich nur an Schu wenden. Umgekehrt, nicht als Seelenreise, sondern als geschichtliches Ereignis, wird das nicht weniger gelten.
Auch bei Dondelinger finden wir diese Ansicht klar vertreten:[1029] „Die Himmelsgöttin Nut soll sich auf den Toten legen, der sich mit ihr vereinigen will, um von ihr für das ewige Leben wiedergeboren zu werden. Nut wird in der Folge dem Sargdeckel gleichgesetzt."
Adolf Rusch schrieb in einer gelehrten Abhandlung „Die Entwicklung der Himmelsgöttin Nut zu einer Totengottheit:[1030] „Im Sarge wäre eigentlich der Tote tot, da es aber Nut ist, die ihn einschließt, so ist er nicht dem Tode verfallen.
Aus dieser Gleichsetzung des Sargdeckels mit dem Himmel könnte vielleicht die gewölbte Form der Särge des Alten Reiches zu erklären sein."
Als Belegstellen für die Hauptaufgabe der Nut können die Textstellen aus den Pyramidentexten herangezogen werden, in denen der Verstorbene zu einem *shd.w*-Stern werden soll (vergl. Kap. VIII., Band 1). Nut selbst ist die „Gestirnmutter", sie ist „die mit tausend Seelen".[1031] Auch Hathor trägt später den Beinamen „die ihre Seelen erscheinen läßt".[1032]
Die Bedeutung dieses Totenglaubens wird klar, wenn man sich einmal überlegt welche Folgen die Zerstörung des Planeten Nun hatte, wenn es doch dort schon Leben gab. Wieviel Tote mag es dabei gegeben haben? Es kann schließlich kein Zufall sein, daß die Ägypter – und andere Kulturen, wie wir sie im II. Kapitel, Band 1 untersucht haben – ihre Seelenreisen mit aller Kraft auf den Planetoidengürtel konzentrierten. Daher wird diese Gegend unter anderem im „Buch von der Erde" – über die Topogra-

phie besteht nicht der geringste Zweifel – ausdrücklich „Vernichtungsstätte“ genannt! Diese befindet sich ausdrücklich bei den bereits besprochenen Gottheiten Nun und Tatenen, die wir beide im ehemals fünften Planeten wiederfinden:[1033]

„Was Re zur Vernichtungsstätte sagt,
wenn er den ‚Hüter des Westens' passiert:
O Nun und die, die in (ihm) sind!
Er passiert Tatenen.“

Wenn wir uns die 11. Stunde des Amduat ansehen, treffen wir auf die schauerlichsten Beschreibungen dieses Ereignisses. Wenn ich die Einteilung richtig verstanden habe, dann ist die 11. und 12. Stunde vor der Kulisse der Nut zu sehen. Die 11. Stunde heißt „Rand der Höhle, welche die Leichname überprüft“.[1034] Zur Topographie dieser Gegend wurde schon erwähnt, daß der Teil des Planetoidengürtels, der von Re „befahren“ wird, in Ostberg („Bachu“ beim Eintreten) und Westberg („Manu“ beim Austreten aus der Nut) unterteilt werden. Die 11. Stunde des Amduat beschreibt den „Ostberg des Himmels“. Dort sind die „Schatten der Toten“, und einer der zahllosen charakterisierenden Götter heißt „Der Millionen verbrennt“, und eine Göttin „Die über ihren Schlachtbänken ist“ oder „die Vernichtende“.[1035] Diese Bedeutung hat der Name „Vernichtungsstätte“ und die „Insel des Niedertretens“, die eine Hälfte des Nun also, die zu den Planetoiden wurde.

Für den Ägypter waren diese Toten die „Ertrunkenen“, die ziellos im Urgewässer umherschwimmen. Man findet sie in der 10. Stunde des Amduat[1036] oder in der 9. Stunde des Pfortenbuches.[1037] Die Körper sind nackt und unmumifiziert und sie hatten keine ordentliche Bestattung. Trotzdem müssen sie sich keine Sorgen machen, denn die Urflut bringt sie trotzdem in die Unterwelt zu Osiris, wo sie für die Ewigkeit bereitet werden. Die Bewohner des Nun sind so charakterisiert:[1038] „Die Untergetauchten“, „die Gekenterten“, „die Dahintreibenden“ und „die Ausgestreckten“. Sie tragen den Zusatz „die in der Unterwelt sind.“

Das sind die Opfer der „Vernichtungsstätte“! Der Grund dafür kann

doch nur sein, daß es hier im „Himmel“ zu einer entscheidenden „Vernichtung“ von Menschen kam, zu einer kosmischen Katastrophe, die sich unserem Vorstellungsvermögen ganz entzieht. Das alles paßt ganz hervorragend zu den ägyptischen Traditionen über die „Entstehung“ des Todes. Budge schrieb dazu:[1039]
„Die ägyptischen Theologen glaubten, daß es einst eine Zeit ohne Tod gab, aber diese Zeit war als Atum allein existierte, und bevor Himmel und Erde erschaffen wurden und Menschen und ‚Götter'.“
Obwohl sich die ägyptischen Texte mit solchen Details sonst nicht aufhalten, glaube ich einen Text gefunden zu haben, der eben dieses Ereignis schildert. Es ist ein Lied an Sesostris III. (12. Dynastie) aus dem hieratischen Papyrus von Kahun, das ganz nebenbei durch einen Pfeil auffällt, den wir auch aus der mesoamerikanischen Kultur kennen:[1040]

„Sei gegrüßt Cha-kau-Re...,
Der die Bogenvölker tötet
ohne einen Stockschlag,
der den Pfeil schießt
ohne die Bogensehne zu spannen...
Dessen Entsetzlichkeit bewirkte,
daß Tausende starben
unter den Bogenvölkern,
[Zehntausende derer,]
die seine Grenze angriffen.
Der den Pfeil schießt wie Sachmet,
um Tausende zu fällen unter denen,
die seine Macht verkennen.“

Eine weitere Anspielung darauf sehe ich in der sogenannten „Poetischen Stele“ von Thutmosis III. Der Text wird von Amun-Re gesprochen und ist an den König gerichtet, der als sein „Sohn“ die Macht Res bekommt – auch seine Taten. Wir finden in dem folgenden Ausschnitt Re als Löwen und, um keinen Zweifel über dessen Taten offenzulassen, füge ich die nachfolgende Szene der Schöpfung an:[1041]

„Ich zeige ihnen
Deine Majestät als wilden Löwen,
wie du sie zu Leichen machst in ihren Tälern.
Ich bin gekommen,
dich die Enden der Erde zertreten zu lassen,
was der Ozean einkreist,
ist in deiner Faust gebündelt...
Ich bin gekommen,
dich zertreten zu lassen,
die am Anfang der Erde wohnen."

Die Verbindung zum himmlischen Wasser läßt sich aus den Hieroglyphen herauslesen. „Körper" oder „Leichnam" wird mit dem Zeichen für „Fisch" geschrieben,[1042] während die Seele *ba* mit dem Vogelzeichen ausgedrückt wird. In einem Grab der 19. Dynastie in Deir el-Medine zeigt eine Szene statt einer Mumie einen riesigen Fisch. Und das Essen von Fisch war den Priestern absolut verboten. So berichtet auch Herodot von der besonderen Rolle des Nils, dem irdischen Gegenstück:[1043]
„Findet man aber einen Toten, ob einen Ägypter oder einen Fremden, dem man ansieht, daß er von einem Krokodil gerissen ist oder durch den Fluß selber umgekommen, so sind die, bei deren Stadt er angeschwemmt ist streng gebunden, ihn einzubalsamieren und prächtig auszustatten und in heiligen Gräbern beizusetzen. Und keiner darf ihn anfassen, Verwandte nicht und Freunde nicht, sondern die Priester des Nils selber bestatten ihn mit eigenen Händen, da er mehr sei als bloß ein toter Mensch."
In der Spätzeit entwickelte sich daraus die „Vergöttlichung durch Ertrinken", die dazu führte, daß den im Nil Ertrunkenen eigene Heiligtümer errichtet wurden.[1044] Ja, der Verstorbene wünschte sich nichts sehnlicher als selbst zum Nun zu werden.
Das bringt uns noch einmal zur Großen Pyramide von Gizeh zurück. Wir erinnern uns, daß die Felsenkammer zu bestimmten Zeiten bekannt war, und daß sie selbst das Symbol des himmlischen Nils ist. Nun frage ich mich, was Herodot wirklich gewußt hat. Der schrieb nämlich über einen Graben, der vom Nil zur unteren Kammer der Großen Pyramide führt...

„in der fließt das Wasser durch einen gemauerten Eintrittskanal hinein und bildet eine Insel, und auf der liegt Cheops selber begraben, sagen sie.“[1045] Die Gelehrten hielten das immer für ein Hirngespinst. Doch zeigt sich jetzt, daß genau diese Symbolik dem Glauben der Ägypter über das Jenseits entsprach.
Die Jenseitsvorstellungen, die wir hier nur ganz kurz berührt haben, ergeben einen Sinn, wenn wir uns vergegenwärtigen, was beim großen „Welteneinsturz“ tatsächlich geschah. Millionen Tote sind Grund genug für diesen Glauben. Hier zwischen den „Inseln des Himmels“ liegt im Denken der ehemaligen Nilbewohner die größte Stadt, die Stadt der Toten. Ein jeder Verstorbene bekommt seine eigene kleine Insel, seinen eigenen *shd* (Stern).
Im sogenannten Berliner Ptahhymnus (pBerlin 3048) werden alle Aspekte dieses außergewöhnlichen Gottes angesprochen.[1046] „Die Flut entstand aus dem Ausfluß seines Leibes“, heißt es da zum Beispiel. Wir finden ihn verbunden mit Tatenen, Chnum, Mut und vielen Aspekten, die hier bereits Erwähnung fanden. Wir erfahren, daß er, zweifellos in seiner Rolle als Ptah-Nun, verantwortlich für das Wasser in den „Ländern“ ist, „das vom Himmel kommt“. Da heißt es:

„Der seinen eigenen Leib baute,
da der Himmel und die Erde noch nicht entstanden,
die Flut noch nicht hervorgedrungen war.“

Er selbst ist der fünfte Planet, der Nun. Er war sein „eigener Chnum“. Es ist doch insgesamt sehr deutlich geworden, daß wir, die Menschheit der Gegenwart, nichts mit den Menschen des Mars und schon gar nicht mit denen des Nun zu tun haben. Wir sind eine „andere Menschheit“, eine Menschheit, die vielleicht ganz anders entstand als diese „andere Menschheit“. Genau diese Worte finden wir in diesem Text, den ich nicht nur deswegen für einen der wichtigsten halte, ja sogar für einen der „schönsten“. Viele Szenen enthalten weitere wichtige Hinweise, auf die ich im Moment nicht eingehen kann – sie sind noch zu vage. Für die Zukunft hoffe ich einiges mehr über den Inhalt in Erfahrung bringen zu können. Die wichtige Stelle, die man mindestens zweimal gelesen haben muß, um alles Wichtige aufzunehmen, lautet:[1047]

„Heil, laßt uns ihm lobsingen:
der den Nil aus seiner Höhle bringt,
der den ‚Lebensbaum' grünen läßt und sorgt für sie,
die aus ihm hervorgegangen sind,
in seinem Namen ‚Nun'!
Heil laßt uns ihm lobsingen:
der den Nun aufspringen läßt zum Himmel,
der das Wasser hervorkommen läßt auf den Bergen,
um die andere Menschheit am Leben zu erhalten,
in seinem Namen ‚Lebens-Schöpfer'!"

Es ist bezeichnend, daß die Erschaffung des Menschen, also immerhin unsere Schöpfung, beinahe keine Rolle im ägyptischen Denken spielt. So lebten sie einzig und allein für den Tod dieser „anderen Menschheit" und für das Vermächtnis unseres roten Nachbarplaneten Mars. Die Schöpfung der Götter aber war stets der zentrale Kern ihrer Schriften. Die *ntr*, die „Götter" (die exakte Bedeutung dieses Wortes ist nicht bekannt) in ihrer anonymen Form, scheinen selbst für die „andere Menschheit" zu stehen.
Das war natürlich überwältigend. Doch wie kommt der Mars dabei zur Geltung?

Die Morphose der Planeten

Der aufmerksame Leser wird längst bemerkt haben, daß wir einen entscheidenden Punkt noch nicht angesprochen haben. In Kapitel VII., Band 1 entstand schließlich der Eindruck, als sei die Titius-Bodesche-Regel ein Konzept, an das sich die Planeten bei ihrer Entstehung durch den Kondensationsprozeß halten müssen. Und selbst wenn sie, wie die Erde selbst, auf andere Weise entstanden sein sollten, müßten sie sich, wie es schon Ovenden annahm, auf die ideale Umlaufbahn einschwen-

ken, damit sie ihre „Bestwerte“ erzielen. Für den Urzustand unseres Sonnensystems bleiben daher noch ganz entscheidende Fragen offen, Fragen die bisher nicht gestellt wurden.
Von der Sonne aus waren Merkur und Venus die innersten Planeten. Da aber die Erde noch nicht existent war, fragt man sich doch, welcher Planet die dritte, die für Leben grundsätzlich ideale Position, einnahm. Die Anzahl der Planeten vor der Schöpfung kann nicht anders gewesen sein als hinterher. Beweis dafür sind die stabilen, von der Titius-Bodeschen-Regel kaum abweichenden Positionen der äußeren Planeten, speziell von Jupiter und Saturn. Es fehlt uns noch ein wichtiges Stück...
Während wir uns diese Fragen stellen, erinnern wir uns daran, daß Sitchins Schöpfungsepos, das Enuma Elish, von den Schicksalstafeln unseres Mondes sprach, der dort Kingu genannt wurde. Ich interpretierte dieses Attribut als eine eigene Umlaufbahn des Mondes um die Sonne, weil es gar nicht anders geht:[1048]

„Und Kingu, den Obersten unter ihnen,
ließ er zusammenschrumpfen;
zum Gott DUG.GA.E machte er ihn.
Er nahm ihm die Tafeln der Geschicke,
die nicht rechtens sein war.“

Der Niedergang des KING.GU (großer Gesandter) zum DUG.GA.E (Lehmtopf) – letzteres beschreibt augenscheinlich den heutigen Zustand – ist das Resultat der Himmelsschlacht.[1049] Wie aber stand es vorher um den Mond, als er bessere Zeiten gesehen hatte? Da heißt es:[1050]

„Sie erhob Kingu in ihre Mitte
und machte ihn groß...
Die hohe Befehlsgewalt des Kampfes
vertraute sie seiner Hand an.“

Auf der zweiten Tafel der Schöpfung – niemand kann sagen wieviel Zeit bis zum eigentlichen Schöpfungsakt vergeht – heißt es von Kingu:

„Kingu, der vor Tiamat marschiert.“[1051] Daß der Zustand des Sonnensystems recht instabil war, ist jedenfalls aus der babylonischen Fassung zu erkennen. Sitchin meinte wohl, daß dies ein Loch auf der dritten Position rechtfertigen könnte. Sollte die Titius-Bodesche-Regel aber dennoch gegolten haben – daran glaube ich fest –, dann befand sich der Mond damals sicher in der Umlaufbahn, die heute der Mars einnimmt – „vor Tiamat“! Wo aber, und das ist in jeder Hinsicht eine fundamentale Frage, befand sich der Mars?

Die Summe aller ägyptischen Texte, die sich auf Schu, den Himmelsträger beziehen, macht unmißverständlich klar, daß Schu erst beim Akt der Schöpfung selbst zwischen Himmel und Erde rückt. Im wohl wichtigsten Totenbuchspruch heißt es geradezu:[1052]

„...als die Hochhebung des Schu noch nicht entstanden war,
sondern er auf dem Hügel dessen, der in Hermopolis ist, (stand).“

Dieses Ereignis vollzog sich also erst mit oder nach der Schöpfung. Das Motiv, Schu trennt Himmel von Erde, ist so deutlich, daß ich anfangs lange Zeit nicht wußte, ob Schu nicht ein andere Name für den 10. Planeten sein müßte.[1053] Die Textaussage wird aber verständlich, wenn man die Umstände der Schöpfung noch einmal überdenkt. Es war die Bemerkung des alexandrinischen Gelehrten Eratosthenes, der mich darauf aufmerksam machte:[1054] „Mars ist der dritte Stern, von dem andere sagen, er sei Herkules.“ Natürlich war Mars damals der dritte Planet von der Sonne aus, er hatte die Position inne, die wir selbst heute einnehmen! Daß ich darauf nicht längst gekommen bin...

Wenn wir diese logische Erkenntnis umsetzen, ergibt sich nämlich ein geschlossenes Bild, das der Titius-Bodeschen-Regel entspricht!

Merkur – Venus – Mars – Mond – Nun – Jupiter...

Nur diese Reihenfolge ist wirklich lückenlos!

Der bei der Schöpfung abgetrennte Teil, die Erde, wurde dabei natürlich nicht direkt auf die heutige Umlaufbahn geworfen, die hatte ja der Mars inne. Vielmehr scheint die Erde gegen die Venus gestoßen zu sein. Im Enuma Elish trägt sie den Namen „Herrin der Schlacht",[1055] der sonst absolut keinen Sinn ergibt. Während ich mir Literatur besorgte, die sich mit den Planeten beschäftigt, stieß ich auf Jesco von Puttkamers Hinweis:[1056] „Existiert eine Schwerkraftverbindung zwischen uns und der Göttin der Liebe?" Das Rätsel liegt in dem merkwürdigen Umstand, daß die Venus bei ihrem Sonnendurchgang der Erde stets dieselbe Seite zeigt. Wir können annehmen, daß es sich dabei nicht um Zufall handelt. Nicht zuletzt ist die Venus der einzige Planet des Sonnensystem, der sich verkehrt herum dreht. Alle anderen Planeten laufen im Gegenuhrzeigersinn. Dabei ist die Eigenrotation so gering, daß ein Venustag länger als ein Venusjahr ist. All das kann nicht die Folge einer natürlichen Entwicklung sein. Von Puttkamer fragt sich also:[1057] „War einst ein vormaliger Satellit der Venus mit dem Planeten kollidiert, seinen Drehsinn damit umkehrend?" Die sonderbare Beziehung zur Erde und der dringende Verdacht einer Kollision (auch aus anderen Gründen), „paßt" außergewöhnlich gut zu unseren Ereignissen.

Übertragen wir nun diesen Gedanken auf die Große Pyramide, die ja das entscheidende Zeugnis des Vermächtnisses darstellen soll, so sehen wir zwischen Erde und Merkur die vielen für das Planetarium eigentlich unbedeutenden Kammerböden, die sogenannten Entlastungskammern. Es ist meine feste Überzeugung, daß diese Böden für frühere Umlaufbahnen von Venus und Erde stehen, die wir aber – aus leicht verständlichen Gründen – nicht mehr rekonstruieren können.

Führen wir den Gedanken weiter, heißt das: Die neugeborene Erde wurde irgendwo zwischen Venus und Mars geschleudert. Es gab also einen neuen dritten Planeten. Die notwendige Folge war, daß der Mars, der damit plötzlich zum vierten Planeten wurde, seine Umlaufbahn von der Sonne immer mehr entfernte, um sich dem Planetoidengürtel zu nähern, um den „Himmel zu stützen", wie die alten Ägypter diesen Vorgang nannten, um sich letztendlich der Titius-Bodeschen-Regel zu beugen!

Von allen kosmischen Änderungen dieser Zeit hatte der Mars den größten Weg zurückzulegen, und sein heutiger Abstand von 1,52 AE zeigt, daß der Prozeß noch nicht abgeschlossen ist. Nach der Titius-Bodeschen-

Regel wird der Mars erst bei 1,6 AE seinen „Bestwert“ erreicht haben. So erklärt sich auch der starke Wandel dieses Planeten, der einstmals durch ein wärmeres Klima, Meere und Flüsse gekennzeichnet war, und der aus immer noch nicht ganz geklärten Umständen die Heimat für eine uns unbekannte Kultur war, die Pyramiden errichtete.
Es gibt, wenn wir uns nun wieder dem „eingeweihten“ Volk am Nil widmen, dafür eine ganze Reihe von Textstellen, die genau diese Aussage treffen. Schu steigt quasi mit der Schöpfung zum Himmel auf und natürlich gleichzeitig in die Dunkelheit hinab. Als Beispiel soll hier zunächst ein Sargtext dienen:[1058]

„Ich bin zum Himmel hinaufgeflogen
wie Schu, der Große...
auf die nördliche Stütze der Insel der Tänzer...“

Das sind logische Schlußfolgerungen aus den Erkenntnissen der Mythologie und der modernen Astronomie. Die Rolle des Schu als Himmelsträger wird in der Großen Pyramide nicht zuletzt durch die fünfstufige Nische in der Königinnenkammer symbolisiert.
Sitchin selbst, der das Marsrätsel nicht weiter behandelt hat, bringt einen weiteren Hinweis darauf, auch wenn er ihn anders interpretiert. So schildert er eine Reise durch unser Sonnensystem, das auf sumerischen Schriften und Sitchins guten Kenntnissen beruht und die dem Wort Schu die richtige Bedeutung gibt. Diese Reise beginnt beim 10. Planeten:[1059]
„Dann kam beim Weiterflug die Erde, der siebente Planet. Auf der Liste der ‚sieben Himmelsgötter’ ist sie als SCHU.GI (‚richtiger Rastort von Schu’) verzeichnet. Der Name bedeutet auch ‚Land der Vollendung von Schu’ – das Ziel der langen Raumfahrt.“
Wirklich toll! Daß der Name von Schu direkt mit der Zahl Sieben in Verbindung steht, obwohl er heute zweifelsfrei der sechste Planet ist, zeigt schon die Bedeutung von Schugi, das in der früheren Bilderschrift auch *schibu* genannt werden konnte, und das heißt „Siebenter“.[1060] Die grundsätzliche Bedeutung von *schu* ist im sumerischen aber „wichtigster Teil“.[1061] Die Erinnerung daran, daß Schu einmal der siebente Planet war,

ist nie erloschen. Die Gründe dafür liegen auf der Hand – es war sein „Goldenes Zeitalter"! Damals befand er sich an seinem richtigen „Rastort", an dem er als dritter Planet von der Sonne aus mehr als nur „erdähnliche" Bedingungen bot.

Über die ägyptische Bedeutung des Himmelsträgers hinaus, steht an erster Stelle die wichtigste Aufgabe Schus, der seit unerdenklichen Zeiten, wie auch der König selbst, der Sohn des Re war. Ich habe bereits darauf hingewiesen, daß damit kein leiblicher Sohn gemeint war, sondern das Erbe des Königtums, und das ist ja stets typisch für die Nilbewohner. Der Mythos vom Thronwechsel von Schu auf Geb gehört in dieselbe Kategorie. Seine Bedeutung ist, wie wir im nächsten Kapitel noch deutlich sehen werden, niemals richtig erkannt worden. Das Grundsätzliche für Ägypten, das sich dahinter verbirgt, zeigt sich nur schemenhaft anhand dieser Inschrift von Edfu:[1062] „Die Erburkunde, die Re seinem Sohn Schu gegeben hatte, hat dieser seinem Sohn Geb gegeben." Dieser Reihenfolge begegnet man grundsätzlich. So auch im „Götterdekret über das Abaton":[1063]

„Re hat dies Schriftstück unterschrieben,
Schu, der Sohn des Re hat dies Schriftstück unterschrieben,
Geb, der Sohn des Schu hat dies Schriftstück unterschrieben,
(es ist) von Thot selbst geschrieben."

Im Thronwechselmythos fanden wir bereits die Vorstellung, daß – nachdem Geb den Thron des Re eingenommen hatte – die Augen des Schu sich trübten und er zu erblinden drohte. Das Ergebnis dieser Ereignisse sehen wir, wenn wir heute den Mars betrachten. Fern der Sonne mit tiefgefrorener Atmosphäre zieht er seine Bahn. Nur bisher stumme Ruinen zeugen von besseren Zeiten.

Die zunehmende Finsternis, die wir in diesem Mythos beschrieben finden, manifestiert sich auch deutlich in den Sargtexten:[1064] „...die Sumpfgöttin bindet Schu an die Dunkelheit...", oder:[1065] „Die Erde hat sich von dir [Schu,A.d.A.] entfernt..." Wir bekommen das noch klarer. Da heißt es:[1066]

„...und er [Atum, A.d.A.] konnte Geb
nicht unter seinen Füßen sehen,
denn Schu war in seinem Reich."

Jan Zandee hält diese Szene als Zustand „der Welt vor der Schöpfung... Die Trennung von Himmel und Erde ist ein deutliches Merkmal der Entstehung der geordneten Welt."[1067] Eben!
Wir können nun diese Überlegungen zur Morphose der Planeten auf das Modell des Urhügels übertragen. Tatenen, das Land, das sich bei der Schöpfung aus dem Nun erhebt, ist die Erde selbst. Jeder theologisch bewanderte Ort in Ägypten erhob den Anspruch darauf, selbst auf diesem Urhügel zu stehen, auf dem Re „beim ersten Mal" erschien. Das Symbol für diesen Hügel war der *benben*-Stein.[1068] Wir werden in diesem konischen Stein wohl nichts anderes sehen können als die Grundidee der Pyramidenform. Die Große Pyramide selbst ist das beste Zeugnis für die Bedeutung des Urhügels, für die Abtrennung der Erde vom Himmel und der damit begründeten Zwischenstellung des Schu. Nicht zuletzt finden wir die konische Spitze auf den Obelisken, die ebenfalls Zeugnis für den Urhügel ablegen.
Im *benu*-Vogel, den die Griechen „Phönix" nannten, werden wir eine Erscheinungsform des Re – besser des Chepri – sehen können. *Benu* ist abgeleitet von *wbn* für „aufgehen".[1069] Den *benben*-Stein brachte man auf der Spitze der Pyramiden an. Damit wird dort der erste Ort des Lichts symbolisiert. Es mag Zufall sein, aber auf der Spitze der Großen Pyramide finden wir, bedingt durch die Marsumlaufbahn, ausgerechnet den Lichtgott Schu symbolisiert![1070]

Wege der Menschheit

Vieles muß gerade dann Spekulation bleiben, wenn die Rolle des Menschen dabei erörtert werden soll. Klaren Aussagen dazu begegnen wir kaum. Wir können nur logische Schlußfolgerungen ziehen und dann nachsehen, ob wir dafür Belege in altägyptischen Texten finden.
Zunächst einmal erschien es mir logisch, daß nicht alle Bewohner des

Nun der Katastrophe zum Opfer gefallen sind. Denn – soviel wir auch entdecken konnten – wir haben immer noch keine Erbauer für die Marsstadt gefunden. Jedenfalls nicht direkt. Doch wer, um alles in der Welt, sollte diese Stadt und das Gesicht vor vielleicht vier Milliarden Jahren geschaffen haben, wenn nicht die Überlebenden dieses Welteneinsturzes? Wir haben heute Leben auf der Erde, früher soll es das auf Nun gegeben haben. Zwischendrin liegt der Mars mit seinen rätselhaften Pyramiden, so daß die „andere Menschheit" auch irgendwie dorthin gelangt sein muß...
Diesen Gedanken vor Augen, fand ich in Kolpaktchys Übersetzung des Totenbuches folgenden Spruch:[1071]

„In urferner Vergangenheit, wo die Erde
Und ihre mächtigen Bergesketten,
Noch nicht geschaffen...
Am Zeitenanbruch
Schufst du der himmlischen Götter Zunge.
Aus dem Urmeer (Nun)
Hobst du empor die Wesen
Und rettetest sie
auf die Meeresinsel des Horus..."

Grundsätzlich läßt sich sagen, daß bei allen Schrecken der Katastrophe, das Ereignis selbst als positiv gesehen wurde. Es war die Zeit des Lichts oder eben wie hier, die Zeit der Rettung.
Die „Meeresinsel des Horus" ist leicht als Mars zu identifizieren, der ja nicht nur „roter Horus" genannt wurde, sondern dem dieselbe Eigenschaft, nämlich ebenfalls eine Insel (im Kosmos) zu sein, auch von den Azteken zuerkannt wurde.
Daher finden wir die lebensspendenden und rettenden Eigenschaften des Schu in nicht wenigen Textstellen. Jan Zandee, der eine Reihe über die Sargtexte, deren dominierende Figur Schu speziell in den Sprüchen 75-82 ist, veröffentlichte, charakterisiert Schu so:[1072] „Da die Luft das Leben ermöglicht, ist Schu das allgegenwärtige Leben selber, dem alle

Menschen und Tiere ihre Existenz verdanken... Das Leben soll also als Luft eingeatmet werden. Auch hier gibt es einen engen Zusammenhang zwischen Licht, Luft und Leben."

Nach meiner Auffassung kann die Bedeutung des Schu speziell in der Luft gesucht werden. Kein anderer Ort des Sonnensystems, am wenigsten die neugeborene Erde, konnte den Überlebenden des Welteneinsturzes Luft zum Atmen bieten. So mußte sich der Verstorbene nach seinem Tod an Schu wenden, um noch atmen zu können. Nur der Mars, der als dritter Planet alle Vorzüge der heutigen Erde hatte, konnte Luft zur Verfügung stellen. Die Vorstellungen über Schu den Luftgott bezeugen, daß Schus Körper selbst nicht die Luft war, so wie man ihn heute allgemein sieht. Zandee hält zum Beispiel folgende Übersetzung der Sargtexte für möglich:[1073]

„Der Wind des Lebens ist mein Kleid.
Er ist um mich herum..."

Er kommentiert auch dementsprechend:[1074] „Schu wird vorgestellt als jemand, der mit der Luft wie mit einem Kleid umhüllt ist." Diese sonst merkwürdige Vorstellung erklärt sich leicht, wenn wir Schu als Planeten sehen, statt als sinnlose theologische Spekulation unter dem blauen Himmel. Er ist nicht Luft, er verfügt über sie!

Es dürfte kein sinnloseres Unterfangen geben, als darüber zu spekulieren, wie es den Menschen vom Nun möglich war auf den Mars zu entkommen, als die Katastrophe ersichtlich wurde. Waren sie schon im Raumfahrtzeitalter, oder hatten sie schon damals Hilfe von Sternenmenschen? Jedenfalls sind sie dorthingekommen, und die Stadt auf dem Mars ist der Beweis dafür. Vielleicht – und wer könnte das ausschließen – wurde der Mars schon vorher von der „anderen Menschheit" kolonisiert. Wer weiß, das könnte auch auf andere Planeten zutreffen...

Wir finden im Totenbuch einige merkwürdige Textstellen, die dieses Ereignis zum Inhalt haben könnten. Dort wird nämlich von einem *w'r*, einem „Brett" berichtet.[1075] Obwohl dieses Brett mit „Holz" determiniert wurde, scheint doch die Bedeutung anders zu liegen.

Ähnlich auch in einem weiteren Spruch dieser Sammlung. Es ist seltsam, aber die Beschreibung der Fähre macht einen etwas unbeholfenen Eindruck:[1076]

„Er lenkt, und ein…an (ihrem) Vorderteil
leitet sie zu dem Ort, an dem du bist.
‚Womit geschieht das?'
Mit den Flügeln des…geschieht das,
wenn dieser Himmel stürmisch ist.
‚Aber ihr Mast ist (nicht) vorhanden.'"

Das Gefährt diente zu diesem Zweck:[1077]

„…hole mir die Fähre,
knüpfe mir das Vordertau,
um aus ihm zu entkommen,
(aus) diesem schlimmen Land,
in welchem die Sterne
umgestürzt auf ihre Gesichter fallen
und nicht wissen,
wie sie sich (wieder) erheben sollen!"

Ich vermute hier eine unbeholfene technische Beschreibung eines Schiffes, das nicht zum Fischen im Nil diente, sondern zur Rettung einiger Bewohner des fünften Planeten.
Schu wird dadurch zu einem richtigen Schutzgott mit dem passenden Beinamen „Leben". In einem Sargtext finden wir so eine Stelle:[1078]

„Mein Schutz ist der Schutz von Schu und Tefnut
in der Nacht als die Boote ankamen…"

Eine typische Szene ist:[1079] „Schutz ist in Schu…", und biblisch angehaucht:[1080] „Er vermischt die Sprachen derer, die kommen." Schu selbst – in den Sargtexten spricht oft seine Seele – nennt die Überlebenden sogar

Götter, und er wird mit Stolz erfüllt, wenn er seine neue Rolle überdenkt:[1081]

„Nut hat jeden Gott
auf meine Hände erhoben,
und die Mehrzahl ist gesund,
die Unzähligen sind zufrieden,
sie sorgen für mein Leben,
Wohlergehen und Gesundheit,
denn ich bin Schu von den Göttern,
mein sind Himmel und Erde,
meine sind die, die in ihm sind,
mein ist das Land Gottes,
und ich bin der Herrscher,
ich bin am Ziel meiner Wünsche.“

Es sei an dieser Stelle noch einmal auf den bereits erwähnten Hymnus von Kom Ombo verwiesen. Dort finden wir dieselben Beschreibungen des Schu:[1082]

„Er ist es,
der allen Göttern und Göttinen Leben zuweist,
Der aus seinen Gliedern
Wohlergehen entstehen läßt…,
Der Herr der ‚Kommenden'
als Schützer des Re….
Der tapfere Retter vor denen,
die ihm (Re) feindlich sind….
Der gute, echte Arzt,
Der Sorge trägt für Götter und Göttinen.“

Im Laufe der Zeit wurde aus dem Licht- und Luftgott Schu aber selber ein Ort der Dunkelheit. Durch die zunehmende Entfernung von der Sonne ließen die Lebensbedingungen immer mehr nach. Als er dann schließlich zu „erblinden“ drohte, blieb den Marsianern nichts anderes übrig, als ihre Reise fortzusetzen – in Richtung Erde. Das erzähle ich nicht nur so aus dem Bauch heraus. Vielmehr ist das genau die Handlung, die wir in dem bereits erwähnten Schrein von El-Arisch finden.[1083] Der Naos mit der Inschrift wurde aber erst nachträglich dorthin gebracht und stammt ursprünglich aus dem Tempel von Saft el-Henne.

Der bedeutende Mythos „Die Götterkönige“ beschreibt die Übergabe des Königtums von Schu auf Geb. Er setzt also in der Zeit an, in der Schu den Überlebenden des „Zusammensturzes der Urzeit“ Schutz bot. Hier wird mit dem himmlischen Königtum nicht nur von den sich verändernden Umlaufbahnen erzählt, sondern dies ist gleichzeitig der Wandel zum irdischen Königtum.

Es beginnt mit der Zeit, „als die Majestät des Schow [Schu, A.d.A.] ein guter König war“. Er befindet sich am Anfang „in (seinem Palaste) in Memphis“. Man hat immer den Ort auf der Erde als geschichtliche Stadt darin sehen wollen. Memphis beschreibt hier aber nichts anderes als seine Umlaufbahn als dritter Planet, denn Memphis kommt von *Mn-nfr*, und das heißt etwa „günstiger Zufluchtshafen“.[1084] Schon die Bedeutung dieses Namens findet doch keinen Sinn in dem geschichtlichen Ereignis! Dieser „Zufluchtshafen“ war ja gerade „die Residenz des Schu im Anbeginn“, wie es auf der Pianchistele heißt.[1085] Aber das wissen wir schon längst. In Kom Ombo steht:[1086]

„Gib ihm die zahlreichen Jubiläen des Tatenen
und die Jahre des Schu in Memphis.“

Doch zurück zu unserem Text, denn Schu sagt nun zu seinem „Gefolge“:[1087] „Kommt, laßt uns gehen nach dem (Horizont des) Ostens und in meine Kapelle in At-nubs. Wir wollen unseren Vater Re-Harachte im Horizont des Ostberges schauen... Dann wurde jedes Tor von Hat-nubs (andere Bezeichnung für At-nubs) aufgebaut und (festgestellt wie) der Himmel auf seinen vier Stützen.“

Der Horizont des Harachte ist für uns leicht lokalisierbar: es ist der Planetoidengürtel. Und Schu macht sich also auf, um den Himmel zu stüt-

zen, er bewegt sich aus seinem „Palast in Memphis" weg in Richtung Planetoidengürtel. Nichts anderes sagt der Text.
Es folgt ein hochinteressanter Absatz über die Tempel, die nun auf Schu errichtet wurden – mit genauen Beschreibungen! Ich weiß nicht, ob es mich sehr überraschen würde, sollten wir eines Tages die Entsprechung dieser Beschreibung auf dem Mars finden. Leider ist der Text aber an mehreren Stellen völlig zerstört, besonders die linke Außenwand, und wir werden niemals mehr erfahren, was sich dort befand. Es sind hierzu einige wichtige Anmerkungen zu machen. Zunächst ist hier festzuhalten, daß die Errichtung der Tempel einem zerstörten Vorbild folgte, sie wurden „von neuem...aufgebaut", die aus der Reihenfolge der Ereignisse heraus sich zweifellos zuerst auf Nun befanden:[1088] „Die Tempel wurden aufgeführt (wie sie vorher gewesen waren und an) jenem Orte, an dem sie gestanden hatten."
Eine weitere wichtige Nachricht erhalten wir, wenn dort steht, daß dieses Land, der Mars also, bereits in Gaue unterteilt war. Die fundamentale Bedeutung dieser Aussage werden wir im nächsten Kapitel erkennen.
Der Text fährt nun mit weiteren Beschreibungen der Tempel fort, und was dabei besonders auffällt, ist die Größe dieser Anlagen. Da heißt es:[1089] „Eine große Mauer wurde gebaut und aufgeführt [wahrscheinlich in den Annalen, A.d.A.] in seiner (des Jaret-Tempels) Nähe, von...Ellen auf seinen vier Seiten, 20 Ellen Höhe und 15 Ellen Dicke... Eine Umfassungsmauer wurde in ihrer ganzen Länge von 190 Ellen aufgeführt und 102 Ellen in ihrer Breite..."
Über den Jaret-Tempel wissen wir sonst nichts, außer, daß diese Göttin für den Kopfschmuck des Re steht. Obwohl es für diesen Tempel keine Beschreibung gibt, habe ich eine Intuition, die (fast) völlig aus der Luft gegriffen ist: Es ist die D&M-Pyramide! Und zwar weil sie fünf Seiten hat, und weil der Jaret-Tempel ja nichts anderes sein kann als „das Haus des Re", sein „Thronsitz" im Himmel. Und als sich Schu von Memphis aufmachte, begab er sich in seine „Kapelle im Jaret-Tempel". Es ist also wieder der Gang zu den Planetoiden.
Die Handlung des Textes erfährt nun einen Wandel. Plötzlich tauchen die „Söhne des Apophis" auf.[1090] Wir erfahren nicht woher sie kommen, und

es gibt keinen Zweifel, daß auch diese Erzählung nur ein Ausschnitt aus einer Gesamthandlung darstellt. Diese Eindringlinge bringen Vernichtung über das Land. Wiederum errichtet die Gefolgschaft des Schu „große Mauern", „welche die Feinde abwehren".[1091] Eine Textstelle erweckt den Eindruck, als kämen die Söhne des Apophis von der Erde: „Die (Götter) in den Stätten in At-nubs sind es, welche die Erde schlagen..." Es folgt völlig zusammenhangslos eine Liste mit den „heiligen Stätten".

Schu ist während dieser Zeit der König, doch:[1092] „(Da fiel Krankheit auf) seine (Glieder), und Unheil bemächtigte sich (seiner) Augen. Sein Haus wurde ihm ungehorsam, und Verbrechen drang in dieses Land ein. Große Verwirrung fand in dem Palast statt, und Empörung fiel (unter die Bösewichter) von den Hausgenossen des Schu."

Wir finden nun einige Ausschnitte aus der „Augensage", der ich leider völlig hilflos gegenüberstehe. Doch dieser Satz ist klar:[1093] „Die Majestät des Schow hatte sich mit seiner Umgebung nach dem Himmel entfernt..."

Die Durchschnittstemperatur sank, und die Atmosphäre dünnte immer mehr aus. Das Land war „(verdunkelt) in Finsternis und Sturm". Jetzt kommt der entscheidende Thronwechsel:[1094] „Die Majestät des Geb kam hervor und erschien auf dem Throne seines Vaters Schow [also quasi in Memphis, A.d.A.], alle (Bewohner des) Palastes küßten ihm den Boden. Nach 75 Tagen nun ging Geb in das Nordland [tatsächlich trägt er sonst die Krone des Nordens, A.d.A.], während Schow sich vor ihm von der Erde weg nach dem Himmel entfernt hatte..."! Das ist die Begründung für den starken Wandel, den der Mars im Laufe der Zeit erlebte. Deutlicher wird es wohl kaum gehen!

Das Ziel der Gefolgschaft des Horus, oder des Schu, war jetzt die Erde. Und wenn wir auch keine Vorstellungen darüber haben, wann dies stattfand, so weisen uns die merkwürdigen Funde auf der Erde doch in etwa den zeitlichen Rahmen. Danach scheinen die ersten Landungen auf der Erde um die Zeit vor 300 Millionen Jahren stattgefunden zu haben. Hier hatte sich aus dem Ursamen des Nun schon erstes Leben entwickelt – die Erde wurde jetzt bewohnbar.

Wenn wir uns schnell an die berühmte Wanderung der Azteken erinnern, stellen wir fest, daß diese von einem Ort kamen, der irgend etwas mit der Zahl vier zu tun hatte, und daß sie dann an einen Ort kamen, der „sieben Höhlen“ genannt wurde. Einen Kommentar dieser Aussage kann ich mir jetzt wohl sparen.

Der Beginn des Königtums des Geb ist mit einer nicht weiter verständlichen Legende verbunden, nach der Geb eine „Brandwunde“ davontrug und seine „Begleiter starben“, bevor er das Königtum von Schu übernahm.[1095]

Nachdem Geb so das himmlische Königtum erhielt, wurden auf ihm wiederum dieselben Tempel erbaut und die Gaue nach dem himmlischen Vorbild eingeteilt – das ist Ägypten selbst, der „Nachbau“ der Welt! Daß auf Schu dieselben Tempel stehen wie in Ägypten, wissen wir spätestens seit der Viking-Mission – Pyramiden! Der Text ist hier nicht zu Ende. Es gibt eine Fortsetzung, die leider zerstört ist.

Es gibt keinen anderen Text, dessen Fortsetzung ich mehr vermisse. Auch die zerstörten Stellen hätten uns noch manches verraten können. So bleibt nur, die fehlenden Phasen in anderen Texten zu suchen. Davon berichtet dann das nächste Kapitel.

So läßt sich der Weg der Menschheit nach meiner Auffassung aus den Gängen der Großen Pyramide ablesen. Sie selbst weisen den Weg vom Nun zum Mars, und von dort durch die Große Galerie hinauf zur Erde selbst. Dabei war der Weg zur Erde ein „Aufstieg“. Die ganze Große Galerie selbst ist eine Art überdimensionierte Hieroglyphe für „Aufstieg“!

Wenn die Seele von der Erde zum Himmel aufsteigt, und das ist der Grundtenor der Totentexte, muß sie auch am Mars vorbei. Ich fand dazu in den Pyramidentexten eine Stelle, die besonders durch die treffendste aller Bezeichnungen für den Planetoidengürtel auffällt:[1096]

„Ich stelle mich auf Schu,
verdunkelt sind mir die Sterne
durch den Schirm der Wasserkrüge des Gottes.“

Sethe kommentierte auch treffend:[1097] „Beim Himmelsaufstieg ist der Tote über Schu geraten und steht nun auf ihm.“ Das ist natürlich richtig.

Um aber auf etwas stehen zu können, bedarf es eines festen Körpers – Schu war nicht eine theologische Spekulation, er war der Mars!
Der Weg der Toten, und damit der Weg der Menschheit, läßt sich auch an der Bedeutung der Pyramide ablesen. Dieses Wort läßt sich nur bis zum griechischen „pyramis“ zurückverfolgen. Edwards stellte eine direkte Verbindung zwischen einer Stufenpyramide und dem ägyptischen Wort für „Aufstieg“ *(r)* her,[1098] das mit einer solchen Pyramide determiniert wurde. Dabei verweist er auf die Pyramidentexte, wo der Spruch 267 genau das aussagt: „Eine Treppe zum Himmel wird für ihn angelegt, so daß er darauf zum Himmel steigen möge.“ Die ägyptische Bezeichnung für Pyramide war *mr*.[1099] Die Vorsilbe *m* enthält die Bedeutung „Ort“, während *mr* „Aufsteig“ heißt. Könnte man nun davon ausgehen, daß es sich hierbei um eine Zusammenziehung handelt – was leider wie so vieles nicht bewiesen werden kann – so würde das Wort *mer* für Pyramide im Ägyptischen einfach „Ort des Aufstiegs“ bedeuten. Das trifft die Bedeutung für die Seelenreise und das historische Ereignis!
Obwohl ich Edwards' Version für die richtige halte, muß doch ein Gedankengang von Gerald Massey erwähnt werden,[1100] der in „Das alte Ägypten“ die Meinung vertrat, daß das Wort Pyramide auf das griechische „pur“, sprich pyr, für „Feuer“ zurückzuführen sei. Während er für „myd“ das ägyptische *met* für „Maßstab“ ausmachte. Darauf aufbauend könnte man aus dem Griechischen pur auch das ägyptische *per* machen. Die Bedeutung dieses Wortes ist ideographisch einfach „Haus“. Die ganze Bedeutung wäre dann „Haus des Maßstabs“, was aber nur auf die Große Pyramide zutreffen würde.
Bei all den Wortspielereien ist mir eine merkwürdige Übereinstimmung in den Sinn gekommen. Sie mag falsch sein, doch selbst die entfernteste Möglichkeit rechtfertigt hier den Versuch. Wir wissen, auch durch die Griechen, daß Schu sicher der Mars bedeutet. Wir wissen ebenso sicher, daß *mr* „Aufstieg“ heißt. Weiterhin wissen wir nicht weniger sicher, daß der Name Sumer falsch ist. Das ist ein alter Fehler, der einfach übernommen wurde. Richtig ist Schumer. Das heißt nicht mehr oder nicht weniger, als daß der Name der Sumerer im Ägyptischen – und nur dann! – die Bedeutung „die vom Mars aufgestiegen sind“ haben könnte! Jedenfalls

konnten wir sehen, daß Schu im sumerischen die gleiche Bedeutung hat, nämlich wiederum Mars...
Ich habe mich in den letzten Jahren manchmal gefragt, ob dieses Ägypten nur zum Zweck der Erhaltung des Vermächtnisses geschaffen wurde. Hätten die meisten Gelehrten, darunter auch die, die mich am meisten beeindruckten, eine Verbindung nach Mesopotamien nicht ausgeschlossen, so kämen für mich nur die Sumerer als Schöpfer dieses Staates in Frage. Schon in den hermetischen Lehren ist Ägypten einfach nur „das Land der Schreine und Tempel",[1101] und wahrscheinlich war dies der eigentliche Zweck der Existenz dieser außergewöhnlichsten Kultur, die jemals auf unserem Planeten weilte, die schon viele Generation faszinierte, und die uns weiterhin noch mehr beeindrucken wird, als das bisher für möglich gehalten wird...

Kapitel V
Tag über Cydonia

Das Gesicht verlangt,
daß etwas in der herkömmlichen
altehrwürdigen Historie der Erde
geändert wird.
Richard C. Hoagland, »Die Mars-Connection«

Siehe nun,
ich komme zum Land meines Ursprungs
Und gelang' an den Ort,
Wo ich von nun an
Ewig weilen werde.
Gregoire Kolpaktchy, »Das ägyptische Totenbuch«, Kap. 17

Die Erben der Erde

Der Schleier des Geheimnisvollen über Cydonia hebt sich langsam. Die Überlieferungen der Ägypter lassen viele Dinge im Verborgenen, doch haben wir ein wenig von der Bedeutung der Stadt auf dem Mars, von den Hintergründen ihrer Existenz erfahren. Es ist die Stadt der Überlebenden, die vom Nun auf den Mars kamen.
Dieses Kapitel – es ist ein sehr schwieriges – macht den Versuch, ein Brücke zwischen den geschichtlichen Ereignissen, und den mythischen Kultlegenden herzustellen – oder aus unserer Sicht: Wo ist die Verbindung Mars-Erde? Wie manifestiert sich das Vermächtnis im ägyptischen Glauben und im Staat? Die Erben des Vermächtnisses, die Ägypter ab Menes, haben uns eine Spur gelegt, die wir aufnehmen müssen! Damit sind wir bei einem weiteren großen Problem. Was ist Mythos und was Urgeschichte? Die mythischen Ereignisse um den Mars erwecken den sonderbaren Eindruck, als hätten die alten Ägypter daraus geschichtliche Tatsachen geschaffen! Kurz gesagt: Eine genaue Unterscheidung zwischen geschichtlichen Ereignissen, wie es zum Beispiel die Gründung von

Memphis durch Menes sein soll, und mythischen Überlieferungen, wie beispielsweise als Schu in seinem „Palast“ in Memphis war, gibt es nicht! Nicht einmal an diesem scheinbar so klaren Beispiel.

Für dieses Kapitel möchte ich zunächst einige Dinge klarstellen. Ich habe die Ereignisse um den Mars nicht, wie sie hier nun beschrieben werden sollen, leichtfertig „passend“ gemacht. Das Ergebnis dieses Kapitels ist derart verblüffend, daß natürlich Zweifel angebracht sind. Es gilt: Was ich hier aus den ägyptischen Mythen interpretiere, muß nicht zwangsläufig genauso das tatsächliche Geschehen widerspiegeln. Das hieße nämlich, die Eigenarten des alten Ägypters zu verkennen, der Aspekte aus allen möglichen Gebieten in diese Erzählungen eingeflochten hat.[1102] Und wir wissen: oft zählte die Form mehr als der Inhalt.

Speziell gilt dies auch für die Rolle des Osiris, der durch seine enorme Vielfältigkeit in kosmischer und politischer Hinsicht auch jederzeit eine rein theologische Schöpfung gewesen sein könnte. Dann aber traten andere, real existierende Gestalten an seine Stelle, wie zum Beispiel ein zweiter Horus, was hin und wieder vorkommt. Die hier wiedergegebene Interpretation spielte sich nach meiner Meinung sicher in den Köpfen der Ägypter ab. Daß aber wenigstens ein Teil davon auf historischen Ereignissen auf dem Mars beruht, das zeigt uns doch der rote Planet selbst. Der Leser mag selbst entscheiden, welcher Teil dafür in Frage kommt.

Daß wir bei den ersten Gehversuchen unweigerlich auf den Streit zweier der bedeutendsten Ägyptologen stoßen, macht die Sache nicht gerade leichter. Wir haben die Problematik im IV. Kapitel, 1. Band bereits kurz angesprochen. Menes soll von Oberägypten (Süden) aus Unterägypten (Norden) unterworfen haben, und er habe dann die oberägyptische Stadt Memphis auf unterägyptischem Boden errichten lassen.

Gleichzeitig war seit undenklichen Zeiten Horus der Gott von Unterägypten und Seth – jedenfalls allem Anschein nach – der Gott von Oberägypten.[1103] Trotzdem gehörte dieser Menes nicht der „Gefolgschaft des Seth“ an, wie man dann eigentlich meinen müßte, sondern eindeutig der des Horus!

Um diese Verdrehung geradezubiegen, unternahm Sethe den Versuch, vor diese gesicherten historischen Ereignisse ein vorgeschichtliches Reich zu konstruieren.[1104]

„Der Gott Seth"

Quelle: E. A. Wallis Budge: From Fetish to God, 1934, S. 86

Sethe schrieb Kees kurz vor dem Erscheinen seiner „Urgeschichte", daß es diese Dinge seien, „über die sich der Horus von Göttingen und der Seth von Berlin wohl niemals einigen werden." Die Version eines vorgeschichtlichen Reiches wurde vorwiegend von Sethe natürlich, Junker und E. Meyer vertreten.

Hermann Kees konterte – und mit ihm die alten Meister von Bissing, Schäfer, Schott und Wiedemann –, daß die Spuren der oberägyptischen Horusverehrung dahingehend zu interpretieren seien, daß die Vereinigung des Reiches von Oberägypten aus das Auftreten eines oberägyptischen Horus fordere, weil es einfach keine erkennbare Vorgeschichte und auch keine Erinnerung der alten Ägypter an ein solches gab. Er sah also Horus primär als oberägyptischen Gott. Letztlich tritt der Horus des oberägyptischen Edfu, Horus von *Bhd.t*, oder *Bhd.tj*, „der von Behedet" genannt, schon im Alten Reich als Reichsgott von Oberägypten auf.

Zweifellos haben wir es hier mit der Gefolgschaft des Horus zu tun, die dann auch von Kees als ursprünglich aus Oberägypten kommend, interpretiert wurde. Er schrieb:[1105] „Das Horusgeleit bildeten einst Götterzeichen oberägyptischer Gaue, die den Horuskönig von Hierakonpolis unter Führung des Gottes von Siût, Upuaut, zum Siege über Unterägypten führte."

„Der Schakalgott Upuaut"

Quelle: Adolf Erman: Die Religion der Ägypter, Berlin, 1934, S. 43, Abb. 32

Ganz besonders interessant finde ich dazu die Inschrift auf der Stele 447 des Britischen Museums. Dort heißt es nämlich:[1106]

„Ich bin der vierte jener vier Götter,
die den Irrleiter abwehren.
Schu bringe zu Fall
und verwirre das Planen eines jeden Gottes,
der sich Upuaut in den Weg stellen könnte..."

Zum ersten Mal habe ich mich hier gefragt, ob unser Schu irgend etwas mit Oberägypten zu tun hat. Diese Verbindung ergibt sich nämlich über Upuaut und diesen scheinbar anonymen „vierten" Gott!

Obwohl die beiden Gelehrten all ihr Können und Wissen in diese Auseinandersetzung einbrachten, ist die endgültige Lösung dieses eher freundschaftlichen und gewinnbringenden Konfliktes bis heute nicht gefunden. Er wird auch nicht mehr ausgetragen, soweit ich das sehen kann. Heute weiß man sicher: Es gab kein vorgeschichtliches Reich. Doch bleibt das Problem dieses seltsamen Widerspruches. Der Leser wird sich natürlich fragen, was diesen Streit für uns so wichtig macht. Was hat er mit dem Mars zu tun?

Ich selbst war mehr als überrascht, daß hierin die Lösung für die letzte große Frage liegt: Wie kamen die Menschen vom Mars auf die Erde? Der erste Zusammenhang ist leicht erklärt. Ich habe bereits darauf hingewiesen, daß das Vermächtnis der Ägypter vor Menes mit Ausnahme der Großen Pyramide nicht nachweisbar ist. In Abydos beginnt ja die Königsliste mit Menes, und wenn es vorher ein Reich gegeben hätte, dann läßt sich nicht erklären, warum hier keine Könige aufgezählt wurden. Weiter haben wir gesehen, daß die sogenannte „göttliche Zeit“, die als einzige dafür in Frage käme, schemenhaft im Hintergrund liegt, und man wird diese räumliche und zeitliche Trennung von der geschichtlichen Zeit, die man eigentlich nicht übersehen kann, ebensowenig erklären können.
Kees schrieb dazu richtig:[1107] „Keine geschichtliche Erinnerung Ägyptens greift über jene Vorstufe der Reichseinigungszeit zurück, die der Ägypter als die Zeit der getrennten ‚beiden Länder', Ober- und Unterägypten mit ihren Hauptstädten Hierakonpolis (Nechen) und Buto (Pe), kennzeichnete. Auch für die ältesten Annalenaufzeichnungen Ägyptens (aus dem Alten Reich) lag vor dieser Periode die Urzeit der Götterkönige.“
Die Zeit dazwischen scheint es für den Ägypter (fast) nicht gegeben zu haben. Nur die Erwähnung dieser anonymen Horusgefolgschaft bildet die Brücke. Auch für das bedeutende Heliopolis selbst sieht die Vorgeschichte düster aus. Die Grabungsergebnisse der letzten vorgeschichtlichen Periode (Gerzean) im nahegelegenen Me,di zeigen das Bild einer bescheidenen Kulturhöhe.[1108] Eine Lösung, die im Zeitrahmen etwa um 4000 v. Chr. liegt, gibt es also nicht. Die Antwort, dachte ich mir, kann also nur in dem liegen, was die Gelehrten als Mythos bezeichnen. Für uns sind das aber die realen Ereignisse um den Mars!
Sethe wird andererseits nicht weniger im Recht sein, wenn er von der grundsätzlichen Überlegung ausgeht, daß die Verkehrung der Benennungen in so kurzer Zeit – beinahe (oder ganz) in Nullzeit – ein kultureller Wandel allein nicht vollbringen kann. Die tiefe Bedeutung der „beiden Länder“ für den Ägypter, läßt den Wandel eigentlich überhaupt nicht zu. Die ganze Göttermaschinerie beginnt sich um 3100 v. Chr. von einem Tag auf den anderen in Bewegung zu setzen. Das selbst ist ja ein weltweites Rätsel!

Kees hat in seinen Arbeiten immer wieder gezeigt, daß eine scharfe Trennung zwischen Horus und Seth und den „beiden Ländern“ nicht möglich ist.[1109] Wenn man nun aber, und außer Sethe hat dies noch niemand versucht, aus der statischen Verteilung eine dynamische macht, deren Ausgangsposition eine andere ist als das Ergebnis, ergeben sich völlig neue Gesichtspunkte. Man darf dies aber, und hier muß unbedingt Kees gefolgt werden, nur im Rahmen der Kultlegende machen, nicht auf der Basis eines vorgeschichtlichen Reiches, von dem wir keine Spur, jedenfalls keine in diesem Sinne verwertbare haben. Die Lösung kann nur im Mythos liegen. Dabei tauchten einige interessante Fragen auf...
Betrachten wir die Entstehung der geschichtlichen Zeit, so finden wir keine Hinweise, die uns erklären könnten, warum dieses Land überhaupt in zwei Teile getrennt wurde. In Fachkreisen begegnen wir häufig der Begründung, daß dies auf den geophysischen Unterscheidungsmerkmalen der „beiden Länder“ beruht. Nach meiner Ansicht reicht das aber kaum aus. Der fundamentalen Bedeutung der Trennung wird damit nicht Rechnung getragen, und sie wird vor allem nicht dadurch erklärt.
Eberhard Otto hat in einem ausgezeichneten Artikel immer wieder auf die scheinbar sinnlosen Schöpfungen dieser rätselhaften Trennung hingewiesen.[1110] Da wurden ganze Göttergruppen in oberägyptische und unterägyptische geteilt, ohne daß dafür rationale Gründe erkennbar wären. Das beste Beispiel ist wohl der rein künstliche „unterägyptische“ Upuaut.[1111] Sein oberägyptischer „älterer Bruder“ ist nichts anderes als eine Form des Horus, der ja selbst schon in zwei Teile zerlegt wurde.[1112] Und sogar der Nil wurde so in zwei Teile gespalten, der dann je nachdem ober- oder unterägyptischer Nil genannt wurde.[1113] Warum?
Diese Trennung ist nicht nur deshalb seltsam, weil sie vielfach erst nach der Vereinigung geschah, sondern weil die Voraussetzungen selbst erst mit Beginn der geschichtlichen Zeit entstanden. Selbst die oberägyptische Hauptstadt Nechen (Hierakonpolis), von der der Siegeszug des Horus für die Vereinigung der „beiden Länder“ ausgeht, hatte diesen Horus erst kurz vorher zu ihrem Ortsgott gemacht. Der Falke dieser Stadt hieß vorher anonym einfach „der von Nechen“.[1114] Zur selben Zeit entstanden aber schon die unterägyptischen Formen des Horus. Wie läßt

sich also die Teilung des Landes begründen? Wie ist es möglich, daß dort am Nil zur gleichen Zeit zwei Kulturen entstanden, die über dieselbe Basis verfügten – sie verehren dieselben Götter, haben denselben Glauben, usw. –, sich dann in Nullzeit trennten und wieder vereinigten? Welche Gründe sollte es geben, daß uns immer wieder die prinzipielle Teilung des Landes, auch in späterer und spätester Zeit, pausenlos vor Augen geführt wird, indem von Anfang an bis zum Ende dieser Kultur über mehr als 3000 Jahre jede Krönungszeremonie eine Wiederholung dieses Ereignisses war?[1115] Warum gibt es überhaupt keine Anzeichen dafür, daß die beiden (angeblich) vorgeschichtlichen Reiche nennenswerte Ereignisse durchlebten, die eine ständige Erinnerung daran überhaupt rechtfertigen könnte? Bis zur Extase werden durch alle Zeiten des alten Ägypten die Weiße Krone Oberägyptens und die Rote Krone Unterägyptens trotz aller Vereinigung als zwei seperate Kronen dargeboten! Das sollte alles auf der „physischen" Trennung des Landes beruhen? Für dieses Szenario gibt es nur eine Erklärung: Die Einteilung in die „beiden Länder" ist Bestandteil des Vermächtnisses! Zu dieser Folgerung gelangte zum Beispiel auch Frankfort schon längst. Er sah die Grundidee der „beiden Länder" im ägyptischen „Dualitätsbegriff",[1116] der wesentlich ihrem Weltbild entsprach. Danach war das „Universum als Ganzes" nichts anderes als „Himmel und Erde". In diesem Konzept war der Begriff Erde – für den Begriff Ägypten wird es nicht anders sein – aufgeteilt in „Nord und Süd" (wenn man genau hinsieht, erkennt man unsere Dreiteilung). „Die beiden Länder oder die beiden (Nil-)bänke gehören zur Kosmologie, nicht zur Geschichte oder zur Politik", erkannte Frankfort, und: „Die dualistische Form des ägyptischen Königtums resultiert nicht aus geschichtlichen Verteilungen." Und:[1117] „Es ist wichtig zu realisieren, daß die duale Monarchie keine historische Grundlage hatte. Es war nicht so, daß ein oberägyptischer König mit einem vereinigten aber feindlichen Delta konfrontiert wurde, über das er zusätzlich zu Oberägypten Souveränität gewann." Nein, das war ein kosmisches Erbe!
Nachdem Frankfort auch noch die „Memphitische Theologie" abhandelt, kommt er zu dem Schluß, daß diese „einen göttlichen Plan realisierte. Die Ordnung der Gesellschaft, die durch Menes etabliert wurde, reprä-

sentiert einen Teil der kosmischen Ordnung."[1118]

Folgen wir also den ausgezeichneten Hinweisen Frankforts, dessen interessante Betrachtungsweisen sich durch sein ganzes Buch ziehen, dann war die Gründung von Memphis keine politische, sondern eine kosmologische Maßnahme. Damit steht er nicht einmal allein. Eine ganze Reihe von ähnlichen Beispielen sind mir auch von anderen Gelehrten bekannt, ohne daß diese Idee jemals näher erläutert wurde. Dabei kann die Bedeutung dieses Umstandes nicht übersehen werden. Als ich das erkannte, schlug ich diesen sonderbaren Weg ein. Irgendwo hinter diesem Prinzip, hinter der Zweiteilung (besser: Dreiteilung) des Landes, die eine so zentrale Rolle spielt – es ist die Wurzel ihrer ganzen Kultur –, verbarg sich das ganze Vermächtnis. Und das ist deutlich zu sehen. Ich wußte nicht einmal genau, nach was ich überhaupt suchen mußte. Aber ich fand etwas...

Nicht weniger seltsam als die künstliche Teilung des Landes ist der Reichseiniger Menes selbst. Viele Gelehrte sehen in ihm eher eine symbolische Figur. Emery weist darauf hin, daß hier gleich mehrere Gestalten als Reichseiniger in Frage kämen, und daß Menes diesen Titel nur der Form halber trägt.[1119] Sowohl Skorpion, Narmer als auch Horus der Kämpfer könnten diesen Titel beanspruchen. Und ob Narmer und Menes identisch sind, wie ich es scheinbar selbstverständlich oben annahm, das wissen wirklich nur die Götter.

Da der Ägypter wichtige Ereignisse im Kult immer wieder wiederholte – das trifft vor allem hier auf die Vereinigung zu – brauchen wir vielleicht tatsächlich zwei Könige für die Vereinigung, nämlich Osiris und Horus.[1120] Das erste Regierungsjahr eines Königs war immer *h3.t zm3 t3.wj*, das „Jahr der Vereinigung der beiden Länder“, und – was ja eben die Sache für uns weiter verkompliziert – auch die Erneuerung der Schöpfung. So schreibt es der Königtummythos vor, und der war sicher bedeutsam. Schon in der 2. Dynastie treffen wir auf das Symbol dieser Vereinigung, und in der 1. Dynastie kennen wir schon seinen Vorläufer.[1121] Es gab also überhaupt keine Zeit, keine Entwicklung, die ein Sinnbild gewöhnlich benötigen würde.

Fassen wir alle diese Punkte zusammen – ich kann dem Leser versichern, daß dies nur ein sehr kurzer Ausschnitt aus dem ganzen Rätsel der „beiden Länder“ ist –, dann scheint die Bildung der „beiden Länder“, die Vereinigung der „beiden Länder“, die Entwicklung der Horuskultstätten in beiden Teilen und die künstliche Trennung der Götter in eine oberägyptische und eine unterägyptische Form ein einziger Akt zu gewesen zu sein und nicht die Reihenfolge einer Entwicklung! Natürlich wurde das im Lauf der Zeit noch weiter ausgestaltet, doch die Grundlagen dafür liegen in einem nicht begreiflichen Ereignis am Anfang der geschichtlichen Zeit des alten Ägypten. Wir brauchen nicht lange zu überlegen – das ist unser lang gesuchtes Vermächtnis, oder praktisch der zweite Teil, nachdem schon 7000 Jahre vorher ein mächtiges Zeugnis in Stein verewigt wurde – die Große Pyramide! Der Grund ihrer Erbauung ist derselbe, wie die Gründung der ägyptischen Kultur. Oder anders ausgedrückt: Das was die Große Pyramide in Stein ist, ist die ägyptische Kultur in Staat und Religion. Das fängt schon auf der untersten Stufe an, den Ortskulten. Sie müssen sich etwa vorstellen, daß über das ganze Land eine Art kosmische Landkarte gelegt wurde. Doch wer hat das getan?

Ich brauchte jetzt nur noch bei den alten Meistern nachzublättern, um etwas Kosmisches in den „beiden Ländern“ zu finden. Und ich fand es! Sethe löste nämlich mit einer Bemerkung nicht nur meine uneingeschränkte Neugier aus, sondern er lieferte mir sogleich die Antwort mit:[1122]

„Es ist bemerkenswert, daß der Gott Geb in den Wandbildern der späteren Tempel, insbesondere der griechischen Zeit, ständig mit der unterägyptischen Krone dargestellt wird..., und zwar ist dabei die Krone mit dem *atf.w*-Diadem des Osiris verbunden, das selbst die oberägyptische Königskrone enthielt. Diese Tempel lieben ja, oft sehr alte Traditionen hervorzuholen, und so werden sie auch in diesem Falle ihre guten Gründe für diese Darstellung des alten Erdgottes gehabt haben.“

Wieso, habe ich mich gefragt, setzte man Unterägypten der Erde gleich? Das war natürlich ein tolles Ding. Es ist nämlich so: Wenn Geb, der die Erde als Ganzes repräsentiert, die Krone Unterägyptens trug, dann wird doch die Frage nach dem Ursprung der oberägyptischen Krone das toll-

ste Abenteuer. Sie kann doch nach allen unseren bisherigen Erkenntnissen nur auf dem Kopf des Schu sitzen! Der Mars als Grundlage für Oberägypten, Unterägypten als Sinnbild für die Erde. Das war natürlich eine irrwitzige Sache, die ich da vorhatte. Aber es funktionierte!
Es gibt, jedenfalls meines Wissens nach, keine Darstellung des Schu mit oberägyptischer Krone. Deswegen benötigen wir die gleich folgenden „Beweisführungen“ für eine andere Lösung.
Zunächst warf ich einen Blick in die überholten, aber immer noch sehr informativen Arbeiten von E. A. Wallis Budge und fand unter seiner Beschreibung der Göttin Mut einen wichtigen Hinweis.[1123] Budge notierte, daß sie gewöhnlich die Doppelkrone der beiden Länder auf dem Kopf trug. In anderen Darstellungen aber sitzt auf jeder Schulter zusätzlich ein Geier. Der eine Geier trägt die Krone Unterägyptens, der andere statt der Krone Oberägyptens zwei Federn. Wenn nun die Krone Oberägyptens durch zwei Federn ersetzt werden kann, dann gilt Schu tatsächlich als oberägyptischer Gott, denn er trägt entweder eine, zwei oder vier Federn! Budge weist dann noch darauf hin, daß der phonetische Wert der Feder *shu* ist![1124] In dieser Darstellung, das war klar, steht Schu als Feder stellvertretend für Oberägypten. Das reichte mir jedoch nicht aus.
Weitere Spuren für die Gleichsetzung des Schu mit Oberägypten fand ich in den Sargtexten. Für einen dieser Sprüche läßt Faulkner immerhin die Möglichkeit offen, daß eine Stelle so übersetzt werden könnte:[1125] „Denn sie sahen Schu die Weiße Krone tragen.“ Und selbst, wenn sich das als Fehler erweisen könnte, bleibt doch die weniger zweifelhafte Aussage einer anderen Stelle, die, wenn die beiden Sätze zusammenhängen, so lautet:[1126] „Ich bin der Nechenite... Ich werde mit Schu in das Urgewässer hineingehen.“ Nechen ist ja die alte Königsstadt Oberägyptens.
Es hat eine ganze Zeit gedauert, bis ich dahinterkam, aus welchem Grund die Gleichsetzung Schu-Oberägypten so weit im Hintergrund stand. Sie wurde nämlich völlig überlagert durch die Rollen von Horus und Seth, die beiden Götter, die häufig beim Akt einer „mythischen“ Vereinigung der „beiden Länder“ auftreten. Und weil Geb und Schu rein kosmische Götter sind, kann deren Wirken ja nur in kosmischen Ereignis-

sen gesucht werden. Horus und Seth müssen also in einem Verhältnis zu Geb und Schu stehen.
Da die statische Zuordnung, Horus-Unterägypten und Seth-Oberägypten, sich mehr als einmal als falsch erwiesen hat,[1127] sollten wir ihre Beziehung zu den kosmischen Göttern suchen. Die kannte ich längst. In unzähligen Arbeiten war immer Seth mit Geb verbunden. Ich wollte das noch einmal nachprüfen, und sah wie so oft ganz einfach bei Hans Bonnet nach:[1128]
„Es gibt noch andere Momente, die die Einigung der beiden Götter, hinter der doch immer zugleich eine Rivalität steht, erklären. Stehen sie doch schon ihrem Wesen nach in einem Gegensatz, der zugleich eine Ergänzung bedeutet und damit zur Paarbildung einlädt. Der Falkengott Horus ist in der himmlischen Sphäre beheimatet; Seth aber gehört der Erde zu... Mit dem Bild des Sethtieres kann man darum den Namen des Erdgottes Aker determinieren."
Doch damit nicht genug: In der heliopolitanischen Neunheit ist Seth ja direkt der Sohn des Geb. Und Bonnet fährt fort:[1129] „Ein besonderes Merkzeichen des sethischen Wesens bildet nach den Alten, deren Bericht das Traumbuch zu bestätigen scheint, rötliche Farbe. In der Tat gehört das Rot dem Seth zu, nicht nur weil er Herr des roten Landes, das heißt der Wüste ist. Rot galt vielmehr als Farbe des Unheils, vermutlich weil es die Farbe der unterägyptischen Krone war, die einst der weißen Oberägyptischen erlag. So muß das Rot dazu dienen, das Abstoßende des Seth zu unterstreichen. Selbst als Nilpferd soll er von roter Hautfarbe sein."
Wir haben also eine sichere Beziehung zwischen Seth, der roten unterägyptischen Krone und dem Erdgott Geb, der ebenfalls die Rote Krone trägt. Die Frage war, ob sich Horus ebenso leicht mit der Weißen Krone Oberägyptens und Schu, unserem Mars, gleichsetzen lassen würde. Hermann Junker hat es mir mit seiner ausführlichen Sammlung „Die Onurislegende" leichtgemacht, denn sie erschlug mich richtig mit Belegstellen. Junker hat sämtliche Falkenkulte im alten Ägypten analysiert. Betrachten wir zunächst die oberägyptischen. Dabei stellen wir fest, daß der Gott Onuris, der die deutlichste Gleichsetzung mit Ares repräsen-

tiert,[1130] grundsätzlich mit Schu verschmilzt, und dann auch „Onuris-Schu, der Sohn des Re"genannt wird. Ja, Onuris ist selbst Schu![1131]
Junkers erstes Beispiel anhand der Inschriften von Philae zeigt aber schon die weitergehende Bedeutung. Onuris-Schu wird auch zu Horus, und unsere dringend gesuchte Verbindung Horus-Schu steht schon auf der ersten Seite dieser wichtigen Arbeit fest:[1132]

„Onuris-Schu, Sohn des Re,
mit hoher Federkrone, Horus der Held."

Auf einer Darstellung in der Säulenhalle – wo sonst – reicht der König dem Onuris das Myrrhengefäß. Der König sieht sich gleichzeitig als Sohn des Mars, wie aus dem dazugehörigen Spruch hervorgeht:[1133] „Darreichen von Myrrhen an seinen Vater Schu." Junker schreibt dann:
„An mehreren Stellen erscheint der König als Onuris, wenn er vor den Göttern Menschenopfer darbringt. Hier gilt Onuris in seiner Urgestalt als Gott der Schlacht und des Krieges, als welcher er ja auch von den Griechen aufgefaßt wurde, wie seine Gleichstellung mit Ares zeigt. Dabei wird mitunter auf die Kämpfe angespielt, die von den Göttern gegen Seth geführt wurden."
Daß zwischen Geb und Schu, zwischen der Erde und dem Mars, irgendwelche Kämpfe stattfanden, ist aus all diesen Textstellen leicht zu entnehmen. Von besonderer Bedeutung für unsere Untersuchung ist aber, daß Schu, und mit ihm Horus und Onuris, so deutlich als Kriegsgott auftritt. Denn daß der Mars ein Gott des Krieges gewesen sein soll, ist aus allen Kulturen der ganzen Welt immer wieder herauszulesen. Das bestätigten die bisherigen Ergebnisse ganz ausgezeichnet, und es war gleichzeitig ein weiterer sehr sicherer Punkt für meine Behauptung, daß nämlich Schu wirklich nichts anderes darstellte als unseren roten Nachbarplaneten.
Folgen wir Junker weiter, so finden wir die Verschmelzung Onuris-Schu auch in Komombo, wo er dann wiederum klar kriegerisch als Gott von This auftritt.[1134] Er heißt dort „Onuris-Schu, großer Gott, Herr von Ombos, Herr des Speeres in This, mit großem Messer (?) auf der ganzen Welt".

Dort finden wir ihn dann auch mit HaroÎris (Horus der Ältere) gleichgesetzt. Dieser Horus heißt auch „HaroÎris, Herr von Oberägypten“, und wird dadurch genau zum oberägyptischen Horus.[1135]

Daß wir im oberägyptischen This den Onuris als alten Ortsgott finden ist deswegen interessant, weil von diesem 8. oberägyptischen Gau aus, der den vielversprechenden Namen *Ta-wr*, „das große (alte) Land“ führt, die Reichseinigung durch Menes erfolgte.[1136] Tatsächlich behauptete Manetho, daß die beiden ersten Dynastien aus This stammten![1137] Im Klartext heißt das, daß das geschichtliche Ägypten von einer Stadt aus gegründet wurde, deren Ortsgott der Mars war! Das war gewiß kein Zufall, sondern scheint auf eigentümliche Weise zu zeigen, daß dieser Vorgang der ersten Vereinigung, der Gründung des Gesamtstaates im Sinne von Frankfort, wirklich die Wiederholung eines kosmisch-mythischen Ereignisses war, in dem nun der Eindruck entsteht, daß einst Marsianer auf die Erde gelangten. Das war im Denken der Ägypter keine „Landung“, sondern es war die „Vereinigung der beiden Länder“, Schu und Geb oder Horus und Seth.

Damit wandert – geschichtlich gesehen – dieser „Onuris-Schu, Sohn des Re“ in die neue Residenz nach Memphis, an den Platz namens „günstiger Zufluchtshafen“. Es gibt keinen plausiblen Grund, warum Memphis diesen Namen tragen sollte, denn Oberägypten soll ja Unterägypten unterworfen haben. Kurt Sethe sah das so:[1138] „Dafür sprach weiter die Nachricht, daß Menes die Stadt Memphis gegründet habe; denn diese lag an der Grenze der beiden Länder und ihr alter Name ‚die weißen Mauern’ scheint sie deutlich als eine oberägyptische Festung, bestimmt zur Niederhaltung des unterworfenen Unterägypten, zu kennzeichnen.“ Das paßt kaum zur Bedeutung des Namens Memphis. Es paßt aber ausgezeichnet auf ein „mythisches“ Ereignis, nach dem nämlich einst vor sehr sehr langer Zeit die Marsianer auf die Erde herabsteigen mußten, denn diese war jetzt in ihrem „Palast“ in Memphis, an der „schönen“ dritten Position im Sonnensystem. Zum zweiten Mal also kamen die Menschen zu diesem Ort: Am Anfang gelangten sie nach der Zerstörung ihres fünften Planeten auf Schu, als er „in seinem Palast in Memphis“ war, und nun, nachdem der Mars immer weiter zum „Himmel“ aufstieg, die Bedingungen dort immer schlechter wurden, mußten sie wiederum an denselben Ort, an die dritte Position zurückkehren, aber jetzt war dort nicht mehr der Mars, sondern unsere gute alte Erde! Jetzt bot sie die Bedingungen eines „günstigen Zufluchtshafens“!

Wenn also von einem „Sieg“ Oberägyptens über Unterägypten gesprochen wird, so ist das der Weg vom Mars auf die Erde, und genau das war das geschichtliche Ereignis, als ein gewisser Menes, den es vielleicht nicht einmal gab,[1139] von This (Mars) nach Unterägypten (Erde) kam, um dort eine Stadt Memphis zu errichten, eine oberägyptische Stadt auf unterägyptischen Boden, mit einem sonderbaren Namen!

Das ist eine rein symbolische Handlung. Warum? Soweit ich sehen kann, nennt nur Herodot Menes als Gründer der Stadt Memphis.[1140] Dem haben die Priester von Memphis folgende tolle Geschichte erzählt: Ganz Unterägypten wäre bis Menes von Sumpf bedeckt, nur Oberägypten sei festes Land gewesen. Menes habe aber dieses Gebiet trockengelegt, und so kommt der ägyptische Name des Menes von *mn* „fest sein“.[1141] Überlegen Sie einmal: „Festes Land“, das sich aus dem Meer, oder wie hier aus dem Sumpf erhebt, kennen wir gut. Es ist Tatenen, die „Urerde“, die sich bei (zum Teil schon vor) der Schöpfung aus dem Nun erhoben hat. „Memphis“, schreibt Schlögl treffend,[1142] „kann auch direkt als Stadt des Tatenen bezeichnet werden“! Und Ptah, der mit dem Tatenen so schön zu Ptah-Tatenen verschmilzt, ist immerhin der memphitische Stadtgott. Kurz: Memphis ist jetzt die Erde!

Mit diesem Akt fand die „mythische“ Vereinigung eindeutig durch Oberägypten statt und das allgemeine Wort für König *nsw.t* hat ja die Bedeutung „König von Oberägypten“.[1143] Ich könnte den Leser jetzt, dank Junkers „Onurislegende“, mit Belegstellen erschlagen, die zweifelsfrei zeigen, daß der oberägyptische Horus grundsätzlich mit Schu verschmilzt, und so als Kriegsgott auftritt. Der interessierte Leser kann das aber selbst dort überprüfen.

Natürlich treffen wir auch in Unterägypten auf Schu, allerdings mit anderem Charakter. In Heliopolis zum Beispiel soll Horus den Endsieg über Seth gefeiert haben und auch „das Königtum für ewige Zeiten erhalten“.[1144] In Letopolis, dem unterägyptischen Hauptkultort des

Horus, heißt es von ihm:[1145] Herr des Sieges, der seinen Gegner niederwarf, der den Seth schlachtete..." Er heißt jetzt „König, ältester des Geb"[1146] oder „Erbe des heiligen Fürsten (Geb)".[1147]
Im 20. unterägyptischen Gau gab es einen Falkengott namens Sopdu. Die Hauptstadt dieses Gaues ist Saft el-Henne! Dieser Gott, der „Herr der Fremdländer", verschmilzt – wir wissen das, weil unser Naos aus El-Arisch an ihn gerichtet ist – stark mit Schu.[1148] Was aber macht der auf dem unterägyptischen Boden der Erde? Junker meint:[1149] „Ein Zug ist für uns von besonderer Wichtigkeit; wir hören, wie Schu-Sopd die Feinde dadurch vernichtete, daß er die Uräusschlange, die dort ein Heiligtum hatte, an seine Stirn setzte und wie sein Nachfolger Geb das gleiche tut." Schu hält erneut Einzug, diesmal nicht nur in Memphis, sondern direkt auf der Erde indem er durch Horus, der als König des Schu vom Mars auf die Erde kam, das irdische Königtum übernahm. Das ist die Geschichte der Ahnen, die von den Erben „nachgespielt" wurde, getreu dem Motto Erik Hornungs: „Geschichte als Fest"![1150]
Nun wird sich der Leser natürlich so manche Frage stellen. Eine davon wird wohl sein: Wie konnten die alten Ägypter vor 5000 Jahren ein Ereignis nachspielen, von dem sie eigentlich gar nichts wissen konnten? Nun, ich glaube, das werden dieselben Gründe sein, die einst zum Bau der Großen Pyramide führten. Wer hat ihnen das verraten...?

Die Ahnen des Himmels

Wir lernten die kosmischen Götter kennen, wissen nun ein wenig von der kultpolitischen Entwicklung des Landes, besprachen Baugeschichtliches und Historisches und durchzogen die krausen Windungen des altägyptischen Glaubens. Das sind für den Ägypter zweifelsfrei alles sehr wichtige Dinge gewesen. Vor allen diesen Dingen stand einsam an der Spitze der Königtummythos. Nichts hat das alte Nilvolk mehr bewegt, und die alten Texte berichten genug davon. Weil der gerade herrschende König selbst ein lebender Teil dieser Überlieferung war, aktualisierte sich der Königtummythos mit jeder Thronbesteigung, mit jedem Sedfest. Dieser Königtummythos, der vielleicht besser als Osirismythos bekannt ist, führt uns wieder direkt zurück zu Frankforts Beschreibung der Neunheit, die nach seiner Meinung eine Brücke zwischen dem Kosmos und dem Menschen bildet. Diese Übergangsstelle müssen wir jetzt suchen.

Wir finden die Königsherrschaft der Götter in zwei verschiedenen und doch gleichen Formen. Zunächst ist die Triade Osiris-Isis-Horus der Königtummythos par excellence. Ja, man könnte ihn als eine Art Nationalhymne sehen. Er begegnet uns in so schillernder Vielfalt und so widersprüchlich, wie es den Ägyptern möglich war. Dagegen begegnen wir ihm auch in Form einer Königsfolge, einer Götterdynastie, die im Prinzip die Neunheit von Heliopolis darstellt. Zwischen beiden „Typen" besteht kein wesentlicher Unterschied.

Die herausragende Bedeutung dieser Überlieferung wird schnell klar, wenn wir sehen, welch außerordentlich bedeutende Rolle hier Schu, Horus und Seth zukommt, von denen wir ja schon einiges wissen.

Solche Listen sind uns aus den verschiedensten Quellen bekannt.[1151] Diodor zum Beispiel sieht am Anfang Helios (Re) – in den anderen Versionen steht Hephaistos (Ptah) davor. Es folgen Kronos, Rhea, Zeus, Hera, Osiris, Isis, Typhon, Apollon und Aphrodite. Diese typisch heliopolitanische Aufzählung fällt vor allem durch die Nennung der Göttinen auf. Manetho dagegen ließ die weiblichen Herrscher aus und fügt stattdessen zwischen Helios und Kronos (Geb) den Agathodaimon (Schu). Auf Kronos folgt dann Osiris und Isis und Typhon (Seth). Mit Horus beginnt dann eine neue Dynastie von „Halbgöttern". Diodor macht aus Schu Kronos!

Bereits unter Ramses II. finden wir diese Aufzählung im Turiner Königspapyrus. Obwohl der Anfang zerstört ist, gilt diese Reihenfolge als sicher: (Ptah?), Re, Schu, Geb, Osiris, Seth, Horus, Thot, Maat und ein weiterer Horus. Darin läßt sich die Königtum-Triade Osiris-Isis-Horus also leicht unterbringen, denn er berichtet ja, daß zunächst Osiris König war, dann Seth, gefolgt von Horus. Ohne Umschweife folgt im Turiner Papyrus Menes. Eine dazwischenliegende Zeit wird lediglich durch das anonyme Horusgefolge aufrechterhalten, das aber keinerlei geschichtliche Relevanz besitzt.

Wir können daraus ableiten, daß Re – Ptah ist erst später hinzugekommen und steht sicher für die Zeit des fünften Planeten – das himmlische

Königtum damit errichtete, indem er die Schöpfung vollzog. Dieses Königtum geht, ohne daß ich einen Mythos dazu kenne, auf Schu über, und wir können aus dieser hohen Stellung in der Hierarchie auf seine hohe Bedeutung schließen. Das ist die Zeit der Zivilisation auf dem Mars. Darauf folgt die Übernahme dieses Königtums auf Geb, die Erde. Der Mythos dazu ist bekannt. Es ist der Schrein von El-Arisch, der diese Geschichte erzählt. Die wesentlichen Elemente bestehen zunächst aus dem Angriff der „Kinder" des Apophis, also durch Seth, wie wir schon wissen. Es folgt die Erblindung des Schu, da er sich immer weiter zum Himmel entfernt. Das ist der Moment, in dem Geb das Königtum des Schu übernimmt. Das ist wie wir wissen auch astronomisch zu sehen!
Mit der Übergabe dieses Königtums von Geb an Osiris setzt der große Wendepunkt ein. Re, Schu und Geb waren Himmelskörper. Osiris war das zu keiner Zeit. Vielmehr beginnt der Mythos um ihn ja absolut menschlich, und nicht wenige Ägyptologen sahen hier deswegen ein historisches Ereignis. Die Brücke Kosmos-Mensch liegt also direkt hier zwischen Geb und Osiris.
Im Mittleren Reich bezeichnet man ihn dann auch als „Götterkönig" und er erhält Kartusche und Königstitulatur. Im Neuen Reich heißt er dann gar:[1152] „Einzigartiger König, den es (so) nie wieder geben wird, König der Könige..." Dieser Wechsel, den uns Frankfort bereits angekündigt hat, bezeichnet gleichzeitig den Wechsel des Königtums auf die Erde. Osiris ist daher der Sohn des Geb von dem er dieses Amt bekommt, und nicht sein „leiblicher" Sohn. Wir erfahren daher, daß der Thron des ägyptischen Königs auch „Thron des Geb" genannt wird, und zwar zu allen Zeiten.[1153] Der ägyptische König war immer der „Erbe des Geb"!
Re, Schu und Geb stehen also für das „himmlische Königtum". Osiris, Seth und Horus sind dagegen menschliche Götter. Wie bringt man das zusammen?
In den „Stundenwachen des Osiris" werden wir mit einem Umstand konfrontiert, der das Königtum von Schu und Geb parallel zum Königtum von Osiris und seinen Nachfolgern stellt:[1154] „Werde tatkräftig, o Schu, werde mächtig, o Schu, werde angesehen, o Schu, werde machtvoll, o Schu! Osiris ist dieser Sohn von dir" und:[1155] „He,Osiris, Erster-der-Westli-

chen, dein Vater Re gab dir eben diesen seinen großen und gewaltigen Thron, an diesem Tage, als er dir Busiris übergab, diese Residenz seines Vaters Schu…"

Leider gibt es keine Textstelle, die erzählt, woher Osiris stammt. Wir sind daher rein auf die Symbolik angewiesen wie etwa seine Krone oder auf so kurze Phrasen, wie die eben aus Edfu zitierten „Stundenwachen". Selbst Plutarchs Version, die oft als die vollständigste gilt, beginnt mit der wenig brauchbaren Aussage:[1156] „Osiris wurde König über Ägypten…"

Wenn ich jetzt behaupte, Osiris kam einst vom Mars auf die Erde, wird mich wohl jeder für verrückt halten. Bitte sehr: Osiris war einmal König auf dem Mars, und wir finden diese Vermutung unterstützt, wenn wir im Totenbuch erfahren, daß Osiris von Haus aus die Weiße Krone trug! Die Weiße Krone ist die Krone Oberägyptens, die ursprüngliche Krone des Mars, was wir gerade vorher bestätigt fanden:[1157]

„Nut, welche die Götter geboren hat,
sie gebar dich [Osiris, A.d.A.]
als größten der fünf Götter,
sie befestigte die Weiße Krone auf deinem Haupt.
Du packtest Krummstab und Geißel,
als du (noch) im Leibe und nicht auf die Welt
gekommen warst."

Das ist wiederum keine plumpe Lösung von mir. Wir haben bereits eine klare Aussage für den Ursprung des oberägyptischen This gefunden, von wo aus die Vereinigung vollzogen wurde. Dort trafen wir auf Onuris, der eine sehr starke Verbindung zu Ares und Schu aufweist. Dieses „Land" hieß *Ta-wr*, „das große (alte) Land". Auf der Stele 447 des Britischen Museums finden wir Osiris in einer wichtigen Verbindung:[1158]

„König, der in *Ta-wr* wohnt,
Chontamenti, Herr von Abydos!…
Herr der Mächte in *Ta-wr*…"

Abydos ist nicht nur eine oberägyptische Stadt, sondern wie es das Ergebnis im vorhergehenden Teil dieser Untersuchung war, eine Stadt des Schu. Warum? Abydos liegt wie This selbst im 8. oberägyptischen Gau, eben im „großen (alten) Land“! Wer die alten Ägypter etwas kennt, weiß, daß sie diesen Namen nicht ohne Grund verliehen haben. Können Sie sich an die Feder mit dem Lautwert *shu* erinnern? Onuris und Schu können ein, zwei oder vier dieser Federn tragen.[1159] Nun erklärt uns Hermann Junker auf blitzsaubere Art, daß das genau die Federn sind, von denen zwei das Gauzeichen von *Ta-wr* bilden![1160] Von This heißt es dann treffend:[1161] „Schu, der Große, der dem Osiris Leben verleiht...!“

„Das Gauzeichen von Ta-wr“

Quelle: Heinrich Schäfer: Weltgebäude der alten Ägypter, Berlin, 1927, S. 99, Abb. 9

Das ist noch nicht alles. Osiris besaß eine Krone, die außer ihm nur manchmal die oberägyptische Schutzgöttin Nechbet trägt – die Atefkrone.[1162] Diese Krone ist zunächst in ihrer Hauptsache eine oberägyptische Krone, so wie wir das bisher fanden. An die Seiten aber wurden ihr zwei Federn angehängt. Es sind wiederum genau diese Federn mit dem Lautwert *shu*![1163]

Die Verbindung This-Schu-Osiris ergibt sich auch aus der Stele des Roma aus Abydos, die sich heute in Kairo befindet:[1164]

„Osiris, der in Abydos ist
Herr von Busiris, Herrscher der Westens;

mit hoher Federkrone,
so daß er den Himmel berührt...,
jener Edle der Herren von This,
dessen Schönheit Re geschaffen hat
und vor dem Schu die Furcht eingeflößt hat
in die Herzen der Menschen und Götter..."

„Die Atef-Krone"

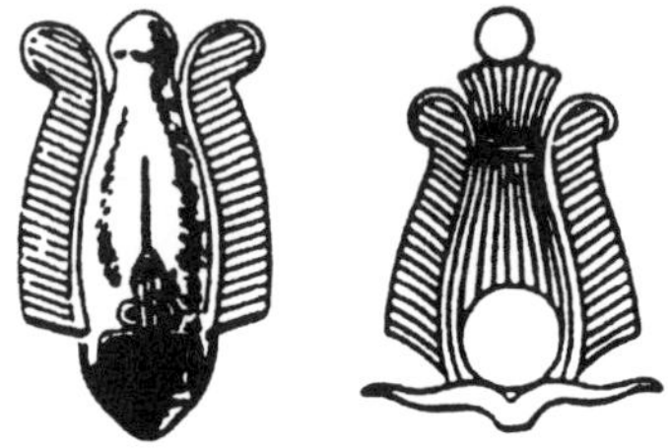

Quelle: Adolf Erman: Die Religion der Ägypter, Berlin, 1934, S. 165, Abb. 63

In diesem Text wird dann Osiris auch als Sohn des Re gesehen, und das selbst ist doch sonst die Bezeichnung des Schu.
Mit anderen Worten: Osiris war von Haus aus Marsianer, und es ist absolut typisch für altägyptische Texte, daß das nirgendwo so wörtlich – jedenfalls meines Wissens nach – erwähnt wird. Direkte Aussagen sind hier Mangelware. Ja, Budge meinte sogar:[1165] „...Osiris war der Gott der Weißen Krone par exellence...", und er fährt später fort:[1166] „Abydos war das irdische Zentrum seines Königreiches."[1167]
Es ist bezeichnend, daß unser Schu so oft in Zusammenhang mit den königlichen Eigenschaften des Osiris erwähnt wird. Im Totenbuch lesen wir:[1168] „Schu ist es, der die ‚Hausurkunde' des Geb für Osiris festsetzte." Und so ließe sich wiederum Text für Text aneinander reihen, wo dies so gesagt wird.
Wir treffen nun auf einen weiteren Aspekt des Osiris – er ist Kulturbringer. Nachdem Osiris auf den Thron des Geb stieg – wir werden hier wohl mit einer ersten „Reichseinigung" konfrontiert – bringt er den Menschen die Zivilisation. So steht es wenigstens in der Fassung des Plutarch.[1169]
Dagegen spricht entschieden, und zwar wegen des wesentlich höheren

Alters des Textes (Mittleres Reich), die Stele des Oberschatzmeisters I-Cher-Nofret. Dort werden nach seinem „Auszug" die Menschen, auf die er dabei trifft, als „die Feinde des Osiris" bezeichnet.[1170]

„Osiris als König mit der Atef-Krone"

Quelle: E. A. Wallis Budge: From Fetish to God, 1934, S. 191

Seth ist, wie wir wissen, der Sohn des Geb, und wir werden vielleicht nicht ganz falsch liegen, wenn wir ihn als eine Art „Verwalter der Erde" sehen, der mit einer ersten Welle vom Mars auf die Erde kam, vielleicht um die nötige Infrastruktur zu schaffen oder was auch immer. Diese Dinge vermitteln uns die verschnörkelten ägyptischen Texte nicht, die wie so oft nur von unbestimmten Aussagen geprägt sind. In den ägyptischen Vorstellungen, wie sie uns Frankfort über das Königtum beschreibt, „muß" Seth ein Verwandter des Osiris sein, nach der helipolitanischen Neunheit sein – wohl jüngerer – Bruder. In diesem Sinne galt er, weil er die unterägyptische Krone tragen kann, scheinbar tatsächlich als irdischer König!

Wir kennen das eigentliche Motiv nicht, doch entschließt sich Seth mit

Hilfe von 72 Mitverschwörern dazu, Osiris zu töten.[1171] Den altägyptischen Literaten fiel dazu alles mögliche ein, was uns hier aber nicht weiter interessieren soll. Achten wir mehr auf die Symbolik der auch sonst wesentlichen Elemente des alten Ägypters. Da sind wir wieder bei den Farben der Kronen, die jedoch noch weit mehr aussagen. Budge notierte das treffend:[1172] „Osiris war weiß und die Personifikation des Guten, Seth war schwarz (oder rot) und war die Personifikation des Bösen." Das sind die wesentlichen Charakteristiken. Hier sehen wir doch auch schon überdeutlich die zwei Kronen gegeneinanderstehen!

Für die Ägypter der geschichtlichen Zeit war dieser Mord ein Trauma. Das mag der Grund dafür sein, daß Osiris zum Totengott wurde und dort seine Herrschaft als „Erster der Westlichen" weiterführte. Er wurde zu dem Gott, dessen unterschiedliche Wirkungsweisen wir schon kennenlernten – in Mond, Wasser, Korn und Orion.

Ich muß hier kurz erwähnen, daß Osiris selbst ein Beweis für das große Schauspiel der geschichtlichen Zeit ist. Nachdem er erst mit den Pyramidentexten greifbar wird, also erst seit der 5. Dynastie, scheint doch die Entwicklung der Götter, ja selbst der Hauptpersonen, noch nicht abgeschlossen gewesen zu sein. Bis zu seinem Auftreten, das wohl auf die Anweisung alter Texte zurückzuführen ist, wird Osiris von den Göttern Anezti, Sokar, Wennofer und Chontamenti vertreten. Doch zurück zu den Ereignissen des Königtums, denn das eigentliche Drama beginnt erst.

Osiris wird dem Mythos entsprechend auf der Erde getötet, nachdem er diese, wie es so oft heißt, geerbt hat. Nach unseren bisherigen Erkenntnissen fand er den Tod also auf der „unterägyptischen" Erde. Budge schrieb wiederum treffend:[1173] „Nun war das Grab des Osiris par excellence in Busiris...", und das lag zweifellos in Unterägypten, als Hauptstadt im 9. (Erd-) Gau. So steht also Abydos praktisch auf dem Mars als seine Königsstadt, in der er über „beide Länder" regierte, und Busiris repräsentiert den Ort auf der Erde, an dem er dem schlimmen Verbrechen zum Opfer fiel, und an dem er letztlich begraben liegt.[1174]

Jetzt stoßen wir auf Horus, den großen Königsgott, den Urtyp des ägyptischen Königs der geschichtlichen Zeit. Und ob er nun tatsächlich der Sohn des Osiris war, wie es meist heißt, oder nicht, er hat das Recht auf

das Amt des Osiris. Das belegen alle Texte.
Während nun Seth „König“ über die Erde war, blieb der Mars scheinbar führerlos, bis eben Horus auftauchte. Sein Ziel war das Erbe seines Vaters. Ich habe wohl nicht alles gelesen, was über diesen Mythos geschrieben wurde, doch ist mir in meinen Quellen immerhin aufgefallen, daß niemand den großen Unterschied zwischen den verschiedenen Fassungen bemerkte. Einmal nämlich kämpft Horus nur für die Weiße Krone, ein andermal vereinigt er die Weiße Krone mit der Roten Krone. Das ist wichtig und paßt außerdem zu unserem Text aus El-Arisch, in dem der aktive Teil der Handlung damit beginnt, daß die „Söhne des Apophis“, Seth und sein Gefolge also, über Schu herfallen. So konzentriert sich der erste Kampf auf den Mars. Kulttopographisch betrachtet, kämpft also Horus zunächst im südlichen Oberägypten gegen Seth, der offensichtlich zunächst die Oberhand behält und vielleicht sogar „König“ über den Mars wird. Deshalb erhält auch Horus im Papyrus Chester Beatty I am Ende ausschließlich diese Weiße Krone![1175]
Joachim Spiegel, der von diesem Ereignis berichtet, erkennt immerhin:[1176] „Besonders zu erwähnen ist hier noch, daß stets nur von der ‚Weißen Krone’ die Rede ist, mit der Horus gekrönt werden soll.“ Spiegel möchte nun, und das wird wohl allgemein so sein, den Grund in den geschichtlichen Ereignissen der Herakleopolitenzeit suchen. Das wäre immerhin denkbar, weil ja an anderer Stelle ähnliches geschah. Dagegen spricht doch aber einiges. Unser Schu, den wir bisher ja mit der Weißen Krone gleichgesetzt haben, gibt nämlich in dem Göttergericht, das die Nachfolge des Osiris klären soll, das erste Statement ab:[1177]

„Es sprach Schu,
der Sohn des Re vor (Atum)
dem großen (Fürsten) in Heliopolis:
‚Die Gerechtigkeit ist der Herr der Kraft.
(Tue) sie, indem du sagst:
Gib das Amt dem (Horus)’.“

Ebenso antwortet die Neunheit später wieder an unseren Mars:[1178]

„Die Neunheit sprach zu Schu dem Sohn des Re:
‚Recht hat Horus, der Sohn der Isis,
in bezug auf alles, was er gesagt hat'."

In keinem anderen Text tritt Schu so deutlich in Zusammenhang mit der Weißen Krone, und Spiegel, der mit einer Verderbnis des Textes rechnet, wundert sich darüber nicht wenig:[1179] „Man kann nur feststellen, daß die Beschwerde des Horus irgendwie zur Neunheit gebracht wird, wobei Schu eine Rolle spielen muß. Und wenn der Text verderbt wäre, ist allerdings unerklärlich, warum die Neunheit ihre Rede gerade an Schu richtet."[1180]
Beatty I endet dann so:

„Man holte nun Horus, den Sohn der Isis.
Man setzte die Weiße Krone auf sein Haupt.
Man stellte ihn auf den Platz seines Vaters Osiris."

Dieser Teil einer nicht überlieferten Gesamterzählung macht klar, daß der Streit zwischen Horus und Seth ein heftig geführter Krieg um den Mars war. Vielleicht – das kann sich jeder selbst ausmalen – ist das ein weiterer zusätzlicher Grund für die verschlechterten Bedingungen auf dem Mars.
Die neuen Verhältnisse sind so, daß also Seth über die Erde gebietet und Horus nun über den Mars. Von Horus heißt es auf der Metternichstele:[1181] „Horus...der Erbe deines Erben, der das Königtum des Schu ergriffen hat." Das ist eine selten klare Aussage über die Handlung. Ganz offensichtlich vergeht jetzt eine gewisse, aber unbestimmte Zeit, bis ein neuer Konflikt heraufbricht.
In den Sargtexten treffen wir dann auch auf den Gegner Schus, den Seth oder eben die Erde:[1182]

„O Schu, die Erde ist gegen dich,
der Sohn-der-Erdschlange ist gegen dich."

Schu ist ja nun zu einem Kriegsgott geworden, wie es eben die klassische Rolle des Mars ist. Bei den alten Ägyptern hatte er diese Rolle doch schon längst, wie wir jetzt sehen können. Eine Übereinstimmung, die ich befriedigt zur Kenntnis nahm, weil sie alle meine bisherigen Bemühungen untermauerte. Genauso treffen wir Schu in den alten Sargtexten:[1183]

„Horus harpuniert das Nilpferd Seth"

Quelle: E. A. Wallis Budge: From Fetish to God, 1934, S. 217

„Re-Atum war erfreut
über das Wüten seiner Weißen Krone
mit deren Hilfe Schu stark war."

Diesmal erhält Horus nach dem Kampf die Rote Krone des Geb, und weil er schon über die Weiße Krone verfügt, ist dies das eigentliche Ereignis, das mit der „Vereinigung der beiden Länder" gemeint ist. Wissen Sie noch: Auch der geschichtliche König war stets der Erbe des Geb! Horus ist damit der legitime Nachkomme des Osiris, der „König über Ober- und Unterägypten". Horus erhält die Doppelkrone folgerichtig in Unterägypten. So steht es jedenfalls in Edfu:[1184]

„Dann gelangte er (Horus Behedeti Herr von Mesen)
nach Pe und Dep,
und er übergab das Amt (des Osiris)
an dessen Sohn."

Die memphitische Theologie drückt es so aus:[1185]

„Da stand Horus (als König) auf
über dem (ganzen) Land.
Er ist der Vereiniger dieses Landes,
mit seinem großen Namen ‚*T3-tnn*,
der südlich seiner Mauer ist,
der Herr der Ewigkeit'.
Es wuchsen die beiden ‚großen Zauberinnen'
[die Kronen, A.d.A.] aus seinem Haupte.
Er ist der Horus, der erschienen ist
als ober- und unterägyptischer König,
der die beiden Länder vereinigte
im Mauergau (Memphis), dem Orte,
an dem die beiden Länder vereinigt wurden."

Alle diese Texte zeigen, daß Horus auf die Erde kam. Der Grund kann ja nur in den schlechten Bedingungen auf dem Mars zu suchen sein. Daß die Landung auf der Erde mit einem kriegerischen Akt verbunden war, ist jedenfalls der Grundtenor. In den Krönungszeremonien von Edfu finden wir in der Beischrift des Horus, Sohn des Osiris:[1186]
„Ich setze die Weiße Krone auf ihren Platz innerhalb der Roten Krone nieder, ich vereine die (eine) Schwester mit ihrem glänzenden (Gegenstück), ich beende ihr Getrenntsein in die eine und die andere, so daß sie sich auf deinem Kopf vereinigen als die eine, die Doppelkrone." Das ist kein Nebeneinander der beiden Länder, sondern – so ist auch die Symbolik der Doppelkrone zu verstehen – ein Ineinander. Mars und Erde standen sich nicht mehr gegenüber, die Marsianer kamen auf die Erde, wo von nun an beide „Menschheiten" an einem Ort lebten. Nun ist das ja genau die Symbolik im geschichtlichen Ereignis: Memphis, die „weiße Mauer" wird auf unterägyptischem Grund errichtet, was – wir erinnern uns – auch von Sethe so gesehen wurde, und viele andere folgten dieser logischen Einschätzung.
Wir wissen nicht, wieviel Zeit von Osiris' ersten Landungen auf der Erde

bis zur endgültigen Vereinigung vergangen ist. Den Texten nach zu urteilen, gab es zwischen den einzelnen Phasen mehrere größere „Pausen“. In diesem Sinn werden wir auch die Inschrift von Edfu so verstehen können, daß die letzten Marsianer vom Mars endgültig auf die Erde gelangten. Die Weiße Krone befindet sich damit tatsächlich „innerhalb“ der Roten Krone. Der Mars ist nämlich „leer“, so wie es uns die zwei leeren Königskartuschen seines Namens erklären. Er ist luftleer, menschenleer und vor allem: das himmlische Königtum des Schu ist „leer“. Genau das wollen uns die alten Literaten damit sagen.

Man wird mir vielleicht eine übereilte Überinterpretation vorwerfen, die „zufällig“ recht gut auf die Götter des Nils paßt. In Wahrheit war es ein langer Prozeß der Entscheidungsfindung. Der begann schon vor vielen Jahren, als ich die ersten Verbindungen herstellte, und in einem meiner ersten Bücher über Ägypten stieß ich auf das:

Dieses bedeutende Ereignis, die Vereinigung „der beiden Länder“, stellten die Ägypter mit der Hieroglyphe *sm3*, das heißt „Vereininigung“, dar. Die Wappenzeichen „der beiden Länder“, Binse und Papyrus, werden dabei verbunden. Das Zeichen zeigt dabei eine Lunge mit dazugehöriger Luftröhre! Ich traute meinen Augen nicht, und las bei Manfred Lurker nach, wo ich diesem Symbol zuerst begegnete, und der dies bestätigte:[1187] „Das Schriftzeichen besteht aus einer Lunge mit Luftröhre.“ Ich hatte mich nicht verschaut.

„Das Symbol der Vereinigung in der 2. Dynastie“

Quelle: Heinrich Schäfer: Die Vereinigung der beiden Länder, 1943, S. 76, Abb. 4

„Horus und Seth vereinigen die beiden Länder über eine Lunge mit Luftröhre“

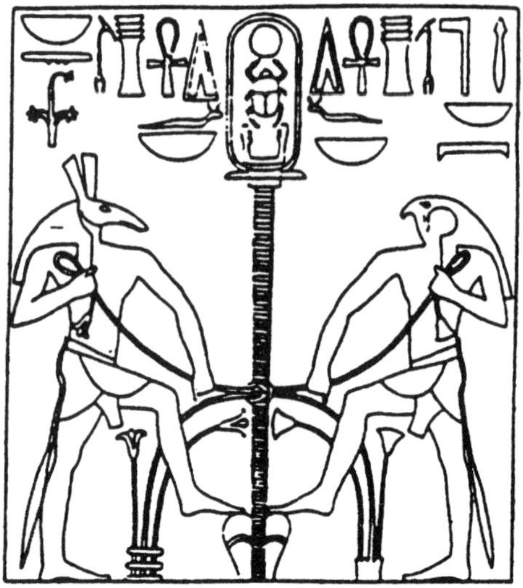

Quelle: Heinrich Schäfer: Die Vereinigung der beiden Länder, 1943, S. 86, Abb. 24

Heinrich Schäfer, ebenfalls ein herausragender Gelehrter der älteren Generation, bestätigte mir dies:[1188] „Das (Zeichen) stellt eigentlich die körperliche (Rinder)lunge dar, doch schrieb man mit ihm nicht nur das Wort *Lunge* selbst, sondern auch das Wort *vereinigen*, auf dem natürlich hier der Gebrauch des Zeichens beruht.“

Was kann das schon bedeuten? Luft war natürlich das, was es auf dem Mars nun nicht mehr gab. Der König wird daher „Erbe des Geb“ genannt – er kam mit seinem „Gefolge“ auf die Erde, denn da gab es noch Luft. Das legt auch das Wort *sm3 t3* nahe. In Hannigs „Handwörterbuch“ wird es mit „Landestelle“ oder „landen (an einem Ort)“ wiedergegeben.[1189] Die Schreibung von *t3* entspricht aber genau der, die man sonst für „Erde“ verwendet, so daß *sm3 t3* sehr wahrscheinlich „Landestelle Erde“ oder „landen auf der Erde“ bedeuten müßte.

Weil mir das aber noch immer nicht genügte, suchte ich nach einer Beziehung zwischen Schu, dem Luftgott, und der von ihm ausgehenden Luft. Ich fand, trotz meiner natürlich beschränkten Quellen, etwas in den Sargtexten. Nach Faulkner könnte die betreffende Stelle tatsächlich so lauten:[1190] „Ich bin die Verkommenheit der Lungen des Schu…“

Um dieser „Verkommenheit“ zu entgehen, kam Horus und sein Gefolge auf die Erde. In geschichtlicher Zeit entstand daher Memphis, dessen Bedeutung wir nun schon kennen. Memphis ist hier selbst die Erde, der „günstige Zufluchthafen“, und ich war etwas überrascht, daß dies schon erkannt wurde. E.A.E. Reymond schreibt dazu:[1191] „Vom uranfänglichen Heliopolis aus, so wird es in unserem Text erklärt, schuf der Erdgott die Erde, die den Namen *Mn-nfr*, Memphis, erhielt.“

Der Name „günstiger Zufluchthafen“ paßt natürlich gut zu den hier beschriebenen Ereignissen, als eine andere Menschheit vom Mars auf die Erde kam, weil sie über keine Luft zum Atmen mehr verfügte. Die alten Ägypter taten das, was sie auch sonst bei wichtigen Dingen pflegten: Sie betteten diese Abläufe in einen Mythos, den Königtummythos, der mehr als alles andere die größte Rolle im alten Land am Nil spielte.

Ägypten als Abbild der Welt

Daß die oberägyptischen Horuskultstätten ihren Horus mit dem Schu verschmelzen ließen, daß die unterägyptischen Variationen den Horus gerade als Sieger über Seth auf der Erde erscheinen lassen, und daß Horus mit dem Beginn der geschichtlichen Zeit von Süden nach Norden gegangen sein soll[1192] – all das zeigt doch, daß Ägypten wirklich das war, was die hermetischen Lehren behaupten:[1193]

„Weißt du nicht, Asklepius,
daß Ägypten das Abbild des Himmels ist,
oder genauer gesagt,
daß alles Tun der Kräfte,
die im Himmel herrschen und walten,
zur Erde herunter transferiert wurden?
Nein, es sollte eher gesagt werden,
daß der ganze Kosmos unser Land bewohnt,
als wäre es sein Heiligtum.“

Was hier so unverhofft anklingt habe ich in den vorhergehenden Kapiteln immer wieder prophezeit. Unterägypten mit seinen Gauen vertritt die Erde, und nur das ist der Grund für die unterägyptische Krone des Erdgottes Geb. Die Handlungen mit den dortigen Göttern sind die Handlungen, die auf der Erde abliefen. So ist Memphis „der große Thron (des Geb)" und Pe, der Name der unterägyptischen Stadt der „Vorgeschichte", hat im Ägyptischen die Bedeutung „Sitz", „Thron"![1194] Oberägypten ist Schu, der Mars. Seine Gaue erzählen die Ereignisse auf dem Mars. Elephantine im Süden des Landes ist die Grenze. Hier sahen die Ägypter die Nilquellen des Nun – den Planetoidengürtel und gleichzeitig den Ort, an dem Re seine Bahn zieht.

Völlig gleichlaufend mit dieser Feststellung ergibt sich doch, daß der Nil nach unserem Weltenbau dort entspringen müsse, wo die Felsenkammer die zwei horizontischen Berge symbolisiert. Herodot bietet uns die Möglichkeit, dies noch einmal zu überprüfen:[1195] „Des Nils Quellen aber hat keiner zu kennen vorgegeben, weder von den Ägyptern noch den Libyern noch den Hellenen, mit denen ich darauf zu sprechen kam, ausgenommen in Ägypten zu Saïs der Schreiber von dem heiligen Schatz der Athene. Doch der schien mir jedenfalls zu spaßen mit seiner Behauptung, er kenne sie genau. Er sagte aber so: Es seien da zwei Berge mit spitz zulaufenden Gipfeln, die lägen zwischen der Stadt Syene [Assuan, A.d.A.] in der Thebaïs und Elephantine, und diese Berge hießen der eine Krofi, der andere Mofi. Die Quellen des Nils nun seien unergründlich und strömten aus der Mitte zwischen diesen Bergen hervor, und die eine Hälfte des Wassers laufe nach Ägypten zu und gen Norden, die andere Hälfte aber nach Äthiopien und Süden."

Diese Erzählung deckt sich ganz ohne „Panne" mit unseren Erkenntnissen! Der Schrein von El-Arisch erzählt ebenfalls von solchen Dingen, daß nämlich Geb die Gaue, die „auf" ihm existieren, nach einem altem Vorbild gründete. Geb forderte:[1196]

„Sagt mir die Stätten, die in der Zeit des Re entstanden sind und die seine Majestät auf der Erde aufgeführt hat... Sagt mir (auch), welches die Gaue sind, in denen die Majestät des Schow während seiner Regierung gebaut hat. Ich nenne (euch dann) die Stätten aus der Zeit der Majestät des Re in allen Gauen, in denen die Majestät des Schow gebaut hat, die

ich von neuem aufzubauen (beabsichtige), und die ich während meiner Königsherrschaft zu fördern wünsche."
Ich bin mir natürlich im Klaren darüber, daß dies wieder einmal unglaublich scheint. Ich hätte es auch gar nicht erwähnt, wäre ich nicht zufällig über weitere Texte gestolpert, die dies abermals so klar aussagen.
Die Rede ist zunächst von der berühmten „Hungersnot-Stele". Sie soll ein Erlaß von König Djoser sein. Tatsächlich stammt sie aber aus ptolemäischer Zeit und befindet sich auf einem hochgelegenen Felsen auf der Insel Sehêl im ersten Katarakt. Der Inhalt soll uns nicht weiter interessieren. Die Beschreibung der Stadt Elephantine aber wohl. Dem dort zuständigen Gott Chnum sind wir schon als Schöpfergott auf Nun begegnet, so daß wir erste Anhaltspunkte über die Bedeutung dieses Ortes haben – er steht für Nun oder den Planetoidengürtel. Da heißt es unter der Überschrift „Über die Stadt Elephantine und den Nil":[1197]
„Inmitten des Stromes liegt eine Stadt, (von welcher) der Nil aufsteigt, namens Elephantine. Es ist die erste Anfangsstadt, der Anfangsgau gegen Wawat zu, der Beginn des Landes, die Höhe des Geb. Es ist der Aufstieg des Re, wenn er gepriesen wird, um Leben zu jedermann hinzuwerfen. Der Name seiner Wohnung ist ‚(das Haus) mit angenehmen Leben'...
Chnum ist dort als Gott... Er ist aber dort als ‚Schow, der auf dem Ufer in der Umgebung wohnt', so wird er genannt. Er berechnet das Land von Ober- und Unterägypten, um ihm den Anteil jedes Gottes zu geben... Er ist deshalb ‚der (Gott), der auf dem Ufer wohnt', weil Schow auf die Höhe gesetzt ist. Sein Tempel ist nach Südosten offen, und Re geht ihm gegenüber täglich auf. Auf seiner Südseite ist für eine Meile das ‚Wasser ungünstig' (für die Schiffahrt)."
Leider sind wieder einmal wichtige Stellen zerstört oder durch die mangelhafte Kenntnis des Schreibers unleserlich. Dennoch ergibt sich ein klares Bild. Dort am Nun befand sich der „Anfangsgau" der Erde, und dort steigt Re auf. Schu wohnt tatsächlich auf einer Art „Insel" in der Umgebung. Ihm gegenüber geht Re auf. Südlich davon ist das Wasser für die „Schiffahrt" tatsächlich „ungünstig" – dort befinden sich nämlich die Planetoiden...

Wer Ägypten ein wenig kennt weiß, daß auch in Esna, also deutlich in Oberägypten, ein bedeutender Chnumtempel steht, was dem „Nachbau der Welt" zu widersprechen scheint – er wäre besser ein „Schutempel". Der Chnumtempel von Esna besticht durch seine merkwürdige Lage – neun Meter unter dem Straßenniveau weht kein Lüftchen und dementsprechend sind die Temperaturen dort unten. Nur die Vorhalle des ptolemäisch-römischen Tempels, der für einen Vorgänger aus der 18. Dynastie erbaut wurde, existiert heute noch.

Statt einer Darstellung des Chnum vor der Töpferscheibe fand ich an der Außenseite wohl eher Chnum als „Seele des Schu", denn die Szene zeigt, wie König Domitian vor Chnum Feinde niederstreckt[1198] – er ist hier augenscheinlich ein Kriegsgott! Zurück von Ägypten, überprüfte ich diese Überlegung sofort in Bonnets „Reallexikon". Tatsächlich schreibt er, daß der Chnum von Esna der „Ba des Schu" ist, und:[1199] „Vor allem hat sich aber die Deutung als Schu an den Chnum von Esne geheftet."

Doch nun zu einem weiteren Text dieser Gattung, der das oberägyptische Kom Ombo betrifft. Es ist geradezu herrlich, wie dieser Text kosmische Kulissen auf ägyptischem Boden vorführt:[1200]

„Dieser Gau heißt *Nb.t*, und Re gelangte zu ihm, als er von Elephantine her kam. Er verbarg sich (hier) vor jenen Aufständigen. Schu aber war an diesem Orte in seinem Namen ‚Horus der Große'.

Re sprach zu Thot: ‚Es soll mir einer von den Göttern genannt werden, der gegen diese Feinde zieht, ein Gemetzel unter ihnen anrichtet und keinen von ihnen am Leben läßt.' Thot sprach: ‚Haroeris, der an diesem Orte sich befindet, ist Schu, der Sohn des Re. Er ist der Herr des Gemetzels auf der ganzen Erde. Er soll gegen sie ziehen und ein Blutbad unter ihnen anrichten.'

Da wurde er von Re gerufen, und Re verlieh ihm seine Kraft... Er kämpfte mit den Feinden seines Vaters und vernichtete sie sogleich an diesem Orte."

Mehr als einmal erfahren wir hier, daß Schu „an diesem Orte", nämlich in Oberägypten, residiert. Seine Feinde sind augenscheinlich auf der Erde, und da es auch die Feinde des Re sind, kann es sich nur um Seth und seine Gefolgschaft handeln.

Jetzt wird klar, was die Verteilung „der beiden Länder“ zwischen Horus und Seth eigentlich bedeutet. Horus erhält die Erde selbst, und da Geb die Rote Krone trägt, ist Horus bis in die geschichtliche Zeit der Gott Unterägyptens. Das war sein Vermächtnis. Das Vermächtnis der geschichtlichen Ägypter aber war es, dieses „echte“ Unterägypten vom Bau der großen Pyramide bis 3100 v. Chr. als solches zu verwalten.
Mit Menes beginnen die Ägypter das kosmische Drama „nachzuspielen“. Von Oberägypten aus wird Unterägypten vereinnahmt – im Zeichen des Horus, von dem es in Edfu heißt:[1201] „Ich bin vom Himmel gekommen, ich bin zur Erde hinabgestiegen mit den Geheimnissen desjenigen, der im Horizont ist.“ Zum Zeichen seiner Verdienste um das Königtum des Re wird die geflügelte Scheibe in ganz Ägypten zum Schutzsymbol. In Edfu ist der König daher der Erbe des Schu. So heißt es dort in einer Beischrift zum König:[1202]

„Der vollkommene Gott, Erbe des Schu
und Abbild des Fürsten der Götter (Geb)...“

In einer Aufzählung der Namen und Titel des Falken von Edfu erfahren wir die ganze Reihenfolge der Horusdynastie:[1203]

„Die Erburkunde, die Re seinem Sohn Schu gegeben hatte,
hat dieser seinem Sohn Geb gegeben,
Geb hat sie für (Onnophris, selig) [=Osiris, A.d.A.] ausgestellt,
und der gibt sie (nun) weiter an seinen Sohn Horus Behedeti,
den großen Gott und Herrn des Himmels.“

Mit dem himmlischen Königtum kam aber nicht nur die Gefolgschaft des Horus auf die Erde, sondern mit ihnen Ma’at. Dieser schwierige Begriff, der wohl richtig eher *mw3*ʾᶜ*t* zu lesen war,[1204] wird meist mit „(Welt-)Ordnung“, „Gerechtigkeit“, „Wahrheit“, usw. übersetzt und gilt sowohl im kosmischen als auch im irdischen Sinn. Die Göttin Ma’at wird, zunächst zu meiner Überraschung, mit der Feder des Schu symbolisiert. Damit erhält sie eine Verbindung zu ihm in seiner Bedeutung als Luftgott.

Daher wird Ma'at „eingeatmet" und ist „die Atemluft für die Nase". Jan Assmann schreibt in seinem gleichnamigen Buch „Ma'at – Gerechtigkeit und Unsterblichkeit im Alten Ägypten":[1205] „Atemnot ist im Ägyptischen die zentrale Metapher für Not und Bedrängnis", womit das Band zwischen Schu und Ma'at sehr eng wird. Wie Schu, der den Himmel stützt, ist auch diese Göttin ein Garant für die Weltordnung. Assmann schreibt weiter:[1206]

„Wie Atmen und Sehen die Lebensäußerungen par excellence, so sind Luft und Licht die fundamentalen Lebenselemente. Schu ist der Gott der ‚lichterfüllten Luft', sein Symbol ist die Feder, und dies ist auch die Bedeutung der Ma'at-Feder. Schu und Ma'at sind nicht nur Luft- sondern auch und vor allem typische ‚Lebensgottheiten'."

Dann kann doch aber dieser Text, den Assmann später ohne Zusammenhang dazu zitiert, nur von unserer Landung auf der Erde berichten:[1207]

„Die Göttin Maat"

Quelle: E. A. Wallis Budge: From Fetish to God, 1934, S. 211

„Ma'at war aus dem Himmel gekommen
zu ihrer (der Urgötter) Zeit
und vereinigte sich mit dem Irdischen."

Oder die Variation zur zweiten Zeile aus Edfu:[1208]

„In dieser Zeit lebten die Götter ja noch auf der Erde."

Es läßt sich also sagen, daß mit dem Sieg des Horus die Ma'at auf Erden Einkehr hielt. Auch das ist ein Teil des Heruntertransferierens der „himmlischen Angelegenheiten". Betrachten wir uns darum einmal die faszinierenden Gausymbole Ägyptens.[1209] Da finden wir sogleich für Nechen zwei solcher Federn wie sie für Schu oder Ma'at typisch sind. Dasselbe gilt für Abydos, wo doch der dort ansässige Gott Onuris ohnehin die besten Beziehungen zu Schu hegte und oft vier solcher Federn als Kopfschmuck trägt! Natürlich, denn an keinem anderen Ort ist die Verbindung Onuris-Horus-Schu-Ares so gefestigt.
Achmim, die Heimat des horusnahen Gottes Min, zeigt uns etwas später ebenfalls diese Feder. Das wiederum oberägyptische Kynopolis präsentiert uns Anubis mit der Feder über dem Rücken. So finden sich die oberägyptischen Kultorte als „Haus" oder „Sitz" des Schu, nämlich: Kom Ombo, Dendera, Edfu, Kus, Elephantine, Hierakonpolis, Armant, usw.
Blicken wir nach Unterägypten, treffen wir nur zweimal auf diese Feder. Das ist zunächst Saft el Henne, wo der Falkengott Sopdu verehrt wurde. Von ihm heißt es treffend:[1210] „Schu ist dort als Sopdu, der die Asiaten schlägt", also ist er als typischer Kriegsgott vertreten, der natürlich dem Horus angeglichen wird.
Die zweite Stätte ist Kom el Hisn an der Westgrenze des Deltas. Dort ist es der „Horus von Libyen,[1211] der durch sein Beiwort „mit erhobenem Arm"[1212] deutlich genug als Kriegsgott erscheint. Dieser vollführt den Kampf, vom Mars kommend, auf unterägyptischem Boden weiter.
So steht also unsere Ma'at, in der wir die „göttliche" Ordnung schlechthin sehen können, auch für die Anordnung der Gaue selbst. Darüberhinaus steht sie nicht nur mit Schu in starker Verbindung, sondern, und das bringt uns eigentlich zu unserer ursprünglichen Fragestellung zurück, mit Thot. Bonnet notierte zu Thot treffend wie immer: „Selbst in Schreibweisen und Amuletten der Spätzeit findet es einen Widerhall, indem sie das Bild des Ibis mit einer Feder, dem Symbol der Ma'at, verbinden."

Und:[1213] „Hierogrammaten nannten die Alten eine Kategorie von Priestern, die etwa die Stellung von Schriftgelehrten einnahmen... Sie trugen eine Feder im Haar...!"
Ma'at wird dabei sogar zur Gemahlin des Thot, ist er doch selbst für die Umsetzung derselben verantwortlich![1214] Fassen wir alle diese Punkte zusammen, dann ergibt sich eine zwar oberflächlich verdeckte, doch ganz klare Aussage über den Herkunftsort der Ma'at. Die Punkte heißen Schu und Thot, oder Henoch und Mars! Dieser auserwählte Mensch, welchen Namen wir ihm auch immer geben mögen, brachte das Wissen über die Ma'at, über die himmlische „Ordnung", nach langer Zeit wieder auf die Erde. Nach diesem Prinzip funktionierte nicht nur das ganze ägyptische Denken, auch das außerhalb der Religion, sondern auch unsere eben beschriebene Ordnung der ägyptischen Gaue, die nach dem kosmischen Prinzip in zwei Teile zerlegt werden mußten.[1215]
Durch diese Projektion der Ereignisse vom „Himmel" auf die Erde wird die Kritik von Kees an der geschichtlichen Verwertbarkeit des Horusmythos' von Edfu klar. In seiner „Kultlegende" faßte er am Schluß zusammen:[1216] „Als Zeugnisse vorgeschichtlicher Kämpfe kommen die Kampfplätze der Horusmythe nicht in Frage." Zuletzt geht es nämlich darum, daß die im Mythos genannten Stätten in der Vorgeschichte meist keine Rolle spielten, oder da noch gar nicht existierten. Dieses „Problem" ist völlig ausgeschaltet, wenn wir uns durch die obigen Zitate vergewissern können, daß damit Stätten in einer unbekannten Vergangenheit gemeint waren. Diese Stätten lagen zwar zu einer Hälfte auf der Erde, doch sind sie natürlich längst mythische Stätten, die der Zahn der Zeit oder gar viel schlimmere Dinge (siehe unten) aus der Welt gefegt hat. Die anderen Stätten sind, wie es in der Hermetica so schön gesagt wurde, vom „Himmel" auf die Erde transferiert – also auch nur noch mythische Stätten. Kees meinte:[1217] „Es bleibt also dabei, daß die Kampforte, wie es Maspero ausgesprochen hatte, ‚theologische' aber keine strategischen Festungen sind." Das geht natürlich nur, wenn Ägypten wirklich das „Abbild der Welt" ist, und ich glaube die oben zitierten Stellen – wenn sie auch (noch) nicht zahlreich sind – zeigen das ganz klar.[1218]
Es gibt nun noch eine recht sichere Quelle für die Gleichsetzung der

Weißen Krone mit Schu, die hier nicht unerwähnt bleiben darf. Es ist ein Bestandteil der sogenannten „Augensagen". Diese Sagen – es ist sicher mehr als eine – bildeten die Grundlage für Junkers Untersuchungen[1219] über die Horuskultstätten, die uns hier so herrlich weitergeholfen haben, weil Schu hier die dominante Rolle spielt.
Es gilt zunächst festzuhalten, daß die Kronengöttinen Nechbet (Oberägypten) und Uto (Unterägypten) mit den Augen des Himmelsgottes verschmolzen sind. Wir stellen weiter fest, daß Schu das rechte Auge darstellt,[1220] und genau um dieses dreht sich die Augensage. Dann verstehen wir diese Inschrift aus Edfu:[1221]

„Sohn des rechten (Geier-Auges) in Nechen,
Erbe des linken (Schlangen-Auges) in Dep und Pe."

Unsere Gleichsetzung Schu=Oberägypten und Geb=Unterägypten hat hiermit eine gesicherte Basis bekommen, die von keiner Seite aus mehr angegriffen werden kann. Es erklärt sich außerdem, daß die kosmischen Götter Geb, Schu und Nut über keinen Tempel in Ägypten verfügen. Das Land selbst ist ihr Tempel!
Nun hält man die Augensage jetzt meist für eine Sage, die vom „Füllen" des Auges (zunehmender Mond) oder vom „Leeren" desselbigen handelt. Danach wäre zum Beispiel der abnehmende Mond mit dem „Finger" des Seth gleichzusetzen, der die Dunkelheit über den Mond bringt.
Das ist freilich eine Interpretation, die auf der heliopolitanischen Vermischung zwischen Atum und Re beruht. Aber sollten die alten Ägypter ihre ganzen ausschweifenden kosmischen Vorstellungen, ihre beiden tief eingebetteten Reiche und den ganzen Mythos über das Königtum auf der Basis der Mondphasen errichtet haben, während eine geheimnisvolle Stadt auf dem Mars auf eine Erklärung wartet?
Die Gelehrten selbst, und somit auch Junker, haben stets auf den Zusammenhang zum Königtummythos hingewiesen, der bereits in den Pyramidentexten fest mit der Augensage verbunden ist. Daß sich dahinter meterhohe Widersprüche verbergen, ist bisher nicht richtig zur Geltung gekommen. Ich glaube kaum, daß die geschichtliche Gestalt, die sich hin-

ter Menes verbirgt, sich mit den Mondphasen auseinandergesetzt hatte bevor er die Einigung des Reiches vollzog.
Otto meint daher:[1222] „Andererseits kann das Auge als das von Seth, dem Herrn von Oberägypten, geraubte und nun in seinem Besitz befindliche auch mit der oberägyptischen Krone und ihrer Göttin identisch sein. Wenn sich im Ritual der König die oberägyptische Krone nimmt, so ist sie deshalb das von Seth geraubte Horusauge."
Sethe bemerkte sinnreich und treffend zu unserem geheimnisvollen zehnten Planeten und der Augensage:[1223]
„Die Sonne ist das rechte, der Mond das linke Auge dieses augenscheinlich unsichtbaren Gottes... Wir kommen also zu der seltsamen Konsequenz, daß das Tagesgestirn, das eigentlich selbst die Verkörperung der ganzen Person dieses Gottes war, nun nur das eine seiner beiden Augen darstellen soll."
Hinter diesem „Tagesgestirn" verbirgt sich natürlich unser Atum, der freilich „unsichtbar" ist. Die beiden Augen sind nicht Sonne und Mond, es sind Mars und Erde,[1224] und die bedeutenden Kultstätten, die von dieser Sage berichten, sind „theologische Festungen", die ganz nach ihrem Aufgabengebiet das Land Ägypten unter sich aufteilten, so wie die Ma'at das „Abbild der Welt" im Land am Nil einrichtete.

Eine verlorene Zivilisation

Diesen letzten Abschnitt dürfte ich eigentlich nicht schreiben. Zu wenig verstehe ich von geologischen und anderen Zusammenhängen, und um die geht es hier. Wenn ich jedoch behaupte, daß einst eine raumfahrende Zivilisation vom Mars auf die Erde „hinaufstieg", stellen sich doch einige eklatante Fragen: Wo sind sie geblieben? Wo sind die Reste der „anderen" Menschheit?
Einige Dinge müssen auch erwähnt werden wenn wir über die Folgen dieses Krieges nachdenken, der in den Texten ständig auftaucht. Eines ist nämlich sicher: Von dieser Menschheit, die damals auf die Erde kam – über den Zeitrahmen wissen wir rein gar nichts – blieb nicht das geringste Zeugnis erhalten. Die ganze Zivilisation mit all ihren Errungenschaf-

Vor dem Eingang zum Taltempel. Die gut erhaltene Granitverkleidung paßt sich den verwitterten Steinen an. Zweifellos haben wir es hier mit zwei verschiedenen Bauphasen zu tun.

In der südöstlichen oberen Ecke des Vorraumes im Taltempel findet man überdeutliche Spuren von Auswaschungen. Wieder sieht man deutlich die stark dezimierte oberste Steinlage.

Die Steine des Kernmauerwerks der zwei größten Pyramiden und der Tempel wurden um die Sphinx herum abgebaut. Die Wasserrinnen um diesen Einschnitt deuten auf das Alter des Bruchs: Es muß damals noch heftig geregnet haben.

Ein reichlich merkwürdiges Phänomen zeigt die Granitverkleidung an den unteren Lagen der Mykerinos-Pyramide. Besonders in der 5. und 6. Lage erkennt man jeweils in gleichbleibender Höhe kleine Vorsprünge an den Steinen. Dasselbe Phänomen trifft man an den ebenfalls gewaltigen Steinen in Peru an. Dort heißen diese rätselhaften Beulen „Jetas". Ob sich dahinter das Geheimnis der verwendeten Technik verbirgt?

Fast direkt auf die Zeit des Cheops folgte die 5. Dynastie. Diese kümmerlichen Reste zeigen die Pyramide des ersten Königs dieser Dynastie – Userkaf. Bisher hat man sich zuwenig Mühe gegeben, diesen eklatanten Unterschied zu erklären: Auf das letzte der sieben Weltwunder folgte ein primitiver Steinhaufen!

Auf dem Gizehplateau muß es einen Hathorkult gegeben haben. Diese Triade aus Schiefer zeigt Mykerinos, rechts mit der Gaugöttin und links mit Hathor. „Hathors Westberg" ist also eine sehr wohl wahrscheinliche Bezeichnung für die Große Pyramide. Auch zwei weitere dieser Triaden wurden von Georg Andrew Reisner bei seinen Ausgrabungen in Gizeh gefunden. Hathor ist stest dabei.

Große Galerie in der Großen Pyramide aufwärts.

Im Inneren der Pyramiden der 5. und 6. Dynastie fanden sie die ältesten religiösen Texte der Menschheit – die Pyramidentexte. Dieser Ausschnitt stammt aus der Grabkammer der Pyramide des Teti. An der Decke befinden sich die obligatorischen fünfzackigen Sterne.

Malerisch liegt heute der Tempel der Isis von Philae auf seiner neuen Heimstatt. Das letzte Bollwerk des ägyptischen Glaubens muß vor den Fluten des Assuan-Staudammes gerettet und auf einer benachbarten Insel Stein für Stein neu aufgebaut werden.

Im äußeren Umgang des Horus-Tempels von Edfu findet sich eine große Erzählung über den Kampf und Sieg des Horus über Seth, wie einst eine andere Menschheit vom Mars auf die Erde herabkam, um dort die beiden „Länder“ zu vereinigen. Dieser Ausschnitt zeigt Horus, wie er das Nilpferd Seth mit seiner „Harpune“ vernichtet.

Im Innern des Horus-Tempels von Edu. Vor der Säulenhalle aus geht der Blick zum Naos im Sanktuar. Wie die „Entlastungskammern“ in der Großen Pyramide erhebt er sich mit pyramidenförmigen Abschluß und besteht ganz aus Granit. Die Säulenhalle zeigt die verdeckt tragende Funktion der Pfeiler. Dieser Teil des Tempels symbolisiert Schu, den Mars, wie er den Himmel „stützt“.

In fast allen oberägyptischen Kultstätten trifft man Schu, den Mars, mit seiner charakteristischen Feder. Hier in Kom Ombo heißt es von ihm: „Die Stätte war die Stätte des Schu am Uranfang. Sein Vater Re kam zu ihr und verbarg sich (dort) vor seinen Feinden… Da nahm Schu die Gestalt des Horus an, des mit schlagenden Arm, der seinen Speer hält; er tötete sie sofort in diesem Gau… Falke nennt man darum den Schu mit Namen in dieser Stadt“.

ten, inklusive der Raumfahrt, blieb nicht einmal eine Erinnerung. Die Gründe dafür können vielschichtig sein. Da ist zum einen die schlimme Wunde, die Geb zugefügt wurde nachdem er das Königtum von Schu übernahm:[1225]

„Da fuhr der ‚Erdsohn' (Schlange) heraus und blies seinen Atem mit sehr großem Unheil (Gift) gegen die Majestät des Geb. Seine Begleiter starben, und die Majestät [des Geb] war versengt [durch den Gluthauch]."

Ich hielt es für möglich, daß wir es hier mit dem Endkreideimpakt zu tun haben könnten, dem außer den bekannten Urzeitriesen scheinbar auch eine Menschheit zum Opfer fiel. Aber das ist natürlich, wie so vieles, reine Spekulation.

Die Maya aber kannten seltsamerweise eine Zeitrechnungseinheit mit dem Namen „Alautun", das zufällig gerade 64.000.000 Jahre dauerte. Das ist genau die Zeit, die seit dem Aussterben der Dinosaurier durch eben diese Katastrophe verging.[1226] Dazu kommt, daß der größte Mayazyklus 400.000.000 Jahre dauert,[1227] eine Zahl deren praktische Anwendung schlechterdings unmöglich wäre. Das wiederum kommt aber der Zeit der ersten Spuren, die durch die „Verbotene Archäologie" gemacht wurden, doch ziemlich nahe. Wir kennen doch diese Zyklen aus der Geologie. Wir haben hier nämlich Einschnitte in das Leben vor 370.000.000 Jahren, aber auch noch vor 250.000.000 Jahren, wo man sicher weiß, daß auch das Festland betroffen war.[1228] Wir wissen von vielen derartigen Katastrophen, aber nicht was der Auslöser war, oder wie sie sich im einzelnen manifestierten.

Selbst wenn wir Hoaglands Berechnung der Marsstadt mit 500.000 Jahren annehmen, kann man sicher sagen, daß wir Reste einer solchen Zivilisation auf der Erde nicht finden können. Wer könnte schon sagen, was in so einer Zeit von einer Stadt wie Mexiko-City bliebe? Rein gar nichts! Und wenn diese Stadt dann noch gewaltsam zerstört wurde bevor die Natur selbst ihr Werk tat, dann noch viel weniger. Lagen ihre Städte vielleicht gar auf Teilen der Erde, die heute im Ozean versunken sind? Alle diese Fragen stellten sich, und je länger ich mich damit beschäftigte, desto unwahrscheinlicher wurde es, daß wir die Chance auf einen Fund erhalten würden. Trotzdem scheint es doch einige zu geben...

Ich habe nach Thompsons und Cremos Buch „Verbotene Archäologie“ ein wenig in der Geologie unseres Planeten gestöbert. „Das neue Bild eines alten Planeten“ war dabei eine reichlich interessante Quelle. Der Autor Tjeerd H. van Andel schreibt da:[1229] „Wir behalten Zeit übrig, die wir nicht füllen können.“ Es lassen sich, habe ich dort erfahren, nicht alle Zeiten aus den geologischen Schichten ablesen. So haben sich zum Beispiel an der Golfküste von Kalifornien nur 100.000 Jahre geologisch niedergeschlagen. Das tatsächliche Alter dieser Region liegt aber bei 6 Millionen Jahren. In den fehlenden 5,9 Millionen Jahren wäre auch eine Stadt wie Mexiko-City spurlos verschwunden. Nach den hier genannten Zeitmaßstäben wäre selbst das nur ein Augenblick.
Der eine oder andere Leser mag sich dabei vielleicht an einen alten Klassiker erinnern: „Planet der Affen“. Ich mochte den Film wegen seiner trüben Aussichten nie besonders. Andererseits gibt es hier Parallelen, die richtig erschrecken.
Es ist bekannt, daß die Affen den Menschen sehr nahe verwandt sind. Weiter wissen wir, daß die Wissenschaft seit langem das „Missing Link“ sucht, die Verbindung zwischen den Affen und den Vormenschen. Nach dem Endkreideimpakt, dem die Dinosaurier zum Opfer fielen, gewannen die Säugetiere auf der Erde die Oberhand. Unter ihnen die Ordnung der Primaten, zu denen auch Affen, Halbaffen und Menschen gehören.[1230] Was nun, wenn der Mensch nicht vom Affen, sondern der Affe vom Menschen abstammt? Völlig verrückt, nicht wahr? Genau das glaubten aber die Azteken!
Wie viele der alten Völker – das wäre übrigens eine Untersuchung wert – entwickelten die Azteken eine Vorstellung von verschiedenen Weltzeitaltern, wo es bereits vier „Menschenschöpfungen“ vor uns gegeben haben soll. In der vierten Weltperiode, „Vier Wind“ genannt, heißt es:[1231] „In diesem Weltalter wurde alles vom Winde fortgerissen; alle Menschen wurden zu Affen: Der Gott zerstreute sie in die Wälder, wo sie noch heute als Affen leben.“
Es bleibt aber noch zusätzlich eine andere Möglichkeit, die den Verbleib einer raumfahrenden Zivilisation vor so langer Zeit erklären könnte. Auch sie ist natürlich Spekulation. Dazu kommen wir um Science-Fiction-

Szenarien nicht mehr herum. Ich meine die Folgen des Krieges selbst. Ich meine die „Kampfschiffe“, die in Edfu erwähnt werden, ich meine die ganzen merkwürdigen Beschreibungen der Kriegsausrüstung. Das gibt es zum Beispiel ein „Kampfschiff“ mit dem Namen „Stirn des Horus“. Da heißt es an einer Stelle:[1232]

„Wütend wandte er seine Stirn gegen sie. Da konnten sie nicht mehr sehen mit ihren Augen, nicht mehr hören mit ihren Ohren, und einer tötete den anderen im Bruchteilt eines Augenblicks, so daß keiner von ihnen mehr lebte.“

„Die Waffe des Horus“

Quelle: Adolf Erman: Die Religion der Ägypter, Berlin, 1934, S. 375, Abb. 154

Wir kennen doch heute selbst wieder solche Waffen. An anderen Textstellen werden seltsame Geräte beschrieben, die wie eine unbeholfene Rede zu technischem Equipment anmuten. Selbst im Totenbuch finden wir so merkwürdige Hinweise:[1233]

„Horus ist das, er ist ein Falke,
tausend Ellen in seiner Länge,
zweitausend Leben
sind als Ersatz in seiner Hand.“

Ich will hier nicht herumspekulieren, was man in solchen Textstellen sehen könnte oder auch nicht. Nur, Falken mit mehr als 500 Meter Länge fallen nunmal auf!

Erinnern wir uns weiter daran, daß der Mars ja ohnehin ein Kriegsgott ist, der bei seinem Erscheinen den Untergang auszulösen vermag. Das war sein eigentlicher Charakter. Denken wir einfach an den babylonischen Nergal, der dort der Marsgott war. Er trägt hier den Beinamen „der gewalttätigste unter den Göttern".[1234] Esarhaddon, der Sohn Sanheribs, der Sohn Sargons, der ein Marsheiligtum errichtete, schrieb:[1235] „Nergal, der allmächtige unter den Göttern, der Glanz, welcher Angst, Schrecken und Ehrfurcht einflößt."

Assurbanipal, ein anderer Enkel Sanheribs, schrieb:[1236] „Nergal, der vollkommene Krieger, der mächtigste unter den Göttern, der hervorragende Held, der mächtige Herr, der König der Schlacht, der Herr der Macht und Gewalt, der Herr des Sturms, der Niederlage bringt." Namen wie „Der rasende Feuergott", „Herr der Zerstörung" oder „Licht, das vom Himmel flammt"[1237] erwecken doch nachhaltig den Eindruck, daß die Zerstörung auf der Erde, die mit dem Krieg einherging, beträchtlich gewesen sein muß. Unsere Vorstellungskraft wird ja, den Göttern sei Dank, durch Hiroshima und Nagasaki begrenzt. Unsere heutigen Mittel erlauben ganz andere Maßstäbe. Wir sehen hier den Untergang einer Zivilisation im fortgeschrittenen Raumfahrtzeitalter! Nicht umsonst heißt es von Nergal:[1238] „Den Himmel macht er dunkel und hebt die Erde aus den Fugen." Oder:[1239] „Nergal...läßt die Erde erschauern." Wir stellen dann auch noch fest, daß er der Gott der Pestilenz war:[1240]

„Strahlendes Gemach, das im Land glänzt...
Wer kommt Dir gleich?
Wenn Du einherfährst in der Schlacht,
Wenn Du niederwirfst, Deinem Blick,
Wer entränne da?
Deinem Ansturm, wer entkäme da?
Dein Wort ist ein mächtiges Fangnetz,
Ausgespannt über Himmel und Erde...
Sein Wort macht die Leute krank,
Die Leute schwächt es,
Sein Wort – wenn es droben seinen Weg nimmt -
Macht es das Land krank."

Denken wir doch noch einmal an Ägypten. Auch die Pyramidentexte scheinen doch zu bestätigen, welche Waffen hier verwendet wurden, welche Zustände nach dem Krieg herrschten:[1241]

„NN. ekelt sich,
wenn er die Erbrechen verursachenden Stoffe,
die in der Roten (Krone) sind mit der Zunge berührt.
Er ergötzt sich (aber),
wenn ihre Zauberkraft in seinem Leib ist."

Dieses gewaltige Verderben durch den Mars finden wir in vielen Kulturen der Welt. Im chinesischen heißt der Mars Ying-Huo, das heißt „Feuerplanet".[1242] Und dann erst die Azteken, deren Gott Huitzilopochtli ich für den Marsgott halte. Sahagun beschreibt ihn als einen „großen Zerstörer von Städten und Vertilger von Menschen."[1243] Ich bin übrigens längst nicht der erste Verfechter dieser Gleichsetzung. Schon vor über hundert Jahren gelangte H. H. Bancroft in „The Native Races of the Pacific States" zur selben Schlußfolgerung:[1244] „Man könnte geneigt sein, die Hauptstadt der Azteken in Anbetracht ihres kriegerischen Geistes mit dem alten Rom zu vergleichen, und so wurde auch der Nationalgott der Azteken dem Kriegsgott der Römer gleichgesetzt."
Eine andere direkte Parallele fand Immanuel Velikovsky, dem an Homers „Ilias" so manches auffiel:[1245] „Diese Auszüge aus der Ilias zeigen, daß hier ein kosmisches Drama auf das Schlachtfeld von Troja projiziert wird." Was steht denn nun darin?
Homers Ilias quillt über vor Gewalttaten des Ares, dem „Verderber der Sterblichen". Hera, die Göttin der Erde, spricht zu Zeus:[1246] „Zeus, zürnst du nicht Ares wegen dieser Gewalttätigkeiten, daß er so leichtfertig hingemetzelt hat eine so große und stattliche Zahl von Achäern?"
Die Beschreibungen implizieren wieder geradezu die Verwendung der schlimmsten Waffen:[1247] „Gerade so wie schwarze Dunkelheit einhergeht vor den Wolken, wenn nach brütender Hitze ein brausender Wind aufkommt, gerade...ebenso erschien der eherne Ares, wie er inmitten der Wolken hoch am Himmel daherzog." Daher heißt es auch von Horus: „vor

dem die Erde bebt."[1248] Wie auch im ägyptischen Gegenstück der Sage, zieht hier Ares im ersten Waffengang den kürzeren. Im ägyptischen ist es dann Seth, „vor dem der Himmel zittert".[1249]

Die homerischen Hymnen belegen, daß Ares hier die Rolle des Mars spielte:[1250] „Allmächtiger Ares...heldenmütiger Fürst, der Du Deine feurige Bahn unter den sieben Wandelsternen im Äther ziehst, wo Deine feurigen Rosse Dich hinauftragen über den dritten Wagen." Das könnte so ganz nebenbei leicht eine Anspielung auf den Thronwechsel von Schu auf Geb sein.

Wollte ich unsere Erkenntnisse mit wenigen Sätzen auf den Punkt bringen, was wohl nur sehr unvollständig bliebe, dann hieße einer dieser Sätze etwa: Eine „andere Menschheit" kam einst vom Mars auf die Erde. Es gibt darauf tatsächlich noch einige Hinweise in anderen Kulturen. Ich erinnerte mich an den Davidstern, den sechszackigen Stern der Juden. Sollte dieser etwas mit unserem sechsten Planeten Mars zu tun haben?

Gleich neben „Der kleine Pauly" stand „Das Lexikon des Judentums" in der Bücherei, erinnerte ich mich. Dort steht unter dem Stichwort „Davidschild":[1251] „Der sechszackige Stern (Hexagramm)...als magisches Zeichen unerklärter Herkunft bei vielen Völkern nachgewiesen, bei Juden zuerst auf einem hebräischen Siegel in Sidon im 7. Jahrhundert v. Z. gefunden..." Vielleicht, dachte ich mir, ist die Herkunft gar nicht so unerklärt...

Ich möchte mit einem interessanten Fall des Synkretismus zum Ende gelangen. Wir haben vernommen, daß die fremden Götter, die in Ägypten Einzug hielten, von den damaligen Ägyptern nicht mehr in ihrer Bedeutung erkannt wurden. Es gab da aber einen Gott namens Reshpu, der aus Syrien einwanderte. Dieser war ein Gott des Lichts, des Feuers und der Pestilenz. Er müßte also unserem Schu entsprechen. Schon aufgrund dieser Beschreibung denkt man mit unserem Kenntnisstand doch gleich an den Mars. Es ist bezeichnend, daß wir ihn mit der Weißen Krone, Schild, Speer und Kriegsaxt finden. Weiterhin erstaunt seine Gleichsetzung mit dem Gott Min, der ja selbst nur eine Form des Horus ist. Budge, bei dem ich diesen Hinweis fand, schrieb dann weiter:[1252] „...und er wurde gleichgesetzt mit Shulmanu, einem assyrischen Gott des Krieges." An dieser Stelle scheinen die Ägypter genau gewußt zu haben, was zu tun war.

Vielleicht können wir nach diesem kurzen Exkurs etwas eher nachvollziehen, wieso diese Kultur für immer vom Erdboden verschwand, Gründe dafür mußten angeführt werden, denn der Leser wird sich sicher fragen, wo diese Kultur, die ich immerhin im Zeitalter der Raumfahrt sehe, denn abgeblieben ist. Es wird aber auch weiterhin sehr schwierig sein, so weit in die Vergangenheit zu blicken, wenn unser einziges Hilfsmittel aus der Religion alter Völker und sonderbaren „Dingen“ in unserem Sonnensystem besteht. Um mehr zu erfahren, müssen wir zu dem kleinen roten Planeten hinauf, der so voller Geheimnisse steckt, wie die Religion eines sehr alten Volkes am Nil.
Ich sehe das Gesicht auf dem Mars, ich sehe die geheimnisvolle Stadt mit ihren Pyramiden. Es ist Tag geworden über Cydonia. Die ersten Erkenntnisse über ihre Bedeutung haben wir gewonnen, den Kern der Wahrheit dabei sicher berührt. Aber ist da nicht noch mehr? Müssen wir nicht mit aller Kraft darauf hinarbeiten mehr zu erfahren?
Ich möchte schließen, wie ich begann, mit T. S. Eliot:[1253]

„Welches sind die Wurzeln, die greifen, welche Zweige wachsen
Aus dem steinigen Abfall? Du Menschensohn,
Du kannst es nicht sagen noch erraten, denn du kennst bloß
Einen Haufen zerbrochener Bilder.“

Nachwort

Ich wäre gestorben oder wahnsinnig geworden,
hätte ich nicht die Möglichkeit gehabt,
sofort nach Ägypten zurückzukehren.
Auguste Mariette, Begründer der französischen Ägyptologie

Nicht selten quälten mich Zweifel darüber, ob das von mir hier vorgebrachte Bild der Vorgeschichte nicht das Ergebnis meiner Phantasie war, statt eine Nachzeichnung tatsächlicher Ereignisse. Von solchen Gedanken wird freilich jeder Autor befallen sein, der irgendwie am Weltbild rüttelt. Doch mein Fall ist ganz ungewöhnlich. Mit einem einzigen Streich lege ich mich mit allen Gebieten der Wissenschaft an, obwohl ich mir das gar nicht leisten kann. Die Anthropologen werden nicht weniger erstaunt über meine Interpretationen sein als die Ägyptologen, Astronomen oder Geologen. Selbstverständlich weiß ich um die Schwierigkeiten meiner Darstellung, aber der Leser und ich, wir wissen auch von dem Wissen, das die alten Völker gar nicht haben dürften.

Ich überlege mir also wieder und immer wieder, wo sich denn ein entscheidender Fehler eingeschlichen haben könnte. Im Ganzen betrachtet, ist es die Identifizierung des Schu, die meinen Weltenbau von Grund auf absichert. Natürlich haben die Gelehrten keinen Moment daran gedacht, diesen Schu mit dem Mars gleichzusetzen, obschon sie wußten, daß es die Griechen taten. Für sie war es einfach nur der Gott der Luft – der Luft, die uns umgibt, die wir letztendlich atmen. Gleichzeitig bricht meine ganze Konstruktion in sich zusammen, wenn diese Auslegung sich als falsch erweisen sollte. Mit den passenden Beschreibungen des „Himmels“ allein, wird meine These nicht haltbar sein. Beides zusammen, also mit der Funktion der Großen Pyramide, ist sie aber auch schwerlich ganz zu widerlegen. War ich also nun verrückt oder nicht?

Wenn Schu nicht der Mars wäre, dann übertrüge sich die Folge auf alle anderen Aspekte: Nut ist nicht der Planetoidengürtel, Re nicht ein Planet, der durch sie zieht, Osiris kein Marsianer, usw. Aber ist denn nicht die Stadt auf dem Mars selbst Zeugnis genug für meine oder zumindest eine andere oder ähnliche Sicht der Dinge? Gibt es dort draußen nicht den merkwürdigen Planetoidengürtel? Liegt denn der Uranus nicht wirklich auf seinem „Bauch“? Vermissen die Astronomen nicht eine Atmosphäre auf dem Mars? Sind die Beziehungen des Schu zur Luft, die so herrlich passen, nur ein zufälliges Versehen? Ist das „Königtum“ des Schu nicht wirklich „leer“, wovon ein paar Ruinen zeugen?

Unter dem Strich bleiben natürlich viele offene Fragen, doch sind andererseits die tatsächlichen Fakten nicht zu übersehen. Zusammengenommen ergeben sie das Bild, das ich hier gezeichnet habe. Und es ergibt eine Einheit, und zwar dahingehend, daß die mythologischen Phänomene in der Realität existieren. Von diesen Phänomenen – zum Beispiel Uranus, Planetoidengürtel – hätte der Ägypter gar nichts wissen dürfen. Bei aller möglichen Abweichung von den wirklichen Ereignissen scheint mir, daß, wie das endgültige Ergebnis auch sein wird, es nicht weniger phantastisch klingen wird. Schon allein die Anlagen auf dem Mars selbst sind Garant genug, um sich mit allen Gebieten der Wissenschaft auseinandersetzen *zu müssen*. Es gibt keine „pflegeleichte“ Lösung, und dabei wird es bleiben – ganz gleich, ob andere Forscher in Zukunft zu anderen Ergebnissen kommen. Diese künftigen Forscher werden vielleicht noch viel „tollere“ Entdeckungen machen. Die Stadt auf dem Mars wird aber deswegen nicht verschwinden, sondern muß in alle Lösungen involviert werden.

Nicht anders verhält es sich mit den Monumenten in Gizeh. Was ist denn nun der/die Sphinx? Ist er König Chefren? Ich glaube tatsächlich, daß er niemand anderen wie Re, oder besser Atum, darstellt. Im Berliner Papyrus 3049 hat der Löwe jedenfalls dieselbe Beschreibung wie Re:[1254]

„Löwe, der den Himmel quert, ohne zu ermüden,
er ergeht sich im Lichtland des Himmels...“

Und im Berliner Papyrus 3055 ist es „der geheime Löwe, der dem Westberg vorsteht“,[1255] was sonst schließlich Res Aufgabe ist. Im Totenbuch heißt es zudem klar:[1256]

„Ich bin es, der den Himmel überquert,
ich bin der Löwe, bin Re.“

Hatte also der Löwenkörper auf dem Gizehplateau tatsächlich einen Löwenkopf? Es wird gar nicht anders sein können, und die Gelehrten werden sich mit diesem Phänomen auseinandersetzen müssen. Nicht nur weil da auf dem Mars etwas nicht stimmt, sondern vielmehr wegen der falschen Datierung dieser Skulptur und der daraus resultierenden anderen Bedeutung der umliegenden Bauwerke. Re als Löwe kann ja astronomisch gesehen nur ein Alter von rund 12.000 Jahren bedeuten. Solange aber keine Kultur dieses Alters gefunden wird, und daran wird sich nichts ändern, ist weiter mit dieser Pauschalablehnung zu rechnen – egal was die moderne Geologie dazu sagt. Damit beginnt ein gefährlicher Kreislauf…

Insgesamt spielen – über meine Ausführung hinausgehend – vor allem die Ägypter selbst die entscheidende Rolle. Daß Schu der Mars sein sollte, kann unmöglich der Phantasie der Griechen entnommen werden. Es ist also auch eine Frage des Respektes, den wir ihnen gegenüber zeigen. Wir werden sie wohl oder übel einfach als Lügner sehen müssen, wenn wir ihre Anschauungen nicht teilen. Das trifft nicht weniger auf die anderen Kulturen zu, die uns mit ihrem Wissen – speziell über das Sonnensystem – überrascht haben. Ob das aber eine „wissenschaftliche“ Methode wäre?

Nicht zuletzt wird das Ergebnis meiner Untersuchung von weiteren Unternehmungen zum Mars selbst abhängig sein. Das was dort gefunden werden wird, ist maßgebend für eine endgültige Anerkennung der neuen Umstände. Bis dahin wird alles Gesagte und Geschriebene wohl nur als andere Möglichkeit der Interpretation von Mythologie gesehen werden können. Wenn diese Reisen zeigen sollten, daß die Monumente auf dem Mars wirklich nur auf „Zufall“ beruhen, also nicht das Ergebnis einer intelligenten Rasse sind, dann freilich ist das hier Dargelegte nur Science-fiction – ein völlig wertloses Sammelsurium. Ist es aber mehr, so haben alle Gebiete der Wissenschaft für die nächsten Jahrzehnte eine neue Aufgabe erhalten. Das wird ein Umbruch sein, wie ihn die Menschheit nie erlebt hat, und es wird schwierig.

Zu diesem anderen Weltbild gehört auch die Anerkennung einer Gruppe von Sternenmenschen, die uns in der Vergangenheit besucht haben *müssen.*

Wenn heute noch gesagt wird, daß der Mensch sehr wahrscheinlich allein im All existiert, dann ist das so barer Unsinn, daß nur die menschliche Arroganz ihn hervorgebracht haben kann. Viel zuwenig haben wir den Faktor Zeit bis jetzt begriffen, und wir glauben immer noch, daß interstellare Reisen durch den Raum „unmöglich" wären, weil wir sie selbst noch nicht beherrschen. Daß eine Zivilisation eine Entwicklungsstufe erreicht haben könnte, die wir uns selbst in der Science-fiction nicht vorstellen können, wird gar nicht erst in Erwägung gezogen, obschon die letzten hundert Jahre Zeugnis abgelegt haben, wie schnell Entwicklungen auf allen Gebieten fortschreiten können. Aber wieder einmal glaubt man, die oberste Stufe schon erreicht zu haben, was angesichts fehlender Vergleichsmöglichkeiten erneut von Leichtsinn geprägt ist.

Nicht anders verhält es sich bei unbekannten Hochkulturen, die es lange vor unserer Zeit gegeben zu haben scheint, als man vom Mars auf die Erde kam. Es gilt also letztendlich auch, daß die Arbeiten von Thompson und Cremo widerlegt werden müßten.

Für mich selbst wird es eine Aufgabe für die nächsten Jahre sein, mehr Material zusammenzutragen, mehr Belege für meine These zu finden. Viel davon habe ich bereits gefunden, wollte aber den Leser, der hier ohnehin überfordert sein wird, damit noch nicht belasten. Die Arbeit wird ohne Unterbrechung weitergehen, bis eines Tages „echte" Beweise auf dem Tisch liegen. Die „Sonnenkammer" in der Großen Pyramide wäre kein schlechter Anfang, aber es sei noch einmal gesagt, daß ihre Existenz nicht zwingend notwendig ist. Aber es wäre phantastisch!

Nun denn, die Zeit drängt mich!

„Das unentdeckte Land" wartet...

Anhang I

Die Mysterienspiele

Mir sind zwei Feste bekannt, die im Altertum begangen wurden, und die augenscheinlich unsere Handlung zum Gegenstand haben. In der Ägyptologie hat es sich eingebürgert, hier von Mysterienspielen zu sprechen, obschon das eher auf die mittelalterlichen Ereignisse passen mag. Das eine Fest wurde in Ägypten begangen, das andere in Mesopotamien. Ihre Gemeinsamkeit liegt in der Bedeutung, die beide dem Mars zuwiesen.
Die ägyptische Version stammt von Herodot.[1257] Auf seinen Reisen im 5. Jahrhundert v. Chr. kam er in Papremis vorbei. Das war vermutlich ein Ort im Nordwestdelta in der Nähe von Saïs. Den dortigen Gaugott nannten die Griechen Ares. Kees sieht hier den Onuris als eine andere Form des Horus,[1258] und Frankfort nennt Horus direkt Ares, ohne den Umweg über Onuris zu beschreiten.[1259] Irgendwo habe ich gelesen, das sei der Kriegsgott Month. Nun spielt das keine große Rolle, weil es immer auf dasselbe hinausläuft.
Mein Interesse wurde geweckt, weil Ares hier als reiner Kriegsgott auftritt, und die Feier selbst den Kampf zwischen Horus und Seth darzustellen scheint. Herodot schrieb nämlich:
„In Papremis aber begehen sie beides, Opfer und heilige Bräuche, wie an den anderen Orten. Wenn die Sonne sich neigt, sind einige wenige Priester eifrig mit den Riten am Kultbild beschäftigt, die meisten aber halten Holzknüppel und stehen am Eingang des Tempels, andere aber, die Gelübde einlösen, mehr als tausend Mann, haben auch jeder einen Knüppel und stehen in einem Haufen gegenüber. Das Gottesbild nun, das in einem kleinen Gehäuse aus Gold steht, schaffen sie am Tag zuvor unter Geleit in ein anderes heiliges Haus. Und die wenigen, die bei dem Bild zurückgelassen sind, ziehen einen vierrädrigen Wagen, der das Gehäuse trägt und in ihm das Bild. Doch die, die in der Vorhalle stehen, lassen es nicht ein; die Leute mit dem Gelübde aber kommen dem Gott zu Hilfe und schlagen auf sie los, und die wehren sich. Da gibt's nun einen mächtigen Kampf mit den Stöcken und sie schlagen sich auf die Köpfe, und viele, möchte ich meinen, sterben an

den Wunden. Doch das geben sie nicht zu, es komme einer um."

Die Fortsetzung von Herodots Beschreibung des Festes zeigt dann klare Parallelen zu Horus, Sohn der Isis und des Osiris, auf. Dieser Ares ist genauso in der Ferne aufgewachsen wie Onuris „der die Ferne bringt" oder Horus, dessen Name manchmal mit „der Ferne" übersetzt wird. Der Einzug des Horus ist wohl der Kampf zwischen Horus und Seth.[1260]

„Diese Feier sei so in Brauch gekommen, sagen die Einheimischen: In diesem Tempel wohnte die Mutter des Ares, und Ares, fern von ihr aufgezogen, kam, als er großgeworden war, und wollte mit seiner Mutter Umgang haben, und die Diener der Mutter, da sie ihn ja vorher nicht gesehen hatten, wollten ihn nicht vorbeilassen, sondern hielten ihn zurück. Er aber holte Leute aus einer anderen Stadt herbei und richtete die Diener übel zu und drang ein zu seiner Mutter. Daher sei die Schlägerei für Ares Brauch geworden bei dem Fest, sagen sie."

Auch in Babylon feierte man entsprechende Feste. So ein Fest – und es ist das wichtigste von allen – war das Neujahrsfest. Die wesentlichen Teile gehen wohl auf sumerische Zeit zurück, so wie auch einige Namen sicher sumerisch sind. Diese Veranstaltung soll bereits in Uruk stattgefunden haben. Dieses Fest begann am ersten Tag des Monats Nisan, dem Frühlingsäquinoktikum, und es dauerte elf Tage.[1261]

An den ersten Tagen wurden verschiedene feierliche Waschungen vorgenommen sowie Gebete gesprochen. Am zweiten Tag begab sich der Urigallu-Priester vor die Statue Marduks, worauf – so glaubt man wenigstens – ein längeres Gebet folgte. Tatsächlich ist so gut wie nichts bekannt, da vor allem auch die Gebete so geheim waren, daß sie ausschließlich von dem Priester gekannt wurden, dem alle Geheimnisse oblagen. Auch die anderen Priester durften erst nach diesem Ritual eintreten.

Am dritten Tag fertigten Handwerker zwei Holzfiguren an, die in rote Gewänder gekleidet wurden, und von denen eine die Figur einer Schlange in der Hand hielt. Der darauffolgende Tag diente zur Ehrung eines Sternbildes, das unter der Bezeichnung „Pflugstern" bekannt war. Am Abend dieses vierten Tages wurde dann das ganze Epos der Weltschöpfung öffentlich vorgetragen – das Enuma Elish. Einige Gelehrte sahen hier ebenfalls eine Art mittelalterliches Mysterienspiel. Es wird aber weit mehr gewesen sein – zum

Beispiel eine chronologische Abfolge der Ereignisse. Leider wissen wir heute nicht mehr über die ersten Tage, was sich als sehr hilfreich erweisen würde. Am fünften Tag des Festes mußte der Urigallu-Priester den Gebeten fernbleiben. Dann wurde ein Schaf geköpft – vielleicht ein symbolischer Akt der Schöpfung – und mit dem kopflosen und blutigen Tier wurden die Wände des Tempels beschmiert. Die „Schwertträger", die das Tier geköpft hatten, mußten daraufhin beide Teile in den Fluß werfen und bis zum Abschluß der Feierlichkeiten auf dem offenen Land leben. Ein Baldachin, „Goldener Himmel" genannt, wurde dann an einer bestimmten Stelle des Tempels aufgestellt. Auch der König durfte jetzt auf der Bildfläche erscheinen, und wurde ins Innere des Heiligtums gelassen. Vorher jedoch, nahm ihm der Oberpriester sämtliche Königsinsignien ab, und er mußte sich so manche Unverschämtheit gefallen lassen, wie Ohrenziehen oder Wangenstreiche. Danach durfte er sich vor Marduk auf die Knie fallen lassen. Er mußte aber versichern, daß er im vergangenen Jahr weder Sünden begangen, noch daß er Esaglia oder Babylon vernachlässigt habe. Nach einer Ansprache des Urigallu-Priesters erhielt der König seine Insignien zurück, doch war es mit den Ohrfeigen noch nicht vorbei. Die Sache ließ sich jetzt erst richtig an, wenn dem König dann vor lauter Schmerzen womöglich sogar Tränen entwichen. Erst jetzt war Marduk zufrieden. Daraufhin wurde im Tempelhof ein Graben ausgehoben. Das dort vollzogene Ritual endete mit den Worten: „Göttlicher Stier, strahlendes Licht, das du die Dunkelheit erhellst."

Ich muß hier nicht alles kommentieren. Aus den Handlungen, nicht zuletzt aus dem Verhältnis König-Marduk lassen sich manche Parallelen ableiten. Die Fortsetzung wird jetzt richtig interessant. Es taucht nun der Gott Nabu auf, und der ist natürlich wieder unser Mars. Die Ereignisse leiten direkt über auf den sechsten (!) Tag, und Nabu kam aus Borsippa, um ebenfalls an den Feierlichkeiten teilzunehmen.

Es wurden nun symbolisch die Figuren in den roten Gewändern, die am dritten Tag angefertigt worden waren, enthauptet. Leider bricht der entscheidende Text an dieser Stelle ab, doch wissen wir aus anderen Quellen, daß die „Heilige Hochzeit" zelebriert wurde. Dieses ursprünglich sumerische Ritual soll die Grundlage für das babylonische Neujahrsfest sein. Der sumerische Name dieses Festes ist „Akiti", und das heißt treffend „auf der Erde baue Leben auf".[1262] Das Akitua-Haus lag außerhalb der Stadt, und die Prozession dorthin, bei der der König „die Hand Marduks hielt", führte durch das berühmte Ischtar-Tor.

Ich möchte kurz auf die ägyptische Augensage schwenken, die für mich immer noch ein Buch mit sieben Siegeln darstellt. Dem sumerischen „auf der Erde baue Leben auf" steht ein ägyptisches Motiv entgegen, das von den Gelehrten meist mit dem Königtummythos verbunden wird – das „Füllen des Auges". Dieses Füllen wird als Endsieg des Horus betrachtet. Damit kann nur das irdische Auge gemeint sein, und gefüllt wird das im ägyptischen Denken doch immer nur mit Königtum!

Es fällt nicht ganz schwer, wenn wir auch in diesem Fest mit Nabu die gewalttätige Auseinandersetzung zwischen Horus und Seth sehen, die dazu führte, daß auf der Erde „Leben" aufgebaut werden konnte.

Anhang II

Die Trennung des Himmels von der Erde

Es ist einem durchschnittlich gebildeten Menschen fast nicht zuzumuten, daß er den Akt der Schöpfung, wie ihn die Ägypter beschreiben, und wie ihn Sitchin in die Praxis umgesetzt hat, für bare Münze hält. Das Ergebnis weicht so fundamental von dem ab, was wir heute über die tatsächlichen Ereignisse herausgefunden zu haben glauben, daß es eher irrwitzig anklingt. Seit Sethe, der sein Modell niemals aus der ägyptischen Götterwelt herausgeschält hat, kamen mehrmals Forscher zu diesem Ergebnis, konnten es aber nicht astrophysikalisch erklären.[1263] Dies gelang erstmals Zecharia Sitchin, und das Ergebnis war – wie erwartet werden konnte –, daß seine Version nicht ankam.

Die Kritik an seiner Version war so stark auf das Leben auf dem 10. Planeten konzentriert, daß die Idee der Schöpfung selbst so in den Hintergrund rückte, daß nicht nur das Leben dort ausgeschlossen wurde, sondern grundsätzlich die Existenz eines solchen Planeten gar nicht erst möglich sein durfte. So unsinnig wie das Leben auf diesem Planeten war dann auch meist die Kritik. Es hat mich selbst viel Überwindung gekostet, aber die Hinweise in der ägyptischen Kosmogonie waren so erschlagend, daß ich, wo ich auch suchte, immer wieder Sitchins Version vorfand. Eine Ablehnung seines Modells wäre gleichzeitig der Untergang des meinen gewesen. Sie tragen sich gegenseitig über weite Strecken. Natürlich ist meine Lösung, daß der Mensch einst vom fünften Planeten kam, auch nicht gerade leicht zu verdauen. Es ist, wie es schon Uhlig ausdrückte, tatsächlich die „Grenze der Menschenwelt", und es ist auch die Grenze dessen, was selbst mit viel Mühe gerade noch glaubhaft scheinen mag, wenn ich den Ursprung einer anderen Menschheit auf einem fünften Planeten suche, der selbst nicht für möglich gehalten wird. Wir sitzen also weiterhin im selben Boot.

Sitchin hat gezeigt, daß die astronomischen Bedingungen der Umlaufbahn des 10. Planeten sich nicht von den Bedingungen der Kometen unterscheiden. Seine Existenz anzunehmen ist völlig unspektakulär, jedenfalls wenn man vom Akt der Schöpfung selbst absieht. Es gibt also keine Gründe –

jedenfalls konnte ich keine finden –, die vernünftig aufzeigen, daß dieser Planet in den Bereich des Unmöglichen gehört.
Es ist mir nicht möglich, das Für und Wider auf grundlegendem Wissen der Astronomie abzuwägen. Das geschieht im astronomischen Anhang durch jemanden, der es besser weiß als ich. Es ist mir aber etwas ganz anderes möglich. Wir erinnern uns, daß Budge sich sehr erstaunt darüber zeigte, daß die mythologischen Quellen der Ägypter und der Sumerer sich auf einem gemeinsamen Nenner treffen, und Roeder scheint dies als völlig normal anzusehen. Meine Idee war es also, daß wenn die Geschichte mythologisch bewiesen werden sollte, dann durch die Mehrheit aller alten Kulturen der Erde – ob nun die Möglichkeit einer gegenseitigen Beeinflussung gegeben war oder nicht. Damit käme zum Vermächtnis der Pyramiden auch das Vermächtnis der gleichen Grundlage, das zu ihrer Erbauung führte. Das wäre ein ungewöhnlicher, aber sicher tragfähiger Beweis. Wie könnten frühe Menschen der Erde, die durch Meere und Kontinente getrennt waren oder auch zu ganz verschiedenen Zeiten ihre Vorstellungen hegten, dieselbe Geschichte erzählen?...wenn sie nicht wahr sein könnte! Bei einigen der nun folgenden Beispiele ist eine kulturelle Verbindung völlig ausgeschlossen!
Das ist meine Art der „Beweisführung“.
Wir beginnen unsere kleine Weltreise bei den Dogon in Mali. Sie waren es, die Robert Temple in seinem ausgezeichneten Werk als Ausgangsbasis dienten. Sie kannten schon den Sirius B, der für das bloße Auge völlig unsichtbar ist, bevor ein Missionar dieses Wissen an sie hätte weitergeben können. Zunächst war es aber der französische Anthropologe Dr. Marcel Griaule, der sie 1931 besuchte. Entgegen allen Erwartungen verfügten die Dogon über eine umfangreiche Kosmogonie, die den Forscher derart faszinierte, daß er 1946 in Begleitung der Völkerkundlerin Dr. Germaine Dieterlen zu den Dogon zurückkehrte. Nach weiteren vier Jahren legten sie dann das Ergebnis ihrer Arbeit vor. Daraus ist zu entnehmen, daß sie die Vorstellungen über die Schöpfung mit den Ägyptern oder den Sumerern teilen:[1264]
„Sie [die Erde, A.d.A.] streckt sich nach Osten und nach Westen und löst ihre Glieder wie ein Embryo in der Gebärmutter. Sie ist ein Leib, das heißt ein Ding, dessen Glieder sich von der Zentralmasse gelöst haben... Auf diese Weise kam die erste Unordnung ins Universum.“

Schon diese erste Beschreibung ist an Deutlichkeit kaum zu überbieten. Temple, der sich eingehend mit den Dogon befaßte, zeigt, daß auch die Himmelsmechanik kein Geheimnis für diesen Stamm ist. Daß sich die Planeten um die Sonne drehen und nicht umgekehrt, ist selbst für uns noch eine relativ neue Vorstellung, und ich bin sicher, daß sich diese Erkenntnis noch nicht einmal in der breiten Masse der irdischen Intelligenz ganz durchgesetzt hat. Von den Dogon aber heißt es:[1265] „Jupiter folgt Venus, indem er langsam um die Sonne kreist." Den Saturn zeichnen sie richtig mit einem Ring, während sie nicht nur die vier hellsten Monde des Saturn kennen, sondern auch die Art ihrer Entstehung:[1266]

„Als (der Fuchs) verstümmelt wurde, floß noch Blut. Das Blut seiner Genitalien tropfte zu Boden, doch *Amma* (der Dogonschöpfergott) ließ es als vier Satelliten zum Himmel steigen, die *dana tolo* (=Jupiter) umkreisen..."

Wenn wir gleich sehen, was sich hinter diesem „Fuchs" verbirgt, scheint es so zu sein, daß auch diese vier Saturnmonde zur Masse des fünften Planeten zugerechnet werden müßten.

Temple schreibt weiter, daß unser Sonnensystem als „Plazenta Ogos" gesehen wurde (Ogo ist der Fuchs). Diese Plazenta galt als „unrein", was an unserer Erde liegen soll:[1267] „Bezeichnenderweise ist unser Planet Erde jener, Punkt, wo Ogos Nabelschnur an seiner Plazenta befestigt war...und erinnert an seine erste Niederkunft'." Obwohl Temple mit seiner Arbeit einen völlig anderen Zweck verfolgte, schreibt er doch mit seinen eigenen Worten was geschehen ist:[1268]

„Man erzählt, Nommo werde wiederkommen. Ein gewisser ‚Stern' werde wieder am Himmel auftauchen, um ‚Nommos Auferstehung zu bezeugen'. Bei seiner ersten Landung auf Erden ‚zerschmetterte er den Fuchs zum Zeichen seiner künftigen Herrschaft über die Erde, die der Fuchs geschaffen hatte'."

Diese Geschichte ist absolut kompatibel zur ägyptischen oder sumerischen Version. Eine andere Form kennen wir aus dem indischen Rigveda. Dort gibt es verschiedene Götter mit dem Namen Brahma, die sich durch ihre Aussprache unterscheiden lassen. Unser Brahma, der Schöpfer nämlich, wird auf der letzten Silbe betont. Welcher Brahma hier gemeint ist, liegt aber ohnehin auf der Hand:[1269]

„Nachdem er ein Jahr in dem Ei geruht hatte, spaltete Brahma es durch seinen bloßen Gedanken in zwei Hälften. Aus den beiden Schalen bildet er nun den Himmel und die Erde, dazwischen stellte er den Luftraum...so ordnete Brahma die Welt."

Wenn wir nun gedanklich den Namen Brahma weglassen, dann könnte der ganze Text auch in Form von Hieroglyphen irgendwo in Ägypten gefunden worden sein – so bestechend sind die fast wörtlichen Übereinstimmungen. Selbst der Luftraum, in dem wir niemand anderen als Schu sehen können, tritt mit derselben Funktion auf. Wußten Sie übrigens, daß der Planet Mars in Indien durch ein kupfernes Dreieck symbolisiert wurde?![1270] Wirklich toll!

Eines der geheimnisvollsten Bücher des Altertums überhaupt ist der Sohar, das heilige Buch der Kabbala. Man vermutet, daß er im 13. Jahrhundert entstand. Doch belegen die Texte selbst, daß es sich hier um das älteste Wissen der Menschheit handelt. Der Geheimcharakter läßt sich kaum übersehen, und teilweise hatte ich das Gefühl, als seien die Handlungsfäden absichtlich auseinandergerissen. Trotzdem finden wir das Motiv von der Trennung auf Anhieb und genial verpackt:1271

„Es gibt zweierlei Arten von Felsen,
und vom oberen Felsen ist der untere entsprungen.
Was ist der obere?
Der Fels aller Felsen...
Zur Vollendung der oberen Mutter...
und deshalb wird sie oberer Fels genannt."

Ganz deutlich, und mit herrlichen Anspielungen versehen, wird diese Stelle:[1272]

„Und sie (die Erde) ist wie ein Bräutigam, herauskommend aus seinem Baldachin, freut sich wie ein Held, zu laufen die Bahn... Und sie ist wie ein Bräutigam herauskommend aus seiner Umhüllung. Was ist seine Umhüllung? Eden... Eden ist die Umhüllung, die alles umhüllt... Vom Ende des Himmels ist sein Ausgang... Denn es hängt auch mit dem anderen Ende des Leibes zusammen...wie sie vollkommen ist von allen Seiten im Geheimnis von fünf Stufen, nach dem Vorbilde der oberen Mutter... Darum wird die

Lehre nun auch immer in fünf Worten eingeführt."
Der Sohar hat mich mit seiner „Verschachtelungstaktik" ganz besonders fasziniert. Deutlicher geht es kaum noch! Doch weiter:[1273]
„‚Und die Erde', indem nämlich jenes Verborgene auch diese Erde aus sich hervorgehen ließ, aber noch beschlossen in der Ganzheit ‚der Himmel', so daß beide ineinander verbunden in einem hervorkamen, damals als noch der Uranfang von allem leuchtete.
Erst danach wurden die beiden Himmel (getrennt) an ihren Platz gesetzt, als ‚Himmel' und ‚Erde'... Die Erde aber, als sie an ihren Platz gebracht und vom Himmel geschieden war, war ‚abgründig' und ‚wirr', indem es sie noch nach dem Himmel und seinem Lichte, nach der ehemaligen Verbindung mit ihm verlangte. Und so verdunkelte sie sich, bis das himmlische Licht über sie kam und sie beleuchtete und sie an ihre richtige Stätte kam."
Diese Stelle zeigt meiner Meinung nach sehr klar, daß die neugeborene Erde in dunkle Wolken gehüllt war und lange Zeit an den Folgen der gewaltsamen Trennung litt. Woher aber, um alles in der Welt, hatten diese Literaten noch im 13. Jahrhundert so eine präzise Quelle? Doch fahren wir fort:[1274]
„Als der Allheilige die Welt erschuf, ließ Er sie aus dem Urwasser hervorgehen und gab ihr Ordnung nach den Wassern. Was tat Er? Er spaltete das Wasser in eine Zweiheit, eine Hälfte nach unten, eine Hälfte nach oben. So heißt es: ‚Denn auf Wassern hat er ihren Grund gelegt'. Die andere Hälfte ließ Er in die Höhe steigen und erstarrte sie zu Eisesregion. Und er schuf eine Urscheidung zwischen den beiden Hälften, wie es heißt: ‚Es sei eine Scheidung inmitten der Wasser.' Von dieser aus gab er dem Oberen und dem Unteren Richtung und Ordnung."
Die Urquellen des Sohar, die mit diesen Zitaten noch längst nicht erschöpft sind, ließen sich vielleicht noch bis zu ägyptischen oder mesopotamischen Wurzeln zurückverfolgen – man muß sich nur etwas anstrengen. Etwas schwieriger wird es nun in der germanischen Götterwelt. Ich habe dazu „Gylfis Betörung" aus der „Prosa-Edda" herangezogen,[1275] auch wenn es weit mehr Texte mit diesem oder ähnlichem Inhalt gibt. An einigen Stellen erinnern die Ereignisse mich nicht wenig an Henochs Himmelfahrt oder das Enuma Elish.
Gylfi soll einst über Schweden geherrscht haben, und wird dabei als kluger

und zauberkundiger Mann beschrieben. Doch beschäftigt ihn die Frage, warum die Asen so mächtig waren. Um dieser Frage nachzugehen, machte er sich verkleidet auf nach Asgard, der Heimat der Asen. Dort wurde er sogleich entlarvt, und er begab sich in die berühmten Hallen der Götterburg Walhalla. Gylfi wird zum König vorgelassen und darf dort drei Weisen Fragen stellen. Eine dieser Fragen lautet, was denn vor der Entstehung von Himmel und Erde war. Die Antwort wird aus der Wöluspa zitiert, könnte aber ebensogut im Enuma Elish stehen oder die acht Urgötter von Hermopolis beschreiben:

„Urzeit war es,
Da nichts noch war:
Nicht war Sand noch See
Noch Salzwogen,
Nicht Erde unten
Noch oben Himmel,
Gähnung grundlos,
Doch Gras nirgend."

Es beginnt dann der Bericht wie Muspell und Nebelheim usw. entstanden, und ich bin der Meinung, daß dies die Planeten des Enuma Elish auf germanisch sind, denn: die Erde ist nicht dabei! Vielmehr gab es da den Reifriesen Ymir, der sich irgendwie in eine Kuh (Himmelskuh?) verwandelte. Bors Söhne aber, darunter auch der bekanntere Odin, haben nichts Gutes mit Ymir vor, den wir jetzt als Nun kennenlernen werden:

„Aus Ymirs Fleisch
Ward die Erde geschaffen,
Aus dem Blute das Brandungsmeer,
Das Gebirg aus den Knochen,
Die Bäume aus dem Haar,
Aus der Hirnschale der Himmel."

Aus dem Text geht auch wunderbar die Topographie der germanischen Welt hervor, über die es heißt:[1276] „Es ist kreisrund von außen, und außenherum liegt das tiefe Meer, und an dessen äußerem Strande wiesen sie den Geschlechtern der Riesen Land zur Siedlung an. Drinnen aber, auf der Erde, legten sie einen Zaun um die Welt herum an zum Schutz gegen die Riesen [die äußeren Planeten?, A.d.A.], und zu diesem Zaun verwendeten sie die Wimpern des Riesen Ymir und nannten die so entstandene Burg Midgard [das ist die germanische Erde, A.d.A.]."

Der „Zaun" wurde auch Midgardschlange genannt. Das geht vor allem auch aus ihrer Funktion als Bringerin der Fluten hervor,[1277] aber das kennen wir ja. Nach diesen Vorstellungen liegt Asgard zwischen Midgard und der Midgardschlange. Mit anderen Worten: das müßte der Mars sein. Dort errichtete man nach der Katastrophe die Götterburg Walhalla, und von dort „kam vieles, was sich auf Erden und in der Luft zugetragen hat."[1278] Man spricht hier sogar von einem „Goldenen Zeitalter",[1279] und die dort lebenden Asen waren die „Luftgeister".[1280] Im Runenalphabet ist es „Oss", das als vierte (!) Rune für Ase steht.[1281] Eine herrliche Beschreibung unserer „Tatbestände".

Wir verlassen nun die germanische Götterwelt – nicht weil sie damit abgehandelt wäre – und machen einen großen Sprung über den Atlantik, und wir landen dort bei dem Volk der Maya, die uns schon einige Geheimnisse überließen. Denken wir nur an Chak Ek, den „großen, roten Stern" zurück, der einen „Pfeil" auf den Jaguar wirft, den wir als Planetoidengürtel identifiziert haben. Das ist genau die benötigte Symbolik. Doch weiter: Ich fand diese Szene im Popol Vuh, dem heiligen Buch der Quiche-Maya:[1282]

„Noch war der Erde Antlitz nicht enthüllt. Nur das sanfte Meer war da und des Himmels weiter Raum... Nur die ruhenden Wasser, das sanfte Meer, einsam und still. Nichts anderes."

Man wartet eigentlich nur noch auf die Aufzählung der acht Urgötter. Jetzt nähert sich aber der Schöpfer, der hier aber „Huracan" heißt. Das bedeutet „der Riesige", und er trägt den Beinamen „Herz des Himmels":[1283]

„So geschah die Schöpfung der Erde, als sie geformt wurde vom Herzen des Himmels, vom Herzen der Erde, wie jene genannt werden, die sie zuerst befruchteten, als der Himmel noch ruhte und die Erde unter den Wassern verborgen war."

In den Codices der Maya tritt der Regengott Chak als Schöpfer auf. Sitchin schreibt, daß Nibiru mit einem Kreuz dargestellt wird, wie auch sein Name „Planet der Kreuzung" heißen kann. Dieser Chak führt außer seinem Beil ebenfalls dieses Kreuz mit sich.[1284]

Im II. Kapitel, 1. Band wurde behauptet, daß die Maya ihren Himmel mit dem geborstenen Panzer einer Schildkröte verglichen. Die Erklärung blieb ich dort schuldig. Sie soll nun folgen.

Wolfgang Cordan, der Übersetzer der mir vorliegenden Ausgabe des Popol Vuh, berichtet auch vom „Magischen Kopfopfer", und wir denken daran, daß die Erde in ägyptischen Texten hin und wieder „Kopf" genannt wurde:[1285]

„Hier nun wird Cama-sotz (Todes-Vampir) ausdrücklich von den übrigen Fledermäusen unterschieden, er stößt vom Himmel herab. Er ist niemand anderes als Huracan, das Herz des Himmels, der diesmal in der Verkleidung des Todesstieres das Maiskorn (Kopf) vom Stamm (dem Leib Hunahpus) trennt, um die magische Verwandlung zu vollziehen."

Das Maiskorn ist natürlich auch hier die Erde. Christian Rätsch schreibt zum Gott „E", dem „jungen Maisgott":[1286] „Malereien auf Keramiken zeigen den Maisgott mit extrem deformiertem Schädel und einem bizarren Kopfschmuck. Oft ist er als Tänzer abgebildet, und manche Darstellungen zeigen ihn aus einem geborstenen Schildkrötenpanzer hervorkommend." Das ist exakt die Beschreibung der neugeborenen Erde. Aber hat dieser Maisgott überhaupt etwas mit dieser zu tun? Der Leser wird sich diese Frage zwischenzeitlich zu Recht stellen. Blenden wir uns dazu noch einmal in das „Magische Kopfopfer" ein. Im Bedarfsfall sollte man diese Szene zweimal lesen. Cordan schreibt nämlich weiter:[1287]

„Die berühmteste Darstellung ist aber die Anbetung des auf dem Ballspielplatz ausgestellten Kopfes des jungen Maisgottes aus dem Codex Dresdensis. Rechts bläst eine dunkle Frau (Ixquic?) die Flöte, links schlägt eine alte Frau (IxmucanÈ?) die Trommel. Nach indianischer Art werden die Töne der Instrumente als Spiralen angedeutet, die hier die Form von Maisstauden annehmen. Das Haupt [unser junger Maisgott, die Erde, A.d.A.] ruht auf drei Stufen und der Glyphe *cabán* (Erde), befindet sich also in fünfter Position, womit es sich als Haupt von „Gott Fünf", als Agrargott, zu erkennen gibt. Auf der Nase trägt dieser denn auch das keimende Maiskorn."

Einen direkten Vergleich mit den Maya bieten uns die Ägypter, die ebenfalls die Schildkröte in diese Darstellung einbrachten. Im Totenbuch heißt es nämlich:[1288]

„Es lebe Re,
es stirbt die Schildkröte."

Genauso wurde es in Philae dargestellt. Dort ersticht der König vor dem Bild des Re eine Schildkröte.[1289] Junker sieht sie, wie auch die Apophisschlange, als „Personifikation der Finsternis".

Graham Hancock hat in seinem Werk „Die Spur der Götter" allerhand Parallelen zwischen den religiösen Vorstellungen der Alten und der Neuen Welt aufgezeigt. Nachdem er von Marduks Schöpfung berichtet, widmet er sich der aztekischen Version, die – welch Wunder – dasselbe berichtet. Obwohl er Sitchins Werke kennt – das geht aus seinem Literaturverzeichnis hervor – scheint er nicht zu bemerken, daß er mit seinen eigenen Worten Sitchins Geschichte erzählt:[1290]

„Hier übernahm Quetzalcoatl, in seiner Inkarnation als Schöpfergott, die Rolle des Marduk, während Tiamat von *Cipactli,* im „Großen Erdungeheuer", verkörpert wurde. Quetzalcoatl packte Cipactli an ihren Gliedmaßen ‚als sie im Urozean schwamm, und riß ihren Körper in zwei Hälften, von denen die eine zum Himmel und die andere zu Erde wurde.' Aus ihrem Haar schuf er Gras, Blumen und Kräuter, ‚aus ihren Augen Brunnen und Quellen; aus ihren Schultern Berge'."

Ich kann mich drehen und wenden wie ich will, stets treffe ich auf genau dieses Motiv.

Ich möchte auch kurz an den Beginn der mesoamerikanischen Kulturen zurückkehren. Dazu bemühe ich nun Professor Jacques Soustelle, um eine Darstellung zu erklären, die er leider nicht abgebildet hat. Weil wir aber die Bedeutung bestimmter Zahlen oder Symbole jetzt gut genug kennen, reicht seine Beschreibung einer Figur des olmekischen Altars Nr. 14 in San Lorenzo voll aus:[1291]

„Die Figur trägt eine runde Kopfbedeckung mit dickem Rand, an dem fünf ovale Elemente hängen (Wassertropfen?); über dem Ganzen befindet sich eine Vogelkralle; die Haare fallen auf die Schultern, die Ohren sind mit hakenförmig auslaufenden Gehängen versehen; um den Hals schlingt sich eine zweireihige Kette aus rechteckigen Plättchen (Jade?), darunter ein Brustgehänge mit sieben Spitzen, das an eine in zwei Hälften zerteilte Muschel erinnert. Auch wenn es merkwürdig erscheinen mag, und ohne daß man bis auf den heutigen Tag eine Schlußfolgerung daraus ableiten könnte, ist doch sicher, daß das oben beschriebene Ohrgehänge und der muschelförmige Brustschmuck – mehr als zweitausend Jahre später! – die Attribute der von Tolteken und Azteken angebeteten gefiederten Schlange Quetzalcoatl gewesen sind."

Ein Kommentar ist ja wohl überflüssig.

Wir haben uns mittlerweile so weit vom alten Orient wegbewegt, daß eine Kulturübertragung ausgeschlossen werden kann. Die Quelle dieser Mythen kann wohl kaum in der Angst über Blitz und Donner zu suchen sein, wenn man sich überlegt, was das für ein seltsamer Naturkult wäre, der immer und immer wieder auf diese Vorstellung hinausliefe. Jedenfalls fiel mir bisher nicht ein, bei einem Gewitter an die „Trennung des Himmels von der Erde" zu denken. Deshalb machen wir jetzt wieder einen großen Satz, und wir gelangen ins Reich der Mitte – China.

In China gibt es einen Schöpfungsmythos, der mindestens bis ins dritte Jahrhundert n. Chr. nachgewiesen werden kann. Er erzählt von dem Gott P'an Ku, der buchstäblich aus dem „Nichts" kam, um die Ordnung in die Welt zu bringen:[1292]

„Zuerst war das große Weltenei. Im Ei war das Chaos... Und P'an Ku durchbrach die Eierschale...mit einem Beil in der Hand (oder Hammer und Meißel), mit dem er die Welt formte...

Sofort machte sich P'an Ku ans Werk, um die kraftvolle Ordnung in der Welt zu schaffen. Getrennt voneinander meißelte er das Land und den Himmel. Er schüttet die Gebirge auf Erden auf, hob tiefe Täler aus und machte Betten für die Flüsse."

Um mit diesen gleichlautenden Überlieferungen ein weltweites Netz zu spannen, fehlt eigentlich nur noch Ozeanien. Dort fand ich Bestätigung bei den Ureinwohnern Neuseelands, den Maori. Ihr Bericht zeigt, daß eine Kulturübertragung nicht die Ursache für diesen Mythos sein kann, denn daß Ägypter oder sonst wer nach Neuseeland kamen, wird wohl niemand ernsthaft behaupten wollen. Da heißt es aber:[1293]

„Der Himmel, der über uns ist, und die Erde, die unter uns liegt, sind die Erzeuger der Menschen und der Ursprung aller Dinge. Denn früher lag der Himmel auf der Erde, und alles war Finsternis. Nie waren sie getrennt gewesen. Und die Kinder des Himmels und der Erde suchten den Unterschied zwischen Licht und Finsternis zu entdecken – zwischen Nacht und Licht; denn die Menschen waren zahlreich geworden. Aber die Finsternis währte noch fort."

Wieder wird man an die acht Urgötter erinnert, doch fällt in dieser Version besonderns auf, daß die Beschreibung der Umstände von Menschen herrührt. Auch in Ägypten konnte man statt Nun, Geb und Nut sagen. Hier wird gefordert: „Lasset uns Mittel suchen, um Himmel und Erde zu vernichten oder sie voneinander zu scheiden!" Darauf beschließen sie den Himmel nicht zu vernichten, sondern ihn von der Erde zu trennen. Nach mehreren erfolglosen Versuchen ist es Tane-Mahuta, der die Schöpfung vollendet:[1294]

„‚Tane-Mahuta stieß, und Himmel und Erde wurden geschieden!' Er ist es, der die Nacht vom Tage getrennt hat, und sogleich nach der Scheidung vom Himmel und Erde wurde das Volk sichtbar und kam hervor, das bislang in den Höhlungen an der Eltern Brüste verborgen gewesen war."

Da wir nun weit genug von Ägypten weg sind, und wir eine Verbindung zum alten Ägypten ganz sicher ausschließen können, sollte die treffendste Beschreibung des Planetoidengürtels nicht fehlen. Sie stammt aus dem polynesischen Schöpfungsepos „Maui erhöht das Himmelsgewölbe", und lautet:[1295] „Das Himmelsgewölbe ist aus festem blauem Gestein gebaut." Wissen Sie noch, welche Farbe das ägyptische Himmelsgewölbe hatte? Wissen Sie noch warum?

Damit ist unsere kleine Weltreise zu Ende. Ich glaube doch sagen zu können, daß dies ein weiterer Beweis für den Umstand unserer Schöpfungsversion ist, weil nur die geschichtliche Wahrheit ihn so weit verbreiten konnte. Jeder Leser, der selbst über eine Sammlung an Schöpfungsmythen verfügt, kann dies noch an vielen weiteren Stellen so oder ähnlich finden. Das Grundmotiv bleibt immer dasselbe: die Erde wird vom Himmel getrennt. Das bringt Licht, und es bringt vor allem Luft und Leben. Wir können hierin aber auch einen weiteren wichtigen Umstand erkennen: Das Vermächtnis ist kein Phänomen, das sich auf bestimmte Gebiete begrenzt. Es ist vielmehr so weit verbreitet, wie sich Kulturen auf der Erde ausgebildet haben oder Pyramiden errichtet wurden.

Jeder möge für sich selbst eine Erklärung finden. Ich hoffe aber inständig, daß man nicht wieder auf die Freudsche Harn-Urangst zurückfällt, mit der sich die weltweite Verbreitung ein und derselben Grundidee ebenfalls erklären ließe. Meine Interpretation gab ich im Band 2, II. Kap. ab, und ich glaube, es wird sehr schwer werden eine andere, eine einfachere, zu finden, die nicht in blinde Arroganz abgleitet.

Es wird aber interessant werden, weitere Untersuchungen dazu anzustellen. Es kann als völlig unmöglich gesehen werden, daß die Menschen dieser frühen (und doch späten) Kulturen das Vermächtnis direkt geerbt haben. So wie das plötzliche Auftauchen der verschiedensten Kulturen der Erde nicht erklärt ist, so kommen jetzt noch weitere komplizierte Umstände dazu, die beachtet werden müssen. Fügen Sie das zu meinen Argumenten hinzu, die ich als Antrieb für den Bau der Pyramiden von Gizeh angestrebt habe – Sternenmenschen!

Ich war sehr positiv überrrascht von einem Artikel von Hermann Grapow .[1296] Grapow fiel die Gemeinsamkeit der Beschreibungen dieser Zeit ebenfalls auf, und er unternahm auch eine kurze „Weltreise", um den Leser auf diese Gemeinsamkeiten in der Beschreibung des Urzustandes vor der Schöpfung hinzuweisen. Er berührte dabei das Alte Testament – wo schließlich ebenfalls Himmel und Erde so getrennt werden –, die babylonische Version, die indische im Rigveda, das althochdeutsche „Wessobrunner Gebet" und die ältere Edda. Bis auf das „Wessobrunner Gebet" habe auch ich überall diese Gemeinsamkeiten gesehen, und die gingen über den Urzustand hinaus bis zur Schöpfung selbst und bis zur Rolle des Menschen.

Eine Frage, die mich in diesem Zusammenhang immer wieder interessiert hat, war der Standpunkt der Geologie. Ich sah keine Möglichkeit, mich so weit in die Geologie einzuarbeiten, daß ich das Für und Wider hätte abwägen können. Trotzdem warf ich so manchen Blick in die Literatur. Ein durchweg erfrischendes Werk war „Das neue Bild eines alten Planeten" des Cambridge-Professors Tjeerd H. van Andel. Seine Beschreibungen zur Frühgeschichte unseres Planeten stellte mich wenigstens vorläufig zufrieden. Er zeigt klar auf, was gesichert ist oder Spekulation bleiben muß. Er schreibt:[1297]

„Die frühe Erde ist uns so fremd wie die Planeten und zugleich doch anders als sie... Wie genau hat sich dieser Anfang abgespielt, diese ersten hundert Millionen von Jahren, aus denen keine Belege erhalten geblieben sind? Niemand weiß es, und wir sind auf Physik und Chemie angewiesen, auf unsere Kenntnis des Kosmos, und wir würzen dies alles mit unserer Vorstellungskraft, um zu spekulieren und ein wenig zu träumen. Wir können uns verschiedene Wege ausmalen, auf denen sich die Erde bis zu ihrem heutigen Zustand entwickelt hat. Doch Beweise und Widerlegungen gibt es nicht, und so bleiben 500 Millionen Jahre fast ganz dem reinen Nachdenken überlassen...

Für diese ersten 700 Millionen Jahre kennt das Protokoll nur weiße Seiten, und sogar nach dieser Zeit bleibt es extrem schwierig, die Erdgeschichte zu entziffern."

Ich weiß selbstverständlich, daß der Mythos niemals die Methoden der Naturwissenschaft bestimmen wird, aber ein wenig nachdenklicher sollte er uns schon machen. Ich glaube tatsächlich, daß die Antworten auf diese „weißen Seiten" dort zu finden sind, auch wenn uns manches sehr fremd vorkommen mag.

Sitchin hat die These aufgestellt, daß der Stille Ozean die Stelle der Abtrennung ist.[1298] Ich kenne keine Erklärung für das große „Loch" dort, fand aber – wenn ich mein geringes Wissen über diese Zusammenhänge addiere – diese Aussicht gar nicht schlecht. Die Gedanken verbinden damit sofort die Suche nach der Urkraft der Kontinentalverschiebung. Ich weiß nicht einmal, ob die Wissenschaft nach so einer Urkraft sucht. Ist sie das Erbe der Trennung, als gewaltige Schockwellen durch den Planeten rasten? Ich möchte meiner Phantasie freien Lauf lassen und finde dabei einen Artikel in einer wissenschaftlichen Zeitschrift.[1299] Dort haben jüngst amerikanische Wissenschaftler die Wechselwirkung von Meteoriteneinschlägen und Vulkanausbrüchen auf der gegenüberliegenden Seite der Erde (und dem Mars!) untersucht. Sie richteten sich dabei nach dem Dinosaurierimpakt. Dabei soll die Kruste aufgebrochen sein, und große „Plateaubasaltströme, von denen heute noch das Gestein Indiens zeugt, müssen damals entstanden sein." Ich

dachte mir, daß genau das damals passiert sein könnte – nur in völlig anderen Maßstäben. Auf der gegenüberliegenden Seite des Stillen Ozeans könnte sich durch den Druck von der gegenüberliegenden Seite der Urkontinent erhoben haben. Freilich bleibt das eine Spekulation von mir. Doch denke ich an Professor van Andel – es gibt keinen Beweis und keine Widerlegung, nur eine Idee…
In der Bibel heißt es nach der Schöpfung:[1300]

„Erde. 9. Sodann sprach Gott:
‚Es werde das Wasser
unterhalb des Himmels
an einem Ort gesammelt,
und das Trockene werde sichtbar!'
Und es geschah so.
Gott nannte das Trockene Erde,
und das zusammengeflossene Wasser
nannte er Meer.
Und Gott sah, daß es gut war."

Nun entstand bei meinen Untersuchungen der Eindruck, als könne Tatenen nicht nur für den Kontinent auf dem fünften Planeten stehen, sondern ebenso für unseren irdischen Urkontinent – er war einfach immer das „sich erhebende Land". Das Interessante dabei ist, daß Tatenen – bedingt natürlich durch Memphis – häufig genug als Ort der „Vereinigung" beschrieben wird. Sollte es möglich sein – und diese Frage stellte sich dabei –, daß die „Marsianer" schon auf die Erde gelangten, als sie noch über einen einzigen zusammenhängenden Kontinent verfügte? Das könnte eine Möglichkeit der Datierung der „Landung" auf der Erde ermöglichen.

Anhang 3

Wie alt ist der Mensch?
oder:
Das Ende der Wissenschaft?

Jeder einigermaßen „vernünftige" Mensch – wer ist das? – mußte sich doch arg überfahren vorkommen, als ich vorhin wie selbstverständlich den Menschen älter machte als die Erde selbst. Es ist daher ratsam, noch einige allgemeine Worte darüber zu verlieren. Sie liegen mir wegen ihrer Bedeutung am Herzen.

Es können nur „allgemeine" Worte sein, weil ich mich außerstande sehe, die Funde, die von Thompson und Cremo so hervorragend erläutert werden, auch nur annähernd zu beurteilen. Die Sachlage ist: Nicht nur ich Laie, sondern die gesamte wissenschaftliche Welt hat hier dasselbe Problem. Niemand wird mit einschneidender Sicherheit ein allgemeingültiges Statement abgeben können, das die Funde so oder anders erklärt. Es ist wieder die Frage nach diesem lästigen „Status absolutus". Damit sind wir schon beim Punkt. Es geht weder mir – und schon gar nicht den beiden Autoren – darum, irgendwelche Funde „umzuinterpretieren". Das ist auch gar nicht die Arbeitsweise in dem wichtigen Buch „Verbotene Archäologie". Vielmehr lassen die beiden Wissenschaftler die Gelehrten selbst zu Wort kommen, die in einer Zeit, als die Theorie über die Menschwerdung noch nicht so ausgeprägt war wie heute, selbst zu anderen Meinungen kamen.

Sie kommen zu dem leicht nachvollziehbaren Schluß, daß die von der Lehrmeinung abweichenden Datierungen aus gutem Grund einfach nicht mehr erwähnt werden. Das ist das wesentliche Verdienst ihrer Arbeit. Die „unterdrückten" Funde anzuführen, und nicht eine Neuinterpretation vorzunehmen – darum geht es hier. So kann auch der nicht bewanderte Leser in diesem bemerkenswerten Buch erkennen, daß die scheinbar so überhohen Datierungen von Gelehrten selbst durchgeführt wurden, und Thompson und Cremo sind nicht zu feige auch die konträren Aussagen anzuführen. So finden wir uns dort in einer heißen Debatte wieder, die das Für und Wider immer wieder deutlich hervorhebt. Aufeinanderprallende Meinungen, begründet auf ausgezeichnetem Wissen, haben in der Vergangenheit mehr wissenschaftliche Daten ans Tageslicht befördert, als Darstellungen „ohne Ballast". Ich glaube, Sethe und Kees sind für die Ägyptologie das beste Beispiel.

Damit halten sich Thompson und Cremo an ihre eigene Philosophie:[1301]

„Wir haben dabei die Überzeugung gewonnen, daß trotz der Fortschritte, die die Paläoanthropologie im 20. Jahrhundert gemacht hat, zwischen Fundberichten, die die gültige Schulmeinung stützen, und solchen, die sie in Frage stellen, qualitativ kein besonderer Unterschied besteht. Wir meinen daher, daß es wissenschaftlich unzulässig ist, die eine Gruppe zu akzeptieren und die andere abzulehnen."

Sie sehen in ihren Ausführungen keinen zwingenden Widerspruch zur menschlichen Evolution. Diesen Vorgang konnten wir oft genug auf anderen Gebieten beobachten. Es geht ganz einfach darum, daß diese Evolution viel früher stattfand, als man heute zu wissen glaubt. Das ist wiederum eine Möglichkeit, die sich nicht sicher verifizieren läßt. Es muß also „völlig neu nachgedacht werden".[1302] Genau daran fehlt es. Seit dem Erscheinen von „Verbotene Archäologie" in Deutschland habe ich sorgfältig auf Erwähnungen in populär-wissenschaftlichen Zeitschriften geachtet. Entweder habe ich etwas übersehen, oder man hielt es dort nicht einmal für nötig, über das eine oder andere Problem zu diskutieren. Es gibt dort gar kein „Problem"! Stattdessen schwingt man philosophische Phrasen über das „Wunder" Mensch, das – weil ja bisher ein Vergleich fehlt – noch nicht einmal sicher als intelligent bezeichnet werden kann. Und wenn Sie überlegen, was wir hier eigentlich besprechen, werden Sie mir zustimmen müssen.

Thompson und Cremo zitieren Albert Einstein:[1303] „Es ist die Theorie, die festlegt, was wir beobachten können." Was wir also benötigen sind nicht bessere Wissenschaftler oder modernere Mittel. Was wir benötigen, und zwar dringend, besonders wenn wir in Richtung des Mars blicken, ist eine neue wissenschaftliche Methodik!

Körbler hat dargelegt, daß es zwei Gruppen von Wissenschaftlern gibt, und in naher Zukunft eine noch tiefere Trennung zwischen beiden stattfinden wird. Die eine Gruppe, die etablierte, hat gar keinen Grund, auf die andere einzugehen. Sie sitzen sattelfest an der Spitze ihres Imperiums, von wo sie – Göt-

tern gleich – schalten und walten können, wie es ihnen beliebt. Die andere Gruppe, die neue Wissenschaft, die es sich zur Aufgabe gemacht hat, diese neue wissenschaftliche Methode anzuwenden ohne den etablierten „Olymp" um Erlaubnis zu bitten, ist fair genug, auf die konträren Meinungen einzugehen. Das ist die neue „echte" Wissenschaft, weil hier noch fleißig konträre Meinungen aufeinandertreffen. Ich hoffe, daß sich diese „Abweichler" eines Tages organisieren können, daß sie einen Weg finden werden, der eine tragfähige Alternative bieten kann, daß sie einen festen Platz bekommen und sich selbst genau überprüfen. Dabei geht die größte Gefahr von Quacksalbern aus, die sich unerkannt in die Menge mischen und die neue Wissenschaft mehr gefährden als die alte es je könnte.
Das wahre Alter des Menschen ist mit den heutigen Funden nicht eindeutig festzulegen. Ja, es ist darüberhinausgehend sogar unredlich, wenn dies die eine oder andere Seite behaupten würde. Thompson und Cremo haben in ihrer Diskussion über die Möglichkeiten der Festlegung diese Unmöglichkeit deutlich herausgearbeitet. Nicht einmal die Reihenfolge der einzelnen Individuen, die in gelehrten Arbeiten oft in tollen Schemata auf Hochglanz gezeigt werden, und somit implizieren wollen, daß diese nachweisbar ist, kann abschließend geklärt werden. Das ist die berühmte Frage von der Henne und dem Ei oder, jetzt besser, vom Affen oder Menschen. Wir haben es hier also sehr oft mit keiner exakten Wissenschaft zu tun, sondern wieder einmal mit Interpretationen, deren „Fakten" so oder so gesehen werden können.
Die Frage, wann und woher der Mensch kam, ist von Haus aus grundlegend für alle Altertumswissenschaften. Seit aber das Marsgesicht zum ersten Mal gesehen wurde, seit diesem Tag kann der Frage nach dem „Woher?" die oberste Priorität zugewiesen werden. Es ist nicht einfach nur eine leichtfertige Zusammenführung von zwei Problemen, oder zwei „Sensationen" wenn man so will, indem wir das Marsgesicht und die „verborgenen" Datierungen des frühen Menschen in einen Topf werfen und die ohnehin bekannteste Pyramide darüberstülpen. Es ist eindeutig die grundlegendste Frage, die sich eine „Intelligenz" überhaupt selbst stellen kann.
All das führt uns wieder zu unserem Ausgangspunkt zurück – zur Krise im Weltbild, zur fehlenden Akzeptanz eines Gesichtes auf dem Mars, mit dem freilich niemand gerechnet hat...

Anhang 4

Die Probleme der modernen Astronomie von Josef Kotalla

In einem Zeitalter, in dem die Sprache der Sterne *in* ist, in dem Esoterik großgeschrieben wird, in dem die Astrologie dominiert, in dem Astrobiologen und Astropsychologen ihr Können beweisen, in diesem Zeitalter ist es schwer, einem Buch mit diesem Titel und diesem Inhalt Glauben zu schenken.
Fasziniert von der Wissenschaft der Astronomie, vor allem von der ästhetischen Philosophie und ihrem fundamentalen Problem, wo via Kosmologie die Frage nach dem Ursprung des Universums und des Menschen implizite gestellt wird, war ich allerdings fasziniert von dem Grundgedanken dieses Buches:
Mars, der vierte Planet in unserem Sonnensystem (von der Sonne aus gezählt), die Erde und der Asteroidengürtel sind das Herz der Großen Pyramide von Gizeh (so der Autor dieses Buches).
Eine Überlieferung an die Nachkommen der Menschheit nach einer verheerenden Katastrophe?
Mathematisch nachgerechnet hat der Autor dieses Buches recht: Entfernungen und Größen der Planeten sind in der Pyramide von Gizeh festgehalten.
Aber hat der Autor wirklich „recht"? Wurden uns tatsächlich Kenntnisse über unser Planetensystem überliefert? Wer würde schon derart präzise Kenntnisse so merkwürdig verschlüsselt wiedergeben, um sie möglicherweise der Nachwelt zu erhalten?

Zunächst betrachten wir kurz das gesamte Planetensystem:
Die mittlere Dichte eines Planeten ist ein Hinweis auf die chemische Zusammensetzung eines Körpers. Daraus ist zu erkennen, daß der Planet Mars ein erdähnlicher Planet ist. Zu dieser Gruppe der Planeten gehören Merkur, Venus, Erde, Erdmond und Mars. Die mittlere Dichte dieser Planeten beträgt 3 bis 5,5 g/cm^3.
Die Jupitermonde Jo und Europa haben übrigens eine ähnliche Dichte und können eigentlich zu den erdähnlichen Planeten gezählt werden.
Die sehr hohe Dichte dieser Planeten weist auf die schweren Elemente hin,

die in diesen Planeten enthalten sein müssen. Dies sind die Elemente: Sauerstoff, Silizium, Magnesium, Calzium, Eisen, Aluminium und Nickel.
Die nächste Gruppe im Planetensystem sind die äußeren Planeten: Jupiter, Saturn, Uranus und Neptun. Sie weisen eine Dichte von ca. 1,0 g/cm³ auf. Diese geringe Dichte zeigt uns, daß diese Planeten aus sehr leichten Elementen wie Wasserstoff, Helium, Ammoniak, Kohlendioxid und Methan bestehen.
Der äußerste Planet Pluto mit seinem Mond Charon weist eine Sonderstellung in unserem Planetensystem auf:
Er müßte auf Grund seiner Dichte eigentlich zu den Eistrabanten gerechnet werden. Seine Bahn um die Sonne ist im Gegensatz zu den übrigen Planeten (sie liegen alle ungefähr in einer Ebene) um 17,2° gegenüber der Planetenebene geneigt.
Seine Bahn um die Sonne ist übrigens so abweichend, daß er von 1979 bis 1999 der Sonne näher ist als der davor liegende Planet Neptun.
Faszinierende Erkenntnisse über die äußeren Planeten brachten uns die Sonden Voyager 1 und 2 bis hin zum Neptun sowie Galileo, die fast erschreckende Neuigkeiten über den Planeten Jupiter übermittelte. Hier ist der beste Beweis in der Gegenwart, daß alle Theorien und Hypothesen sehr mit Vorsicht zu betrachten sind. Es wurden so neue Erkenntnisse über die Zusammensetzung der Jupiteratmosphäre entdeckt, die die bisherigen Kenntnisse geradezu ins Wanken brachten.
Wie soll es auch anders sein: das Licht benötigt, um zum Jupiter zu gelangen, annähernd vierzig Minuten!

Mars – ein faszinierender Planet in unserem Sonnensystem:
Mars ist der Planet, der für uns Menschen in der Neuzeit am rätselhaftesten erscheint. Das Wissen über den Planeten Mars wurde nicht erst mit Beginn der Weltraumfahrt gesammelt. Erkenntnisse wurden schon wesentlich früher gewonnen. Aber es wurden auch Irrwege beschritten, die bis heute, und es ist anzunehmen auch in Zukunft, diesem Planeten nachwirken.
Rein äußerlich ist Mars in der Reihe der Planeten im Sonnensystem ohne Zweifel der erdähnlichste. Er dreht sich in 24 Stunden 37 Minuten um sich selbst, und sein Äquator ist um fast 24° relativ zur Bahnebene geneigt. Dies ist der Grund, daß ein Marstag nur wenig länger ist als ein irdischer Tag. Die Jahreszei-

ten verlaufen ähnlich wie die auf der Erde.
Wären da nicht die unangenehme Zusammensetzung der Atmosphäre und die lange Umlaufzeit auf Grund des größeren Sonnenabstandes im Vergleich zur Erde, würden sich Auswanderer zum Mars doch recht wohl fühlen. Natürlich käme hier noch die wenig schöne Temperaturschwankung während eines Marsjahres dazu: an warmen Sommertagen wären kaum Pluswerte festzustellen.
Das im Jahr 1880 erschienene Buch „Across the Zodiac" des amerikanischen Schriftstellers Percy Gregg war wohl das erste bedeutende Buch über den Mars. Hier wird eine Reise zum Planeten Mars beschrieben, nachdem Astronomen in ihren Fernrohren die „Kanäle des Mars" entdeckten.
Anscheinend dachte man damals noch nicht an so verheerende klimatische Zustände. Hinzu kommt noch der unangenehme Druck auf der Marsoberfläche: Der Wert des Drucks am Boden des Mars würde auf der Erde erst in ca. 35 Kilometer Höhe erreicht. Vergleichsweise müßten wir uns also 35 Kilometer in die Höhe begeben, um dann ungefähr den Druck auf der Marsoberfläche zu erleben.
Hier einige wichtige Daten über die Planeten Mars und Erde:

	Mars:	
Erde:		
Mittlere Entfernung von der Sonne:		
(in Mio. Kilometer)	228	149,6
Umlaufzeit um die Sonne (siderisch):	1,88 a	1,0 a
Rotationsperiode (siderisch):	24h37m23"	23h56m04"
Inklination des Äquators zum Orbit:	25°19	23°45
Mittlerer Radius in Kilometern:	3390,0	6371,0
Atmosphärischer Druck an der		
Oberfläche in bar:	0,005-0,010	1,0110
Temperatur auf der Oberfläche in °C:	-66 bis -33	17 mittel
Hauptbestandteile der Atmosphäre:	Stickstoff (0,027)	Stickstoff (0,77)
(vorkommende Häufigkeit)	CO2 (0,95)	CO2 (0,00031)
	Argon (0,016)	Argon (0,0093)
	fehlt	Sauerstoff (0,21)
	fehlt	Wasser (0,01)

Der Planet Mars besitzt im Gegensatz zur Erde zwei Monde: Deimos und Phobos. Zwei sehr abstrakt geformte Monde, die anscheinend irgendwann von diesem Planeten eingefangen wurden.

Viele Wissenschaftler behaupten, Deimos und Phobos stammen aus dem Asteroidengürtel!

Ihre Gestalt erinnert manchmal an die Form einer Kartoffel. Phobos ist vom Mars ca. 9.380 km entfernt und Deimos ca. 23.460 km. Die Masse von Deimos beträgt ca. 1,8 x 1015 Kilogramm und die von Phobos ca. 1,08 x 1016 Kilogramm. Der mittlere Durchmesser von Phobos beträgt ca. 24 Kilometer, ist also relativ klein, der von Deimos ist ähnlich: er hat einen mittleren Durchmesser von 14 Kilometern.

Eine weitere wichtige Bedeutung kommt dem Planeten Mars zu: 1672 entdeckte Huygens die Polkappen des Mars und deren Beweglichkeit, wenn im Winter das Kohlendioxid ausfriert und sich als Trockeneis niederschlägt.

Die Oberfläche des Mars ist nicht nur durch Einschlagskrater charakterisiert, sondern auch durch hohe Schildvulkane, zum Beispiel Mont Olympus mit 25 Kilometer Höhe, und große canyonartige Strukturen. Es wird angenommen, daß die Marsoberfläche durch flüssiges Wasser und Wind mitgeformt wurde.

Der Süden der Marsoberfläche ist relativ dunkel und sehr kraterreich. Der Norden dagegen ist kraterarm und kann schon fast als nördliches Tiefland bezeichnet werden. Eine Erdmondsähnlichkeit ist also nur im Süden festzustellen.

Zahlreiche morphologische Strukturen belegen, daß bei der Oberflächengestaltung Wasser einmal eine wichtige Rolle gespielt hat. Am Hochland/Tieflandübergang gibt es zahlreiche Zeugnisse des Verfalls des Hochlandes. Als Beispiel möge Tiu Vallis dienen, das in die Tiefebene Chryse Planitia mündet (3°N, 34°W).

(Zu erkennen auf dem Viking Photo P-19131.)

Die vielen Flußsysteme von einigen 100 Kilometern Länge zeigen ebenfalls auf, daß Wasser stabil an der Oberfläche geflossen sein muß.

Weiter belegen früh untersuchte SNC Meteoriten die Wasserbedeckung des Mars, die einmal vorhanden gewesen sein muß: 6 bis 160 Meter (Erde: 3 km)!

(Erklärung: SNC Meteoriten sind Gesteinsbrocken vom Mars, die irgendwie auf die Erde gelangten!)

Später (1987) wurden 500 bis 1.000 Meter ermittelt. Die heutigen Druck- und Temperaturbedingungen an der Marsoberfläche liegen nahe am Tripelpunkt des Wassers. Das heißt, Wasser kann heute nicht in flüssiger Form an der Oberfläche existieren.

Die wohl bedeutendsten Aufnahmen der letzten Viking Missionen sind die merkwürdigen Darstellungen eines rätselhaften Gesichtes auf dem Mars und einige Gesteinsbilder, die an Pyramiden erinnern.

Hier baut auch der Autor dieses Buches auf und versucht mit wissenschaftlicher Präzision, die vor geraumer Zeit stattgefundene Katastrophe zu erklären, die zu unserem heutigen Planetensystem führte.

Nimmt sich der reine Wissenschaftler dieser Problematik an, so wird er mit Sicherheit sagen, daß dies nur Schattenspiele sind. Schattenspiele, die uns in Verbindung mit verheerenden Sandstürmen auf der Marsoberfläche einen abstrakten Streich spielen.

Für mich ein besonderes Phänomen:

Eine „Stadt" auf dem Planeten Mars, bestehend aus Pyramiden. Und, ja fast unglaublich: dem sogenannten „Marsgesicht"; anfangs tatsächlich für mich ein Spiel der Schattenkunst auf diesem Planeten.

Erst als ich beim Planetenforschungszentrum des Deutschen Luft- und Raumfahrtszentrums (DLR) in Berlin nachforschte, wurde mir bewußt, daß diese Aufnahmen der Realität entsprechen könnten.

In der Entstehung unseres Planetensystems, wie es bis jetzt von Wissenschaftlern aus der ganzen Welt proklamiert wurde, konnte irgend etwas nicht übereinstimmen.

Die Sonne im Zentrum und angereiht in Kreisbahnen von innen nach außen: Merkur, Venus, Erde, Mars, Jupiter, Saturn, Uranus, Neptun und Pluto sowie der berühmte zehnte Planet mit seiner ungeheuren Masse, allerdings nicht sichtbar für uns (aufgrund seiner großen Entfernung zur Sonne) ist unser jetziger Zustand innerhalb unseres Planetensystems.

Wie entstand unser Planetensystem aus wissenschaftlicher Sicht?

Nun es gibt hier sehr unterschiedliche Darstellungen, die ich kurz anschneide:

Die Nebularhypothese (auch Meteoritenhypothese):
Sonne und Planeten bildeten sich durch Verdichtungen aus dem Urzustand, einer riesigen kosmischen Nebelwolke, in der kleine freibewegliche Teilchen, wie zum Beispiel Meteoriten existierten.

Die Abschleuderhypothese: Die Sonne schleuderte nacheinander Gasklumpen ab, die sich dann schließlich nach komplizierten physikalischen Geschehen zu Planeten formten.

Gezeiten- oder Katastrophentheorie: Die planetenformende Materie wurde durch die Gezeitenwirkung (Anziehungskraft) eines an der Sonne vorbeiziehenden Gestirns aus der Sonne herausgerissen. Daraus bildeten sich Planeten und Monde.

Die Akkretionstheorie: Die Sonne durchläuft eine Materiewolke und sammelt Materie auf, die dann zu Planeten gebildet werden.

Aber nach den Gedanken des Autors und auch nach merkwürdigen wissenschaftlichen Feststellungen auf der Erde, muß sich in der Reihe der die Sonne umkreisenden Planeten vor vielen, vielen Jahren etwas Furchtbares ereignet haben:
Die ursprüngliche Reihenfolge der die Sonne umkreisenden Planeten bestand nach Aussage des Autors und seiner Interpretation, vor allem der ägyptischen Mythologie, von innen nach außen so:

Sonne – Merkur – Venus – Mars – Mond – unbekannter 5. Planet – Jupiter – usw.

Dieser unbekannte 5. Planet soll laut den Berechnungen aus der großen Pyramide von Gizeh einen Durchmesser von ca. 27.000 Kilometern besessen haben, bevor er der „Schöpfung“ zum Opfer fiel.
Die fand nun folgendermaßen statt:
Ein Objekt mit ungeheurer Masse traf den 5. Planeten, der in einige tausend Brocken zerbarst. Einer dieser Brocken ist die Erde. Diese gerät nun in die

Nähe des Planeten Mars – ihre Bahnen haben sich gekreuzt! Der Mars wird auf Grund der gravitatorischen Veränderungen aus seiner Umlaufbahn um die Sonne abgelenkt und gelangt nun in die Umlaufbahn, die er heute erreicht hat. Die übrigen Gesteinsbrocken des ursprünglichen 5. Planeten bilden fortan den Asteroiden- oder Planetoidengürtel.
Das Ergebnis ist überraschend:
Die Reihenfolge der die Sonne umkreisenden Planeten entspricht folgender Auflistung:

Merkur – Venus – Erde – Mars – Asteroidengürtel – Jupiter – und die äußeren Planeten Uranus, Neptun, Pluto.

Nach der Titius-Bodeschen-Regel, die die Abstände in unserem Planetensystem beschreibt, aber leider nicht bewiesen werden kann (wir kennen zur Zeit nur unser Sonnensystem mit einer derartigen Genauigkeit der Abstände der einzelnen Planeten), müßten die Entfernungen der einzelnen Planeten vor dieser Katastrophe untereinander genauso gewesen sein.
Für einen Wissenschaftler eine absurde Theorie! Denn es ist nichts bewiesen!
Es gibt Begebenheiten, die von Wissenschaftlern abgelehnt werden, weil sie eben nicht bewiesen werden können, obwohl diese Theorie so manches ans „Tageslicht" fördert.
Zum Vergleich sei hier die bekannte Diskussion um die Hubblekonstante aufgezeigt:
Der Urknallzeitpunkt kann mit Hilfe dieser Konstante errechnet werden. Der Kehrwert der Hubblekonstante ergibt das Alter des Weltalls.
Die Bedeutung dieser konstanten Zahl, die allerdings gegen ihre Genealogie von Wissenschaftlern ständig geändert wird (es geht ja auch nicht anders), beeinflußt gravierend den physikalischen Zustand des Weltalls und somit auch den Zustand unseres Planetensystems.
Was mich aber besonders beeindruckt, ist die hierbei mögliche Kollision mit dem Planeten Mars!
Besonders tritt aus dem Buch aber das heraus:
Ein Gebilde aus dem All trifft den 5. massereichen Planeten mit einem

Durchmesser von ungefähr 27.000 Kilometern. Kann es da nicht zufällig zu einer Abspaltung eines relativ großen Stückes gekommen sein, das dem der Erde entspricht? Könnte damit nicht auch die ehemalige Umlaufbahn des Planeten Mars geändert worden sein?
Der Mars verläßt seine Umlaufbahn und entfernt sich zu seinem heutigen Punkt?
Kam es dabei vielleicht zwischen der jetzigen Erde und dem Planeten Mars zu einer Berührung, ähnlich wie in dem von Jules Vernes beschriebenen Buch „Die Reise durch die Sonnenwelt"?
Marsgestein gibt es auf der Erde! Die sogenannten SNC-Meteorite! Sie stammen vom Mars! Dies sind übrigens die einzig verfügbaren Bodenproben unseres Nachbarplaneten.
Der Zagami-Meteorit, 1962 in Nigeria niedergegangen, enthält eindeutige Hinweise auf seinen Ursprungsort. Elemente, wie sie in der Marsatmosphäre vorkommen, wurden hier festgestellt. Zagami gehört neben dem Elephant Moraine (EETA 79001) zu den wichtigsten Meteoriten vom Planeten Mars, die jemals die Erde erreichten.
Untersuchungen ergaben, daß vor ca. drei Millionen Jahren dieser Gesteinsbrocken durch Meteoriteneinschläge auf dem Mars aus dessen Oberfläche in den Weltraum geschleudert wurden! Dabei schlossen sich atmosphärische Gase in den Gesteinskörper ein und wurden bis heute darin konserviert.
Welches Ereignis hat wohl zu dieser verheerenden Katastrophe auf dem Mars geführt?

Was sind eigentlich Meteorite vom Mars?
Meteorite sind Gesteine, die aus dem interplanetaren Raum auf die Erde fallen. Die meisten stammen aus dem Asteroidengürtel zwischen Mars und Jupiter.
Durch Kollisionen innerhalb des Asteroidengürtels werden einige Gesteinsbrocken herausgeschlagen, um nach einem Flug durch den interplanetaren Raum auf die Erdoberfläche zu gelangen.
Viele Meteorite, die in der Antarktis niedergegangen waren, sind als Meteorite vom Mond identifiziert worden. Bemerkenswert ist, daß ein Meteorit, der den Mond verläßt (zum Beispiel durch einen Meteoriteneinschlag auf

der Mondoberfläche) auf ca. 2,4 Kilometer pro Sekunde beschleunigt werden muß, um das Schwerefeld des Mondes zu verlassen. (Eine ungeheure Beschleunigung, wenn wir bedenken, daß ein normaler PKW der 100 Kilometer pro Stunde fährt, auf 0,028 Kilometer pro Sekunde beschleunigt wurde!)
Die Druckbeanspruchung der Meteoriten beträgt dann ca. 200 Kilobar. Die innere Struktur wurde aber bei diesen Meteoriten kaum verändert.

Eine weitere Form der Meteorite sind die sogenannten SNC-Meteorite:
Acht solcher Meteorite kennen wir, und sie alle stammen vom Planeten Mars! Die Masse des Zagami-Meteoriten beträgt zum Beispiel 23 Kilogramm.
Meteorite weisen im Normalfall ein Alter von ca. 4,5 Milliarden Jahre auf. Dies ist identisch mit dem Alter unseres Planetensystems.
Die SNC-Meteoriten sind allerdings alle jünger, nämlich ca. 1,3 Milliarden Jahre. Manche sind nur ca. 360 Millionen Jahre alt. Der Mutterkörper dieser Meteoriten muß demnach noch magmatische Fähigkeiten besitzen, das heißt über einen sehr großen Wärmehaushalt verfügen.
Bei Kleinplaneten (Asteroiden) ist dies wohl kaum noch drei Milliarden Jahren nach ihrer Entstehung möglich.
Verschiedene physikalische und chemische Analysen ergaben aber: Die SNC-Meteoriten stammen höchstwahrscheinlich vom Mars!
Für viele Wissenschaftler ist dies eine Katastrophe! Wie konnte ein Gesteinsbrocken mit ca. 20 Kilogramm und mehr aus einem planetaren Gebilde herausgeschleudert und auf Erdkurs gebracht werden? Hier ist die Erkundung der Mondmeteorite von Bedeutung:
Oben wurde bereits erwähnt, daß Gestein, das den Mond verläßt, eine Geschwindigkeit von ca. 2,4 Kilometer pro Sekunde erfordert. Daraus folgt zumindest, daß auch aus größeren Körpern Gesteine durch Meteoriteneinschläge herausgeschlagen werden können.
Vulkanausbrüche reichen nicht aus, um solche Gesteinsbrocken aus größeren Planeten herauszuschleudern. Und daß diese dann auch noch das Gravitationsfeld des Mutterplaneten verlassen, ist dann ohnehin schon nicht möglich.

Wie aber ist es dennoch möglich, vom Planeten Mars Gestein zu lösen, und es auf Erdkurs zu bringen?
Eine wissenschaftliche Theorie möchte ich hier wiedergeben:
In einigen Metern Tiefe im Marsboden befindet sich eine Dauerfrostschicht. Hier wurde das viele Wasser auf dem Mars eingefroren. Würde nun ein großer Meteorit auf die Marsoberfläche fallen, so würde schlagartig eine Menge an Energie frei. Die Energie eines Gesteinsbrockens müßte allerdings so groß sein, daß er eine Geschwindigkeit von fünf Kilometer pro Sekunde erhält, um das Gravitationsfeld des Mars zu verlassen. Welche große Kraft wirkte also damals auf dem Mars?
Ich beende hiermit meine Darstellung, das an das Thema des athropischen Prinzips angrenzt.
Die Frage nach der Stellung des Menschen im Universum bleibt davon unberührt. Vielleicht können wir sie nie beantworten. Der Autor dieses Buches versucht allerdings, der Stellung des Menschen so gut als möglich gerecht zu werden.

Literaturauswahl zu Anhang 4:

Arrhenius, S.: *Der Lauf der Planeten. Akademische Verlagsges.,* Leipzig, 1919.

Bott, M.H.P.: *The Interior of the Earth.* Edward Arnold, London, 1982.

Carr, M.H.: The Surface of Mars. Yale Universitiy Press, New Haven und London, 1981.

Chaikin, A.: *Four Faces of Mars.* Sky and Telescope, 18-21, July, 1992.

Flasar, F.M. und Birch, F.: *Energetics of core formation: a correction.* J. Geophys, Res. 78, 6101-6103, 1073.

Hallwag: *Mars, 1:20 000 000.* Hallwag, A.G., Bern, 1976.

Hartmann, W.K. und Raper, O.: *The New Mars.* NASA SP-337, Washington, D.C., 1974.

Langseth, M.G.; Keihm, S.J. und Peters, K.: *Revised lunar heatflow values.* Proc. Lunar Sci. Conf. 7, 3143-3171, 1976.

Neukum, G. und Hiller K.: *Martian Ages.* J. Geophy.Res. 86, 3097-3121, 1981.

Podolack, M. und Cameron, A.G.W.: *Models of the Giant Planets.* Icarus 22, 123-148, 1974.

Spohn, T. und Reynolds, R.T.: *Thermal histories, composition and internal strutures of the moons of the solar system. in: Satellites* (J.A. Burns und M.S. Matthews, Hrsg.), 224-292, University of Arizona Press, Tucson, Arizona, 1986.
Stacey, F.D.: *Physics of the Earth.* 2. Ausgabe, John Wiley and Sons, New York, 1977.
USGS: *Topographic Maps of the Western, Eastern Equatorial and Polar Regions of Mars 1:15 000 000.* M 15M 0/90 TR. M 15M 0/270 TR. M 15M ± 90/0 TR. United States Geological Survey, Reston, Va. 1989.
Wyllie, P.J.: *The Earths mantle.* Scientific American 232, No.3, 50-63, March, 1975.

Anmerkungen

1. Grundsätzliche Fragen zur Verwertbarkeit von „Fakten“ in der Ägyptologie stellt sich *Prof. Siegfried Morenz: Traditionen um Cheops,* S.111ff. Wie unterschiedlich „Fakten“ beurteilt werden können, zeigt sich hier noch oft.
2. Die Bedeutung dieser Entdeckung steht in krassem Gegensatz zu ihrer Popularität. Unzählige Astronomen und sonstige Forscher suchen nach außerirdischem Leben, Psychologen untersuchen „Entführte“, usw. Mit den Forschern, die sich ernsthaft des Marsrätsels annehmen, ließe sich mit Mühe ein Pokerspiel organisieren. Die natürliche Art des Menschen, der Drang vorhandene Rätsel zu lösen, funktioniert nicht beim Mars – jedenfalls bisher.
3. *Rainer Stadelmann: Die ägyptischen Pyramiden,* S.264ff. Stadelmann kritisiert die „Amateurarchäologen“ und ihre „wirren Denkmodelle“ oft zu Recht. Es ist doch sinnlos, eine Theorie über die Große Pyramide aufzustellen, ohne sich auch nur im Ansatz mit der ägyptischen Religion zu beschäftigen. Obwohl ich selbst eine haarsträubende These dazu vorbringen werde, möchte ich nur mit wenigen dieser Forscher verglichen werden. Eine sehr umfangreiche Darstellung zu den vielen Theorien bietet auch *Jean-Philippe Lauer: Das Geheimnis der Pyramiden,* S.165-236.
4. Die ägyptischen Götter lassen weit weniger Interpretationsspielraum zu, als es gerade aktuelle Veröffentlichungen scheinen lassen. Daß die Pyramiden und die Götter untrennbar zusammengehören, stört dabei selten. Obschon jede ägyptische Bauform eine bauliche Verkörperung des Götterglaubens darstellt. Dazu allgemein *Dieter Arnold: Die Tempel Ägyptens. Etwas älter, aber sehr gut, E.A.E. Reymond: The Mythical Origin of the Egyptian Temple.* Ebenfalls sehr gut bei *Hellmut Brunner: Altägyptische Religion,* S.77-102. *Kurt Mendelsohn: Das Rätsel der Pyramiden,* mußte scheitern, weil er die Funktion der Pyramiden aus dem Götterglauben herauslöste, um politische Erklärungen anzubringen.
5. So erging es *Robert Temple: Das Sirius-Rätsel,* wo er sich beinahe für die unüberschaubare Materialmenge entschuldigt hätte (S.6 und 353f.). Temple hebt hervor, wie wichtig bei solchen Themen das Basismaterial ist. Das gilt hier nicht weniger. Allerdings haben die meisten Rezensenten sein Buch (zu

Recht) hoch gelobt, um bei der nachfolgenden Besprechung zu zeigen, daß sie gar nicht genau wußten, um was es eigentlich geht. Es sieht wohl so aus: Die Zustimmung oder Ablehnung einer so umfangreichen und schwierigen Thematik kann doch nur auf eigener Überprüfung des gesamten Materials, oder besser noch mehr, erfolgen. Der Rezensent müßte demnach dieselben Jahre mit Quellenstudium verbringen wie der Autor selbst, was natürlich nicht möglich ist.

6. Es ist mir kein aktuelles Werk bekannt, das speziell die dort angesprochenen Probleme diskutiert oder gar nur erwähnt.

7. Grundlegend für das Marsrätsel ist *Richard Hoagland: Die Mars Connenction.* Das dortige Ergebnis stammt nicht von Hoagland allein, sondern daran arbeiteten eine ganze Reihe Wissenschaftler aus verschiedenen Gebieten.

8. Hoagland beruft sich in seinen Lösungsvorschlägen hauptsächlich auf Robert Temple und Zecharia Sitchin, die beide ihre ersten Bücher herausbrachten, bevor das Marsgesicht bekannt war.

9. *Johannes von Buttlar: Leben auf dem Mars,* S.43f.; *Zecharia Sitchin: Am Anfang war der Fortschritt,* S.274.

10. Diese Begründung gilt noch heute.

11. *Johannes von Buttlar: Leben auf dem Mars,* S.137f.; *Zecharia Sitchin: Am Anfang war der Fortschritt,* S.270.

12. *Johannes von Buttlar: Leben auf dem Mars,* S.137f.; *Zecharia Sitchin: Am Anfang war der Fortschritt,* S.308.

13. *Zecharia Sitchin: Sind wir allein?* S.25.

14. *Johannes von Buttlar: Sie kommen von fremden Sternen,* S.164. Bis in die siebziger Jahre wurde der Mars völlig anders, nämlich als tot eingeschätzt.

15. *Zecharia Sitchin: Am Anfang war der Fortschritt,* S.279.

16. ebenda, S.282.

17. *Matthew Ryan: Die Antwort liegt auf dem Mars,* S.18.

18. ebenda, S.18 und *Johannes von Buttlar: Leben auf dem Mars,* S.134.

19. ebenda, S.132.ff.

20. Die „Stadt“ ausführlich bei Richard Hoagland: *Die Mars Connenction,* S.67-70, auch zum Folgenden.

21. ebenda, S.109ff, 203ff, 353ff und 369ff; *Matthew Ryan: Die Antwort liegt auf dem Mars.* S.16-29.

22. Weitere Strukturen sind beschrieben: ebenda, S.391-397 und *Zecharia Sitchin: Am Anfang war der Fortschritt,* S.270-294.
23. *Zecharia Sitchin: Der zwölfte Planet,* S.192. Auch für die alten Ägypter, die etwa zeitgleich damit begannen, gilt das Sexagesimalsystem an erster Stelle. Siehe dazu grundlegend *Kurt Sethe: Die Zeitrechnung der alten Ägypter* und ders.: *Von Zahlen und Zahlworten im alten Ägypten.*
24. *Richard Hoagland: Die Mars Connection,* S.259 und 261.
25. *Matthew Ryan: Die Antwort liegt auf dem Mars,* S.21.
26. *Neues vom Mars,* S.39-42, auch zu den folgenden Ereignissen um den Marsobserver.
27. *Neues vom Mars,* S.41f.
28. *Richard Hoagland: Die Mars Connection,* S.362.
29. *Neues vom Mars,* S.39f, auch zum folgenden.
30. Dazu besonders *Matthew Ryan: Die Antwort liegt auf dem Mars.* So wurde zum Beispiel die Fernsehproduktion von „Hoaglands Mars“ vom NASA-Hauptquartier aus gestoppt, Hoaglands Kollegen teilte die NASA mit: „Es ist nicht gut für Ihre Karriere, wenn Sie in dieses Projekt verwickelt sind.“ Der Vorsitzende des Kongreßausschusses für Wissenschaft, Raumfahrt und Technologie, Robert Roe, trat kurz nach seinem Interesse für das Marsrätsel zurück, usw.
31. Das ist auch Hoaglands Vorwurf an die NASA in *Matthew Ryan: Die Antwort liegt auf dem Mars.* S.26: „Dort ist man verwirrt. Offiziell befassen sie sich nicht wissenschaftlich damit. Sehen Sie, wenn alle unsere Vorhersagen, all die spezifischen Zahlen falsch wären, wäre es einfach für NASA, uns zu widerlegen. Die Jungs besitzen all die Computer, Datenbänder und die modernsten Bildauswertungssysteme. Es wäre ein Leichtes für sie, zu beweisen, daß unsere Messungen – Winkel A, Winkel B, Winkelverhältnis – falsch sind. Aber sie haben das nie gemacht, was mich zu der Annahme führt, sie würden, wenn sie könnten, aber sie können nicht.“
32. *Richard Hoagland: Die Mars Connection,* S.119.
33. *Erich Körbler: Das Ende der Diktatur der Naturwissenschaft,* S.82.
34. *Robert Anton Wilson: Die neue Inquisition,* berichtet nicht nur von tragischen Beispielen, sondern zeigt die methodischen Fehler der heutigen Wissenschaften äußerst anschaulich auf.

35. Ausgenommen vielleicht die moderne Geologie, die ihren großen Umbruch schon hinter sich hat.
36. *Gefunden bei George Hart: Ägyptische Mythen,* S.8.
37. *Robert Anton Wilson: Die neue Inquisition,* S.30ff.
38. ebenda, S.19f.
39. ebenda, S.20.
40. *Richard Hoagland: Die Mars Connection,* S.194.
41. *Der Mars,* S.16.
42. *Herbert Gottschalk: Lexikon der Mythologie,* S.294.
43. ebenda, S.294f.
44. Eine interessante Diskussion darüber bei *Alexander und Edith Tollmann: Und die Sintflut gab es doch,* S.422-443.
45. ebenda, S.427.
46. *Edith Tollmann: Morphologie der Marsoberfläche,* S.58-61.
47. *Richard Hoagland: Die Mars Connection,* S.86f und 344f.
48. Robert Haberle: Das Marsklima, S.78f.
49. ebenda, S.78.
50. ebenda, S.78.
51. *Hoffnung durch alten Marsstein,* S.26.
52. ebenda, S.26.
53. *Hans W. Gaebert: Der große Augenblick in der Astronomie,* S.297ff.
54. ebenda, S.299.
55. *Richard Hoagland: Die Mars Connection,* S.189.
56. ebenda, S.190
57. ebenda, S.57 und 153.
58. *Louis Charpentier: Die Kathedrale von Chartres,* S.37.
59. *Walter Scott: Hermetica,* S.475.
60. Von einer etwas esoterischen Rundreise zu den Pyramiden der Welt berichten *Max Toth* und *Greg Nielsen: Pyramid Power.*
61. Von der Entdeckung und den ersten Untersuchungen zu den kanarischen Pyramiden berichtet meines Wissens nach einzig *Harald Braem: Die Geheimnisse der Pyramiden,* besonders S.16-103.
62. Vorwort bei Claudio Barocas: *Monumente alter Kulturen – Ägypten.*
63. *Zecharia Sitchin: Der zwölfte Planet,* S.311.

64. Zitiert bei *Peter Tompkins: Cheops,* S.185.
65. *Helmut Uhlig: Die Sumerer,* S.119f.
66. siehe dazu *Christliebe Fichtner-Jeremias: Der Schicksalsglaube bei den Babyloniern.*
67. ebenda, S.10
68. *Miloslav Stingl: Die Inkas,* S.30.
69. *Michael D. Coe: Amerika vor Kolumbus,* S.178-181 und *Miloslav Stingl: Die Inkas,* S.42-64.
70. *Hermann Trimborn* und *Wolfgang Haberland: Die Kulturen Alt-Amerikas,* S.99.
71. Dazu *Milsolav Stingl: Die Inkas,* S.199ff; *Michael D. Coe: Amerika vor Kolumbus,* S.187-189 und *C.A. Burland: Völker der Sonne,* S.172-180.
72. *Miloslav Stingl: Die Inkas,* S.200.
73. Zu Tiahuanaco *Michael D. Coe: Amerika vor Kolumbus,* und besonders *Miloslav Stingl: Die Inkas,* S.236-280, der eine so interessante Darstellung liefert, daß ich mich beinahe für Südamerika, statt für Ägypten entschieden hätte. Ebenfalls sehr gut *J.F. Blumrich: Kásskara und die sieben Welten,* wo sich fast alle grundlegenden Besprechungen befinden.
74. *Graham Hancock: Die Spur der Götter,* S.85.
75. *Zecharia Sitchin: Versunkene Reiche,* s.277-298, auch allgemein.
76. Zitiert bei *Graham Hancock: Die Spur der Götter,* S.85.
77. *Miloslav Stingl: Die Inkas,* S.270.
78. *J.F. Blumrich: Kásskara und die sieben Welten,* S.298.
79. ebenda, S.113; *Zecharia Sitchin: Versunkene Reiche,* S.291-294; *Graham Hancock: Die Spur der Götter,* S.87f.
80. *Michael D. Coe: Amerika vor Kolumbus,* S.85.
81. *Serge Gruzinski: Die Azteken,* S.130.
82. ebenda, S.132; *Wilfried Westphal: Die Azteken,* S.510ff; *Michael D. Coe: Amerika vor Kolumbus,* S.150; *Zecharia Sitchin: Versunkene Reiche,* S.31ff.
83. ebenda, S.33; *Serge Gruzinskis: Die Azteken,* S.167f.
84. *Fray Bernardino de Sahagún: Aus der Welt der Azteken,* S.125.
85. ebenda.
86. ebenda.
87. ebenda, S.127.

88. *Miloslav Stingl: Die Inkas,* S.64-68; *Wilfried Westphal: Die Azteken,* S.84f.
89. *Linda Schele und David Freidel: Die unbekannte Welt der Maya,* S.487.
90. *Nigel Davis: Die Azteken,* S.39.
91. *Linda Schele und David Freidel: Die unbekannte Welt der Maya,* S.487.
92. *Nigel Davis: Die Azteken,* S.218.
93. *Serge Gruzinski: Die Azteken,* S.166; *Wilfried Westphal: Die Azteken,* S.130 und 175.
94. ebenda, S.510f.
95. ebenda, S.175,
96. *Hans Helfritz: Amerika,* S.44.
97. *Zecharia Sitchin: Versunkene Reiche,* S.34.
98. *Graham Hancock: Die Spur der Götter,* S.127.
99. *Wilfried Westphal: Die Azteken,* S.93.
100. *Peter Tompkins: Die Wiege der Sonne,* S.288.
101. *Michael D. Coe: Amerika vor Kolumbus,* S.104.
102. *Zecharia Sitchin: Versunkene Reiche,* S.63; vergl. auch *Graham Hancock: Die Spur der Götter,* S.192f.
103. *Hans Helfritz: Amerika,* S.44.
104. *Hermann Trimborn und Wolfgang Haberland: Die Kulturen Alt-Amerikas,* S.69; *C.A. Burland: Völker der Sonne,* S.50.
105. *Serge Gruzinski: Die Azteken,* S.170; *Wilfried Westphal: Die Azteken,* S.100 und 375; *Hans Helfritz: Amerika,* S.46.
106. Darüber berichtet *Peter Tompkins: Die Wiege der Sonne,* S.241-248.
107. ebenda, S.244.
108. ebenda, S.242.
109. Das zeigt Abb.6: Ein Plan von Teotihuacan bei *Hans Helfritz: Amerika,* S.40. Tlalocs Tempel und „Unterirdische Gemächer" liegen gleich nördlich neben dem San-Juan-Bach.
110. *Jennifer Westwood: Ein Atlas der heiligen Orte,* S.158.
111. *Serge Gruzinski: Die Azteken,* S.56; *Nigel Davis: Die Azteken,* S.58.
112. ebenda, S.20ff; *Wilfried Westphal: Die Azteken,* S.22 und 25.
113. Dazu grundlegend *Professor Jacques Soustelle: Die Olmeken.*
114. *Zecharia Sitchin: Versunkene Reiche,* S.63.
115. *Linda Schele und David Freidel: Die unbekannte Welt der Maya,* S.487;

Wilfried Westphal: Die Azteken, S.84.
116. *Miloslav Stingl: Die Inkas,* S.65.
117. *Jacques Soustelle: Die Olmeken,* S.197.
118. ebenda, S.17.
119. Auch *Wilfried Westphal: Die Maya,* S.47-51, führt gute Gründe gegen diese Hypothese an.
120. *Zecharia Sitchin: Versunkene Reiche,* S.132; *Wilfried Westphal: Die Maya,* S.370f.
121. *Jacques Soustelle: Die Olmeken,* S.26.
122. Eine ausführliche Beschreibung des Kalendersystems findet sich bei *Linda Schele und David Freidel: Die unbekannte Welt der Maya,* S.76-76.
123. *Wilfried Westphal: Die Maya,* S.64.
124. *Michael Zick: Kalter Krieg auf Yukatan,* S.87.
125. ebenda.
126. Dazu besonders *Linda Schele und David Freidel: Die unbekannte Welt der Maya.*
127. ebenda, S.489f.
128. Die Erklärung dafür ist schwierig und folgt erst in Anhang II., Band 2. Bis dahin möchte ich den Leser bitten, das Gesagte vorerst hinzunehmen.
129. *Christian Rätsch: Chactun,* S.270.
130. *Wilfried Westphal: Die Maya,* S.135.
131. *Christian Rätsch: Chactun,* S.57.
132. ebenda, S.56f.
133. ebenda, S.248.
134. ebenda, S.59.
135. ebenda, S.58f.
136. *Zecharia Sitchin: Das erste Zeitalter,* S.354.
137. ebenda, S.355; *Peter Tompkins: Die Wiege der Sonne,* S.277.
138. *E. Hadingham: Early Man an the Cosmos* ist zitiert bei *Zecharia Sitchin: Versunkene Reiche,* S.108f.
139. *Die Welt der Maya,* S.106.
140. *Christian Rätsch: Chactun,* S.49f.
141. *Die Welt der Maya,* S.61.
142. *Wilfried Westphal: Die Azteken,* S.225.

143. ebenda, S.223; vergl. auch *Nigel Davis: Die Azteken,* S.297.
144. ebenda, S.297; *Wilfried Westphal: Die Azteken,* S.223.
145. ebenda, S.224.
146. *Nigel Davis: Die Azteken,* S.299.
147. *Christian Rätsch: Chactun,* S.301.
148. ebenda, S.281.
149. ebenda, S.301.
150. *Zecharia Sitchin: Versunkene Reiche,* S.122ff.
151. ebenda, S.43.
152. ebenda, S.42f. Zu dieser Zeit wußte ich nicht, daß Sitchin das Problem schon gelöst hatte, obschon ich seine Bücher längst kannte. Erst die ägyptischen Parallelen zeigten mir den Weg auf. Irgendwann, das nahm ich mir vor, würde ich den mesoamerikanischen Göttern ebenfalls einen Besuch abstatten, um sie einer genaueren Überprüfung zu unterziehen. Der Leser wird aber in Anhang II (Band 2) noch einmal kurz auf die Maya-Götter stoßen.
153. ebenda, S.111.
154. *Richard Hoagland: Die Mars Connection,* S.322.
155. Über die Wiederentdeckung der ägyptischen Welt berichtet *Jean Vercoutter: Ägypten – Entdeckung einer alten Welt.*
156. ebenda, S.41; *Rainer Stadelmann: Die ägyptischen Pyramiden,* S.107, gibt dieselbe Mauer mit 0,5 Meter an.
157. Ich übernehme die Zahlen von *Robert Bauval: Das Geheimnis des Orion,* S.62, die sehr realistisch sind. Dort ist die Große Pyramide mit 6,18, die Chefren-Pyramide mit 5,28 und die Mykerinos-Pyramide mit 0,57 Millionen Tonnen angegeben. Das macht zusammen 12,08 Millionen Tonnen, wobei weder die gewaltigen Tempel noch die Nebenpyramiden berücksichtigt wurden.
158. Dazu wieder *Jean Vercoutter: Ägypten – Entdeckung einer alten Welt,* S.39ff.
159. *Hermann Junker: Die Onurislegende,* S.5; *Kurt Sethe: Urgeschichte und älteste Religion der Ägypter,* S.70; *Hermann Kees: Der Götterglaube im alten Ägypten,* S.415f.
160. *Alan Gardiner: Geschichte des Alten Ägypten,* S.27.
161. Das wird besonders anschaulich von *Henri Frankfort: Kingship and the Gods,* behandelt.

162. Zuletzt von *Robert Bauval: Das Geheimnis des Orion,* aufgegriffen.
163. *Louis Charpentier: Die Geheimnisse der Kathedrale von Chartres,* S.10. Charpentiers Buch hat mich, das muß erwähnt werden, tief beeindruckt und verwirrt zugleich. Mehr als einmal hatte ich den Eindruck, daß mein Buch schon geschrieben war. Mit meisterlicher Kunst erklärt er die Geometrie der französischen Kathedrale, die ganz offensichtlich dieselbe „Aussage" macht, wie die Große Pyramide von Gizeh. Immer wieder entstand der Eindruck, daß Charpentier genau meine Geschichte erzählt.
164. *Karlheinz Schüssler: Kleine Geschichte der ägyptischen Kunst,* S.37f.
165. ebenda, S.39.
166. Vergl. Kapitel II
167. Diese Datierung erlebte im Verlauf der ägyptologischen Forschungen ständige Wandlungen. Beinahe jede Quelle nennt andere Daten – bis heute. Eine kurze, aber gute Diskussion darüber findet sich bei *Robert Bauval: Das Geheimnis des Orion,* S.48.
168. Für diese Epoche grundlegend: *Walter B. Emery: Archaic Egypt.* Der Professor der University of London verbrachte selbst viele Jahre als Ausgräber in Sakkara.
169. Die beste Beschreibung dieser Bauform und aus erster Hand bietet *Walter B. Emery: Archaic Egypt.* Eine gute Beschreibung der Mastaben als Vorstufe zum Pyramidenbau, findet sich bei *Rainer Stadelmann: Die ägyptischen Pyramiden,* S.10-34.
170. ebenda, S.10f. Die Frage, ob nun Abydos oder Sakkara das eigentliche Grab oder nur den Kenotaph, das „Scheingrab", beherbergte, ist bis heute nicht abschließend geklärt.
171. Dazu *Eberhard Otto: Die Lehre von den beiden Ländern Ägyptens.*
172. *Hans Bonnet: Reallexikon der ägyptischen Religionsgeschichte,* S.449 und 723.
173. Es ist richtig, daß schon in den ersten beiden Dynastien zum Teil mit Stein gearbeitet wurde: *Walter B. Emery: Archaic Egypt,* S.180ff und *Hermann Junker: Von der ägyptischen Baukunst des Alten Reiches,* S.1. Zur Vergöttlichung des Baumeisters grundlegend *Kurt Sethe: Imhotep, der Asklepios der Ägypter.*
174. *I.E.S. Edwards: Die ägyptischen Pyramiden,* S.202.

175. *Jean-Philippe Lauer: Die Königsgräber von Memphis,* S.95.
176. *Robert Bauval: Das Geheimnis des Orion,* S.33
177. ebenda.
178. Daß es sich bei Pyramiden um das „Abbild der Welt" handelt, ist im Gegensatz zum ägyptischen Tempel niemals richtig durchgedrungen.
179. *Kurt Mendelsohn: Das Rätsel der Pyramiden,* S.45. Zusammen mit der Umfassungsmauer und den darin befindlichen Bauten nennt Mendelsohn über eine Millionen Tonnen; ebenda, S.41.
180. *Dieter Arnold: Lexikon der ägyptischen Baukunst,* S.174; *Rainer Stadelmann: Die ägyptischen Pyramiden,* S.13ff.
181. *Robert Brier: Zauber und Magie im alten Ägypten,* S.114; *Rainer Stadelmann: Die ägyptischen Pyramiden,* S.67ff; *I.E.S. Edwards: Die ägyptischen Pyramiden,* S.37.
182. Siehe die detaillierten Baubeschreibungen bei *Rainer Stadelmann: Die ägyptischen Pyramiden,* S.35ff; *Karlheinz Schüssler: Die ägyptischen Pyramiden,* S.66ff und *I.E.S. Edwards: Die ägyptischen Pyramiden,* S.26ff.
183. *Karlheinz Schüssler: Die ägyptischen Pyramiden,* S.93.
184. ebenda, S.89; *Rainer Stadelmann: Die ägyptischen Pyramiden,* S.54.
185. Die Daten zu dieser Pyramide bei *Rainer Stadelmann: Die ägyptischen Pyramiden,* S.72ff; *I.E.S. Edwards: Die ägyptischen Pyramiden,* S.45ff und *Karlheinz Schüssler: Die ägyptischen Pyramiden,* S.100ff.
186. *I.E.S. Edwards: Die ägyptischen Pyramiden,* S.45; *Rainer Stadelmann: Die ägyptischen Pyramiden,* S.72 und *Karlheinz Schüssler: Die ägyptischen Pyramiden,* S.104, nennen dagegen 120 Meter.
187. *Rainer Stadelmann: Die ägyptischen Pyramiden,* S.75; *Karlheinz Schüssler: Die ägyptischen Pyramiden,* S.104.
188. ebenda, S.101 und *I.E.S. Edwards: Die ägyptischen Pyramiden,* S.45.
189. *Karlheinz Schüssler: Die ägyptischen Pyramiden,* S.105ff.
190. ebenda, S.107.
191. ebenda.
192. ebenda, S.119 und *I.E.S. Edwards: Die ägyptischen Pyramiden,* S.119.
193. ebenda, S.49.
194. ebenda, S.52 und *Karlheinz Schüssler: Die ägyptischen Pyramiden,* S.119.
195. Gegen Huni sprechen sich *Rainer Stadelmann: Die ägyptischen Pyrami-*

den, S.79,82 und *I.E.S Edwards: Die ägyptischen Pyramiden,* S.68f aus. Für Huni *Karlheinz Schüssler: Die ägyptischen Pyramiden,* S.120.

196. ebenda, S.125 und *I.E.S. Edwards: Die ägyptischen Pyramiden,* S.54.

197. ebenda, S.54.

198. *Rainer Stadelmann: Die ägyptischen Pyramiden,* S.86.

199. *I.E.S. Edwards: Die ägyptischen Pyramiden,* S.70.

200. ebenda, S.71 und *Rainer Stadelmann: Die ägyptischen Pyramiden,* S.80 und 105.

201. ebenda, S.80 und *I.E.S. Edwards: Die ägyptischen Pyramiden,* S.68.

202. *Rainer Stadelmann: Die ägyptischen Pyramiden,* S.82f.

203. ebenda, S.110ff und 270. Stadelmann vertritt überzeugend das „Dreiraumsystem".

204. *I.E.S. Edwards: Die ägyptischen Pyramiden,* S.71.

205. *Karlheinz Schüssler: Die ägyptischen Pyramiden,* S.64f.

206. *Rainer Stadelmann: Die ägyptischen Pyramiden,* S.84 für Medum, S.96 für die Knickpyramide und S.104 für die Rote Pyramide. *I.E.S. Edwards: Die ägyptischen Pyramiden,* S.55 für Medum, S.62 für die Knickpyramide. *Karlheinz Schüssler: Die ägyptischen Pyramiden,* S.134 für die Knickpyramide und S.152 für die Rote Pyramide.

207. *Robert Bauval: Das Geheimnis des Orion,* S.45f und vor allem auch *Rainer Stadelmann: Die ägyptischen Pyramiden,* S.105.

208. *Hermann Junker: Von der ägyptischen Baukunst des Alten Reiches,* S.1.

209. *Rainer Stadelmann: Die ägyptischen Pyramiden,* S.108.

210. ebenda. Die Angaben bei Edwards und Schüssler weichen etwas ab.

211. *Erich Graefe: Das Pyramidenkapitel in Al-Makrizi's „Hitat",* S.86f.

212. ebenda, S.89.

213. *Rainer Stadelmann: Die ägyptischen Pyramiden,* S.108.

214. *Robert Bauval: Das Geheimnis des Orion,* S.52.

215. ebenda.

216. *Karlheinz Schüssler: Die ägyptischen Pyramiden,* S.196.

217. ebenda.

218. *W.M. Flinders Petrie: The Pyramids and Temples of Gizeh,* S.13.

219. Erst Al-Mamun öffnete 820 n. Chr. die Pyramide wieder gewaltsam und noch heute ist dies der Eingang.

220. *Rainer Stadelmann: Die ägyptischen Pyramiden,* S.113.
221. *W.M. Flinders Petrie: The Pyramids and Temples of Gizeh,* S.19.
222. *Rainer Stadelmann: Die ägyptischen Pyramiden,* S.113.
223. *Karlheinz Schüssler: Die ägyptischen Pyramiden,* S.198.
224. ebenda.
225. *I.E.S. Edwards: Die ägyptischen Pyramiden,* S.76.
226. *Rainer Stadelmann: Die ägyptischen Pyramiden,* S.114.
227. ebenda.
228. ebenda, S.114f.
229. *Dieter Arnold: Lexikon der ägyptischen Baukunst,* S.51.
230. *Rainer Stadelmann: Die ägyptischen Pyramiden,* S.113.
231. ebenda, S.115.
232. ebenda, S.118.
233. *I.E.S. Edwards: Die ägyptischen Pyramiden,* S.78.
234. *Robert Bauval: Das Geheimnis des Orion,* S.55. Die 5,23 Meter werden stets gleich angegeben. Statt den 5,47 Metern bekommen wir aber von *Rainer Stadelmann: Die ägyptischen Pyramiden,* S.118, 5,76 Meter und von *I.E.S. Edwards: Die ägyptischen Pyramiden,* S.78 und *Karlheinz Schüssler: Die ägyptischen Pyramiden,* S.200, 5,64 Meter. *W.M. Flinders Petrie: The Pyramids and Temples of Gizeh,* S.23, zu dessen Messungen man höchstes Zutrauen haben darf, gibt 5,754 Meter an.
235. *Dieter Arnold: Lexikon der ägyptischen Baukunst,* S.51.
236. *Rainer Stadelmann: Die ägyptischen Pyramiden,* S.118.
237. *Robert Bauval: Das Geheimnis des Orion,* S.14.
238. *Karlheinz Schüssler: Die ägyptischen Pyramiden,* S.201.
239. *Rainer Stadelmann: Die ägyptischen Pyramiden,* S.115.
240. *Karlheinz Schüssler: Die ägyptischen Pyramiden,* S.201.
241. *Rainer Stadelmann: Die ägyptischen Pyramiden,* S.119.
242. ebenda.
243. *I.E.S. Edwards: Die ägyptischen Pyramiden,* S.80. Auch hier gleichen die Angaben wieder eher den Lottozahlen. *Karlheinz Schüssler: Die ägyptischen Pyramiden,* S.203 nennt 10,47 x 5,22 Meter. *Rainer Stadelmann: Die ägyptischen Pyramiden,* S.119 gibt 10,49 x 5,24 Meter an. *Robert Bauval: Das Geheimnis des Orion,* S. 59 nennt 10,46 x 5,23 Meter. *W.M. Flinders Petrie: The*

Pyramids and Temples of Gizeh, S.27 gibt jede Seite einzeln an. Den Durchschnitt habe ich mit 5,2389 x 10,4754 Meter errechnet.
244. *Karlheinz Schüssler: Die ägyptischen Pyramiden,* S.203.
245. *Dieter Arnold: Lexikon der ägyptischen Baukunst,* S.95.
246. *Graham Hancock: Die Spur der Götter,* S.362.
247. *Dieter Arnold: Lexikon der ägyptischen Baukunst,* S.52.
248. *Rainer Stadelmann: Die ägyptischen Pyramiden,* S.120.
249. ebenda und *Karlheinz Schüssler: Die ägyptischen Pyramiden,* S.203.
250. ebenda; *I.E.S. Edwards: Die ägyptischen Pyramiden,* S.81; *Rainer Stadelmann: Die ägyptischen Pyramiden,* S.119f.
251. ebenda, S.119.
252. ebenda, S.125f.
253. ebenda, S.105. 3,6 Millionen Kubikmeter gegen 2,6 Millionen der Großen Pyramide.
254. ebenda, S.126.
255. ebenda, S.127.
256. ebenda, S.130.
257. ebenda, S.133f. Auch hier schwanken die Maßangaben wieder massiv, was uns aber nicht weiter stören soll, denn das Hauptaugenmerk dieser Untersuchung gehört der Großen Pyramide.
258. *Uvo Hölscher: Das Grabdenkmal des Königs Chefren,* S.4.
259. *Rainer Stadelmann: Die ägyptischen Pyramiden,* S.108.
260. ebenda, S.133.
261. *Karlheinz Schüssler: Die ägyptischen Pyramiden,* S.213.
262. ebenda, S.220.
263. ebenda, S.221.
264. *Uvo Hölscher: Das Grabdenkmal des Königs Chefren,* S.52.
265. ebenda, Anm. 1.
266. ebenda, S.52.
267. ebenda, S.40. Hölscher gibt einen Stein mit 5,45 Meter Länge mit einem Gewicht von 420 Tonnen an!
268. *Dieter Arnold: Die Tempel Ägyptens,* S.199.
269. *Jean-Philippe Lauer: Die Königsgräber von Memphis,* S.12.
270. Uvo Hölscher: Das Grabdenkmal des Königs Chefren, S.20, Anm.1.

271. *Jean-Philippe Lauer: Die Königsgräber von Memphis,* S.35.
272. *Uvo Hölscher: Das Grabdenkmal des Königs Chefren,* S.42f.
273. ebenda, S.6.
274. *Dieter Arnold: Die Tempel Ägyptens,* S.199.
275. *Uvo Hölscher: Das Grabdenkmal des Königs Chefren,* S.16f.
276. *Karlheinz Schüssler: Die ägyptischen Pyramiden,* S.250.
277. *I.E.S. Edwards: Die ägyptischen Pyramiden,* S.102.
278. *Karlheinz Schüssler: Die ägyptischen Pyramiden,* S.240.
279. *I.E.S. Edwards: Die ägyptischen Pyramiden,* S.110.
280. ebenda, S.105f und *Karlheinz Schüssler: Die ägyptischen Pyramiden,* S.248ff.
281. ebenda, S.250.
282. *I.E.S. Edwards: Die ägyptischen Pyramiden,* S.110.
283. ebenda, S.103.
284. *Graham Hancock: Die Spur der Götter,* S.396.
285. siehe Tabelle bei *Karlheinz Schüssler: Die ägyptischen Pyramiden,* S.64f.
286. vergl. u.a. *Rainer Stadelmann: Die ägyptischen Pyramiden,* S.159.
287. *Dieter Arnold: Die Tempel Ägyptens,* S.144.
288. *Henri Stierlin: Baukunst der Pharaonen,* S.168.
289. *Graham Hancock: Die Spur der Götter.* Diese Kritik soll nicht darüber hinwegtäuschen, daß Hancock trotzdem ein wichtiges Buch verfaßt hat.
290. *Robert Charroux: Verratene Geheimnisse,* S.29.
291. *Robert Bauval: Das Geheimnis des Orion,* S.47.
292. ebenda.
293. *J.H. Breasted: Geschichte Ägyptens,* S.324f.
294. *Robert Bauval: Das Geheimnis des Orion,* S.48.
295. Siehe dazu detailliert *Wolfgang Helck: Untersuchungen zu Manetho und den ägyptischen Königslisten.*
296. *Robert Brier: Zauber und Magie im alten Ägypten,* S.7.
297. *Peter H. Schulze: Auf den Schwingen des Horusfalken,* S.135.
298. *John A. West: Serpent in the Sky,* S.1.
299. *Walter B. Emery: Archaic Egypt,* S.38.
300. *Peter H. Schulze: Auf den Schwingen des Horusfalken,* S.212.
301. *Erik Hornung: Der Eine und die Vielen,* S.91ff.

302. Diese Gleichsetzung ist nicht gesichert. Vergl. dazu die Besprechung bei *Walter B. Emery: Archaic Egypt*, S.32ff.
303. *Alan H. Gardiner: Geschichte des alten Ägypten*, S.474.
304. ebenda, S.472.
305. *Kurt Sethe: Urgeschichte und älteste Religion der Ägypter*, S.2f.
306. ebenda, S.77.
307. ebenda.
308. ebenda, S.81.
309. ebenda, S.80.
310. Z.B. Spruch 366 §630c bei *Kurt Sethe: Übersetzung und Kommentar zu den altägyptischen Pyramidentexten*, Bd.III, S.159.
311. *Hans Bonnet: Reallexikon der ägyptischen Religionsgeschichte*, S.228ff, auch zum Folgenden.
312. ebenda, S.228.
313. *Kurt Sethe: Beiträge zur ältesten Geschichte Ägyptens*, S.9f., auch zum Folgenden.
314. *Alan H. Gardiner: Geschichte des alten Ägypten*, S.468.
315. Herodot: Historien, S.199.
316. Erich von Däniken: Die Augen der Sphinx, S.281, auch zum Folgenden.
317. Murry Hope: Atlantis, S.240.
318. Dieter Arnold: Die Tempel Ägyptens, S.170.
319. Hermann Kees: Der Götterglaube im alten Ägypten, S.187.
320. Die ganze Geschichte findet man bei John A. West: Serpent in the Sky, S.225-232.
321. ebenda, S.186f.
322. ebenda, S.229.
323. So auch beschrieben bei *Karlheinz Schüssler: Kleine Geschichte der ägyptischen Kunst*, S.11.
324. *John A. West: Serpent in the Sky*, S.195.
325. ebenda, S.229.
326. ebenda, S.186.
327. ebenda, S.229.
328. ebenda.
329. *Alan H. Gardiner: Geschichte des alten Ägypten*, S.86.

330. *Zecharia Sitchin: Das erste Zeitalter,* S.304.
331. *Hermann Kees: Der Götterglaube im alten Ägypten,* S.122ff; ders.: *Probleme ägyptischer Vorgeschichte,* S.486ff. Beträchtlich aktueller auch bei *Peter H. Schulze: Auf den Schwingen des Horusfalken,* S.87 und 109.
332. *John A. West: Serpent in the Sky,* S.229.
333. *Alan H. Gardiner: Geschichte des alten Ägypten,* S.58f.
334. Dazu *John A. West: Serpent in the Sky,* S.232.
335. *Uvo Hölscher: Das Grabdenkmal des Königs Chefren,* S.112.
336. ebenda. Es soll hier noch auf einen merkwürdigen Umstand hingewiesen werden -jedenfalls halte ich ihn für sonderbar. In einem Totengebet für einen in Gizeh bestatteten Priester werden traditionelle Totenstädte, nämlich Busiris und Abydos, die diesen Status nicht aufgrund geschichtlicher Bauten haben, zusammen mit „der Pyramidenstadt des Chefren" erwähnt, als sei dies ebenfalls ein Ort, der auch ohne Chefren oder Cheops in diese Gruppe gehört (vergl. *Eberhard Otto: Osiris und Amun,* S.30). Genau dieser Eindruck entsteht ja auch durch die spätere Verehrung der Sphinx, die dabei keinerlei Berührungspunkte mit diesen zwei Königen zeigt (siehe das Folgende). Daß die Ptolemäer, die sonst auch für ihren Hang zu den ältesten Traditionen bekannt sind, ebenfalls nichts von Cheops und Mykerinos verlauten ließen ist zumindest sonderbar.
337. *Uvo Hölscher: Das Grabdenkmal des Königs Chefren,* S.105. Ich möchte eine weitere Unstimmigkeit anbringen. So überspringt z.B. die Karnakliste von Thutmosis III. nicht nur Cheops, Chefren und Mykerinos, sondern gleich die ganze 4.Dynastie (*Siegfried Morenz: Traditionen um Cheops,* S.114)! Auch in privaten Königslisten fehlt Cheops (ebenda, S.117, Anm. 36). Nach Diodor (ebenda, S.116) konnten es sich Cheops und Chefren aufgrund des Volkszornes nicht einmal leisten, in „ihren" Pyramiden bestattet zu werden. Vielmehr sollten „sie an einem unauffälligen Orte heimlich zu begraben" sein. Das paßt natürlich gut zusammen, wenn man in den beiden (oder den dreien?) nicht die Erbauer sieht, sondern irgendwelche Könige, die sich Bauten, die schon für den damaligen Ägypter ganz besondere Denkmäler waren, unter den Nagel reißen wollten. Überhaupt hat dieser Artikel des bedeutenden Professors Siegfried Morenz, der erst nach dem Tod des Verfassers erschien, nicht die notwenige Würdigung erhalten. Die grundsätzlichen

Überlegungen brachten ihn schon fast so nahe an unsere, daß der nächste Schritt vielleicht schon ein Überdenken der Verbindung Gizeh/4.Dynastie hätte bringen könnte. Schade, daß es dazu nicht mehr kam.

338. *Uvo Hölscher: Das Grabdenkmal des Königs Chefren,* S.91.

339. ebenda, S.106.

340. *John A. West: Serpent in the Sky,* S.206 und 226.

341. *Uvo Hölscher: Das Grabdenkmal des Königs Chefren,* S.61.

342. ebenda.

343. *I.E.S. Edwards: Die ägyptischen Pyramiden,* S.89f.

344. *Uvo Hölscher: Das Grabdenkmal des Königs Chefren,* S.4.

345. ebenda, S.69.

346. ebenda, S.84.

347. *Paul Brunton: Geheimnisvolles Ägypten,* S.65ff.

348. Eine gute Übersicht, auch über die irrwitzigen Theorien, bietet *Max Toth: Das Geheimnis der Pyramid Power.*

349. *Peter Tompkins: Cheops,* S.40ff.

350. *Louis Charpentier: Das Geheimnis der Kathedrale von Chartres,* S.89ff.

351. *W.M. Flinders Petrie: The Pyramids and Temples of Gizeh,* S.13.

352. *Peter Tompkins: Cheops,* S.8.

353. *Herodot: Historien,* S.188.

354. ebenda.

355. ebenda, S.189.

356. ebenda.

357. ebenda, S.190.

358. *Peter Tompkins: Cheops,* S.13.

359. *Herodot: Historien,* S.190.

360. *Pierre Montet: Das alte Ägypten,* S.497.

361. ebenda.

362. *E.A. Wallis Budge: Osiris,* Bd.I, S.IX.

363. *Kurt Sethe: Imhotep,* S.19.

364. *Jean-Pierre Corteggiani: Kunst des alten Ägypten im Museum Kairo,* S.54.

365. *Peter H. Schulze: Auf den Schwingen des Horusfalken,* S.153.

366. *Alan H. Gardiner: Geschichte des alten Ägyptens,* S.87.

367. *Herodot: Historien,* S.191.

368. ebenda.
369. *I.E.S. Edwards: Die ägyptischen Pyramiden,* S.102.
370. *Herodot: Historien,* S.192.
371. *Georg Möller: Zu Herodots ägyptischen Geschichten,* S.76ff.
372. *Erich von Däniken: Die Augen der Sphinx,* S.168.
373. ebenda, S.168.
374. *Alan H. Gardiner: Geschichte des alten Ägypten,* S.5.
375. *Herodot: Historien,* S.122.
376. *Erich von Däniken: Die Augen der Sphinx,* S.290.
377. *Albert Champdor: Das ägyptische Totenbuch,* S.56f.
378. *Zecharia Sitchin: Stufen zum Kosmos,* S.284-318.
379. *Graham Hancock: Die Spur der Götter,* S.336.
380. *Zecharia Sitchin: Stufen zum Kosmos,* S.310f.
381. ebenda, S.299.
382. ebenda, S.312ff.
383. ebenda, S.299.
384. *Peter Tompkins: Cheops,* S.215f.
385. *Sándor Fodor: The Origins of the Arabic Surid Legend,* S.103-109.
386. Die Begründung folgt weiter unten.
387. *Peter Tompkins: Cheops,* S.217.
388. ebenda, S.215ff.
389. *Erich Graefe: Das Pyramidenkapitel in Al-Makrizi's „Hitat".*
390. ebenda, S.49.
391. ebenda, S.50.
392. ebenda, S.51.
393. ebenda, S.52.
394. ebenda, S.53.
395. ebenda, S.53f.
396. ebenda, S.55.
397. ebenda.
398. ebenda, S.80 und S.77.
399. ebenda, S.71.
400. ebenda, S.52.
401. ebenda, S.77.

402. *Kurt Sethe: Urgeschichte und älteste Religion der Ägypter,* S.10 und S.119.
403. ebenda, S.119.
404. *Konrat Ziegler: Der kleine Pauly,* Bd. 5, S.776f.
405. *Erik Hornung: Der Eine und die Vielen,* S.147.
406. *Dieter Kurth: Treffpunkt der Götter,* S.324 und *E.A. Wallis Budge: The Gods of the Egyptians,* Bd. 1, S.402.
407. *Georges Posener: Knaurs Lexikon der ägyptischen Kultur,* S.331 und *Hellmut Brunner: Altägyptische Religion,* S.17.
408. ebenda und *Hans Bonnet: Reallexikon der ägyptischen Religionsgeschichte,* S.808.
409. *Veronica Ions: Die Götter und Mythen Ägyptens,* S.85.
410. *Erik Hornung: Das Totenbuch der Ägypter,* S.186.
411. *Adolf Erman: Die Religion der Ägypter,* S.366.
412. *Hans Bonnet: Reallexikon der ägyptischen Religionsgeschichte,* S.417f.
413. *E.A. Wallis Budge: The Gods of the Egyptians,* Bd.1, S.400 und S.409.
414. *Albert Champdor: Das ägyptische Totenbuch,* S.76.
415. *E.A. Wallis Budge: The Gods of the Egyptians,* Bd.1, S.414f; *Robert Brier: Zauber und Magie im alten Ägypten,* S.59; *Hans Bonnet: Reallexikon der ägyptischen Religionsgeschichte,* S.291.
416. *Jan Assmann: Ägyptische Hymnen und Gebete,* S.465. Vergl. auch *Hans Bonnet: Reallexikon der ägyptischen Religionsgeschichte,* S.779 und *Zecharia Sitchin: Das erste Zeitalter,* S.167.
417. *Hellmut Brunner: Altägyptische Religion,* S.17.
418. ebenda, S.81.
419. ebenda, S.78 und *Henri Stierlin: Baukunst der Pharaonen,* S.34.
420. *Raymond O. Faulkner: The Ancient Egyptian Pyramid Texts,* S.247.
421. *Erik Hornung: Geist der Pharaonenzeit,* S.123.
422. *Graham Hancock: Die Spur der Götter,* S.429.
423. *Georges Posener: Knaurs Lexikon der ägyptischen Kultur,* S.332.
424. *Hans Bonnet: Reallexikon der ägyptischen Religionsgeschichte,* S.808f.
425. ebenda, S.808.
426. ebenda, S.715.
427. *Georges Posener: Knaurs Lexikon der ägyptischen Kultur,* S.332.
428. *Emma Brunner-Traut: Altägyptische Märchen,* S.43-55.

429. *Alan H. Gardiner: The Secret Chambers of the Sanctuary of Thot,* S.3.
430. *Rainer Stadelmann: Die ägyptischen Pyramiden,* S.106f.
431. *Alan H. Gardiner: The Secret Chambers of the Sanctuary of Thot,* S.2-5.
432. ebenda, S.2f.
433. *Peter Tompkins: Cheops,* S.17ff.
434. ebenda, S.19.
435. ebenda, S.23.
436. *Emma Brunner-Traut: Altägyptische Märchen,* S.285.
437. *Murry Hope: Atlantis,* S.275.
438. ebenda, S.275f.
439. *Adolf Erman: Die Religion der Ägypter,* S.366.
440. *G. Nathanael Bonwetsch: Die Bücher der Geheimnisse Henochs.*
441. ebenda, S.3.
442. ebenda, S.4.
443. ebenda, S.5.
444. ebenda, S.6.
445. ebenda, S.7.
446. ebenda, S.10.
447. ebenda, S.19.
448. ebenda, S.57.
449. ebenda, S.22.
450. ebenda, S.23.
451. ebenda S.35.
452. ebenda.
453. ebenda, S.34.
454. ebenda, S.34ff.
455. ebenda, S.96.
456. ebenda, S.57.
457. ebenda.
458. ebenda, S.107ff.
459. ebenda, S.111.
460. ebenda, S.118.
461. ebenda, S.110.
462. ebenda, z.B. S.94.

463. *Hans Bonnet: Reallexikon der ägyptischen Religionsgeschichte,* S.811.
464. *G. Nathanael Bonwetsch: Die Bücher der Geheimnisse Henochs,* S.109.
465. ebenda, S.108.
466. *Alexander und Edith Tollmann: Und die Sintflut gab es doch,* S.176.
467. ebenda, S.192.
468. ebenda, S.194ff.
469. *Erich Graefe: Das Pyramidenkapitel in Al-Makriz's „Hitat",* S.70.
470. ebenda, S.77.
471. ebenda, S.75.
472. *Herbert Gottschalk: Lexikon der Mythologie,* S.180.
473. *Kurt Sethe: Urgeschichte und älteste Religion der Ägypter,* S.13.
474. *Konrat Ziegler: Der kleine Pauly,* S.776.
475. *Walter Scott: Hermetica,* S.6.
476. ebenda, S.3.
477. ebenda, S.341.
478. *Robert Temple: Das Sirius-Rätsel,* S.72f.
479. *Herodot: Historien,* S.141.
480. ebenda, S.200.
481. Vergl. auch *Hermann Kees in: Hans Bonnet: Reallexikon der ägyptischen Religionsgeschichte,* S.40 bis 45.
482. ebenda, S.41.
483. *Graham Hancock: Die Spur der Götter,* S.393.
484. *Kurt Sethe: Übersetzung und Kommentar zu den altägyptischen Pyramidentexten,* Bd. 4, S.9.
485. *Hans Bonnet: Reallexikon der ägyptischen Religionsgeschichte,* S.289. Dort heißt es weiter, daß die Verbindung Horus – Anubis, auf die ich auch öfter stieß, nicht greift.
486. *Albert Champdor: Das ägyptische Totenbuch,* S.21.
487. *Robert Temple: Das Sirius-Rätsel,* S.326.
488. *Erich Graefe: Das Pyramidenkapitel in Al-Makrizi's „Hitat",* S.87.
489. Diese Kritik bezieht sich hauptsächlich auf *Robert Bauval: Das Geheimnis des Orion.* Obwohl ich ihm für seinen Fleiß Tribut zolle, er ist genauso wie ich selbst ein neugieriger Seiteneinsteiger, ist doch seine These unhaltbar. Seine Lösung, die vier Schächte in der Großen Pyramide deuteten auf

bestimmte Sterne zur Zeit des Cheops, hat doch mächtige Haken. Zwei dieser Sterne, Alpha Draconis und Beta Ursae minoris, waren für den alten Ägypter von grandioser Bedeutungslosigkeit. Sterne spielen im alten Ägypten stets eine sekundäre Rolle, und das ist sicher keine neue Weisheit. Wenn der Verstorbene in den Pyramidentexten ein Stern werden will, geschieht das nicht, ohne daß Re gleichzeitig über diese erhoben wird. Sternen wurden weder Gebete gewidmet noch Gaben dargereicht. Wenn man dann Orion und Sirius anführt, muß man doch sehen, wie diese beiden Sterne zu ihrer Rolle kamen. Orion liegt ganz auf der Seite des Osiris, der in ihm aber nicht recht Platz findet. Sirius erhält seine Bedeutung in starkem Maße von der Nilflut. Den Rest bildet die Göttin Isis, die ihrerseits nur sekundär mit Sirius zusammenkommt. Erst in ptolemäischer Zeit gewinnen die Sterne – dieser Sammelbegriff ist in Ägypten ohnehin nicht deutbar – einen höheren Stellenwert, doch wurde dieser durch griechische und babylonische Aspekte gebildet – niemals durch ägyptische! Seiner Theorie zuliebe muß Bauval dann auf Notlösungen zurückgreifen, die mehr als abenteuerlich sind (siehe dazu das Interview in *Graham Hancock: Die Spur der Götter,* S.492ff). Es läuft nun etwa darauf hinaus, daß die Große Pyramide um 10.450 v. Chr. geplant und um 2.450 v. Chr. errichtet wurde. Schade.

490. so noch *I.E.S. Edwards: Die ägyptischen Pyramiden,* S.77f und *Karlheinz Schüssler: Die ägyptischen Pyramiden,* S.198ff.

491. Das ist vor allem die erfreuliche Auffassung von *Rainer Stadelmann: Die ägyptischen Pyramiden,* S.110f und aktueller: *Rainer Stadelmann: Das Dreikammersystem der Königsgräber der Frühzeit und des Alten Reiches,* S.373 bis 387.

492. *Peter Tompkins: Cheops,* S.240f.

493. *Rainer Stadelmann: Die ägyptischen Pyramiden,* S.118.

494. *Rainer Stadelmann: Das Dreikammersystem der Königsgräber der Frühzeit und des Alten Reiches.*

495. ebenda, S.386.

496. *Dieter Arnold: Die Tempel Ägyptens,* S.98 und *Dieter Kurth: Treffpunkt der Götter,* S.9.

497. ebenda, S.280.

498. *Uvo Hölscher: Das Grabdenkmal des Königs Chefren,* S.60.

499. *Dieter Kurth: Treffpunkt der Götter,* S.65.
500. *Rainer Hannig: Die Sprache der Pharaonen,* S.899f, auch zum Folgenden.
501. *Walter Scott: Hermetica,* S.459ff.
502. *Charles Berlitz: Geheimnisse versunkener Kulturen,* S.81 und 85.
503. *Erich Graefe: Das Pyramidenkapitel in Al-Makrizi's „Hitat"*, S.54.
504. ebenda, S.52.
505. *Peter Tompkins: Cheops,* S.262f.
506. ebenda, S.174.
507. *Rainer Stadelmann: Die ägyptischen Pyramiden,* S.111.
508. *Erich Graefe: Das Pyramidenkapitel in Al-Makrizi's „Hitat"*, S.53.
509. *Dieter Kurth: Treffpunkt der Götter,* S.65.
510. ebenda.
511. ebenda, S.78.
512. ebenda, S.182.
513. *Hans Bonnet: Reallexikon der ägyptischen Religionsgeschichte,* S.779.
514. *Dieter Kurth: Treffpunkt der Götter,* S.31.
515. ebenda, S.179ff.
516. *Peter Tompkins: Cheops,* S.107f.
517. ebenda, S.263.
518. *Peter H. Schultz: Polwanderung auf dem Mars,* S.68 bis 77.
519. *Lexikon der Astronomie,* Bd.2, S.250.
520. *Peter Tompkins: Cheops,* S.112.
521. ebenda.
522. ebenda, S.52.
523. ebenda, S.261f., auch zum Folgenden.
524. *Dieter Arnold: Lexikon der ägyptischen Baukunst,* S.74.
525. *Humboldt Astronomie Lexikon,* S.369. *Lexikon der Astronomie,* Bd.2, S.334f.
526. ebenda, Bd.2, S.115.
527. *Andreas von Rétyi: Gefahr aus dem All,* S.51ff, auch zum Folgenden.
528. *Lexikon der Astronomie,* Bd.2, S.115.
529. *Andreas von Rétyi: Gefahr aus dem All,* S.53.
530. *Lexikon der Astronomie,* Bd.2, S.115. *Humboldt Astronomie Lexikon,* S.55.
531. *Andreas von Rétyi: Gefahr aus dem All,* S.53.

532. *Zecharia Sitchin: Am Anfang war der Fortschritt,* S.95ff.
533. *Hermann-Michael Hahn: Erde, Sonne und Planeten* (Seite z.Zt. nicht rekonstruierbar).
534. *Zecharia Sitchin: Am Anfang war der Fortschritt,* erwähnt viele wichtige astronomische Details zu unserer Problematik.
535. *Lexikon der Astronomie,* Bd.2, S.115.
536. *Der Mars,* S.23, auch zum Folgenden.
537. *Johannes von Buttlar: Leben auf dem Mars,* S.148.
538. *Lexikon der Astronomie,* Bd.2, S.338.
539. *Andreas von Rétyi: Gefahr aus dem All,* S.56.
540. *Lexikon der Astronomie,* Bd.2, S.116.
541. *Hermann-Michael Hahn: Erde, Sonne und Planeten* (Seite z.Zt. nicht rekonsruierbar).
542. *Andreas von Rétyi: Gefahr aus dem All,* S.30f.
543. *Humboldt Astronomie Lexikon,* S.269.
544. ebenda, S.179.
545. *Lexikon der Astronomie,* Bd.1, S.340.
546. *Humboldt Astronomie Lexikon,* S.180.
547. *Zecharia Sitchin: Am Anfang war der Fortschritt,* S.90f.
548. ebenda, S.87 und *Lexikon der Astronomie,* Bd.1, S.347.
549. *Jane X. Luu und David C. Jewitt: Der Kuiper-Gürtel,* S.56-62.
550. *Lexikon der Astronomie,* Bd.1, S.346.
551. *Zecharia Sitchin: Am Anfang war der Fortschritt,* S.89.
552. ebenda, S.89f.
553. ebenda, S.91.
554. *E.A. Wallis Budge: The Gods of the Egyptians,* Bd.I, S.IXf.
555. *Adolf Erman: Die Religion der Ägypter,* S.221.
556. ebenda, S.12.
557. ebenda, S.46.
558. ebenda, S.88.
559. ebenda, S.1.
560. ebenda, S.99.
561. ebenda, S.100.
562. *Gregoire Kolpaktchy: Das ägyptische Totenbuch,* S.26.

563. *Erik Hornung: Der Eine und die Vielen,* S.2.
564. ebenda, S.1, eine englische Übersetzung bietet *E.A. Wallis Budge: Osiris,* Bd.II, S.305f.
565. speziell *Kurth Sethe: Urgeschichte und älteste Religion der Ägypter.*
566. speziell *Hermann Kees: Der Götterglaube im alten Ägypten.*
567. speziell *Hermann Junker: Die Onurislegende,* half mir sehr.
568. *Erik Hornung: Das Totenbuch der Ägypter,* S.17.
569. *Walter Scott: Hermetica,* S.161.
570. *Eberhard Otto in: Kurt Lange und Max Hirmer: Ägypten,* S.31.
571. *Hermann Kees: Der Götterglaube im alten Ägypten,* S.141.
572. *Kurt Sethe: Übersetzung und Kommentar zu den altägyptischen Pyramidentexten,* Bd.I, S.12.
573. *Albert Champdor: Das ägyptische Totenbuch,* S.76.
574. *Gregoire Kolpaktchy: Das ägyptische Totenbuch,* S.24.
575. ebenda, S.30.
576. *Erik Hornung: Geist der Pharaonenzeit,* S.66.
577. *Jean-Philippe Lauer: Die Königsgräber von Memphis,* S.11.
578. *Kurt Sethe: Urgeschichte und älteste Religion der Ägypter,* S.77, Anm.1.
579. *Jean-Philippe Lauer: Die Königsgräber von Memphis,* S.16.
580. ebenda, S.164.
581. *Raymond O. Faulkner: The Ancient Egyptian Coffin Texts,* das sogenannte „Zweiwegebuch“ bilden die Sprüche 1029-1185.
582. *Robert Brier: Zauber und Magie im alten Ägypten,* S.147.
583. Übersetzungen bieten *E.A. Wallis Budge: The Egyptian Heaven and Hell,* mit Amduat und Pfortenbuch, und besser übersetzt, aber nicht so gut illustriert: *Erik Hornung: Die Unterweltsbücher der Ägypter* mit Amduat, Pfortenbuch, Höhlenbuch und Buch von der Erde sowie Proben aus den verwandten Himmelsbüchern.
584. ebenda, S.18.
585. *Erik Hornung: Der ägyptische Mythos von der Himmelskuh.*
586. *Erik Hornung: Die Unterweltsbücher der Ägypter,* S.17.
587. *John A. West: Serpent in the Sky,* S.135ff.
588. *Jean-Philippe Lauer: Die Königsgräber von Memphis,* S.15.
589. *Hellmut Brunner: Altägyptische Religion,* S.9.

590. *Henri Frankfort: Ancient Egyptian Religion,* S.30.
591. *Hermann Kees: Der Götterglaube im alten Ägypten,* S.310f, 324, 345f und 433.
592. *Kurt Sethe: Urgeschichte und älteste Religion der Ägypter,* S.1. Eigentlich war das aber eine „geistreiche" Bemerkung Adolf Ermans. Vergl. *Kurt Sethe: Die Zeitrechnung der alten Ägypter,* Teil I, S.320.
593. *Kurt Sethe: Übersetzung und Kommentar zu den altägyptischen Pyramidentexten,* Bd.IV, S.149, Spruch 466 ß882c.
594. *Hermann Kees: Totenglauben und Jenseitsvorstellungen der alten Ägypter,* S.89-100.
595. ebenda, S.97ff.
596. ebenda, S.93.
597. ebenda, S.91f.
598. *Peter Tompkins: Cheops,* S.258.
599. *Erik Hornung: Tal der Könige,* S.122.
600. *Erik Hornung: Die Unterweltsbücher der Ägypter,* S.128.
601. *Kurt Sethe: Übersetzung und Kommentar zu den altägyptischen Pyramidentexten,* Bd.I, S.283.
602. ebenda, S.284.
603. *Erik Hornung: Die Unterweltsbücher der Ägypter,* S.24.
604. ebenda, S.291, 11. Stunde, 80. Szene.
605. ebenda, S.505.
606. *Kurt Sethe: Die Zeitrechnung der alten Ägypter,* T.III, S.105.
607. *László Kákosy: Selige und Verdammte in der spätägyptischen Religion,* S.101.
608. *Erik Hornung: Die Unterweltsbücher der Ägypter,* S.60.
609. *Erich Weidinger: Die Apokryphen,* S.154.
610. *Erik Hornung: Die Unterweltsbücher der Ägypter,* S.64.
611. ebenda.
612. ebenda, S.135, 7. Stunde, Mittleres Register, 5. Szene.
613. *Erik Hornung: Die Nachtfahrt der Sonne,* S.113.
614. *Kurt Sethe: Übersetzung und Kommentar zu den altägyptischen Pyramidentexten,* Bd.V, S.19.
615. ebenda, Bd.I, S.360. Der Vermerk in Klammern ist von Sethe.

616. *E.A. Wallis Budge: Osiris,* Bd.I, S.372.
617. *Kurt Sethe: Übersetzung und Kommentar zu den altägyptischen Pyramidentexten,* Bd.I, S.366.
618. Vergl. *Hermann Kees: Totenglauben und Jenseitsvorstellungen der alten Ägypter,* S.165f.
619. *Hans Bonnet: Reallexikon der ägyptischen Religionsgeschichte,* S.536.
620. *Raymond O. Faulkner: The Ancient Egyptian Coffin Texts,* Bd.I, S.58, Spruch 62 I, 270-271.
621. *Raymond O. Faulkner: The Ancient Egyptian Pyramid Texts,* S.294, Spruch 684 §2061.
622. *Albert Champdor: Das ägyptische Totenbuch,* S.86.
623. *Kurt Sethe: Übersetzung und Kommentar zu den altägyptischen Pyramidentexten,* Bd.V, S.376, Spruch 570 §1443a.
624. *Dieter Kurth: Treffpunkt der Götter,* S.78.
625. *Winfried Barta: Die Bedeutung der Pyramidentexte,* S.82-86, auch zum Folgenden.
626. *Hermann Junker: Die Götterlehre von Memphis,* S.20 und *Kurt Sethe: Amun und die acht Urgötter,* S.61ff.
627. *Hermann Kees: Totenglauben und Jenseitsvorstellungen der alten Ägypter,* S.94, vergl. auch *Winfried Barta: Die Bedeutung der Pyramidentexte,* S.86.
628. ebenda, S.92.
629. *Kurt Sethe: Übersetzung und Kommentar zu den altägyptischen Pyramidentexten,* Bd.I, S.298, Spruch 245 §279d.
630. ebenda, S.315.
631. *Veronica Ions: Die Götter und Mythen Ägyptens,* S.106-108.
632. *Kurt Sethe: Übersetzung und Kommentar zu den altägyptischen Pyramidentexten,* Bd.II, S.8, Spruch 262 §334c-335a.
633. ebenda, S.19f.
634. *Raymond O. Faulkner: The Ancient Egyptian Coffin Texts,* Bd.III, S.5, Spruch 806 VII, 11.
635. ebenda, S.200 (Index: Milky Way).
636. Vergl. z.B. *Adolf Erman: Die Religion der Ägypter,* S.20, oder *Adolf Rusch: Die Entwicklung der Himmelsgöttin Nut,* S.44.
637. *Kurt Sethe: Übersetzung und Kommentar zu den altägyptischen Pyrami-*

dentexten, Bd.II, S.233, Spruch 301 §449b.
638. ebenda, Bd.III, S.277, Spruch 402 §698b-d.
639. ebenda, S.278f.
640. *John A. West: Serpent in the Sky,* S.40ff.
641. *Kurt Sethe: Von Zahlen und Zahlworten,* S.38.
642. *Kurt Sethe: Übersetzung und Kommentar zu den altägyptischen Pyramidentexten,* Bd.III, S.278, Spruch und Kommentar zu 402 §698b.
643. *Raymond O. Faulkner: The Ancient Egyptian Coffin Texts,* Bd.I, S.72, Spruch 75 I, 316, vergl. auch *Jan Zandee: Sargtexte,* Spruch 75, S.155 und den treffenden Kommentar, ebenda, S.158.
644. *Kurt Sethe: Amun und die acht Urgötter,* S.105.
645. ebenda, S.113.
646. *Rainer Hannig: Die Sprache der Pharaonen,* S.809.
647. *Kurt Sethe: Übersetzung und Kommentar zu den altägyptischen Pyramidentexten,* Bd.V, S.414, Spruch 571 §1471a-b.
648. *George Hart: Ägyptische Mythen,* S.15.
649. *Erik Hornung: Der ägyptische Mythos von der Himmelskuh,* S.43.
650. *Albert Champdor: Das ägyptische Totenbuch,* S.98.
651. *Hellmut Brunner: Altägyptische Religion,* S.82.
652. Vergl. z.B. *E.A. Wallis Budge: From Fetish to God,* S.148.
653. *Raymond O. Faulkner: The Ancient Egyptian Coffin Texts,* Bd.I, S.112, Spruch 122 II, 146.
654. ebenda, S.167, Spruch 205 III, 147.
655. ebenda, S.170, Spruch 213 III, 172.
656. Leider fand ich dafür keine schriftliche Quelle.
657. *Rainer Hannig: Die Sprache der Pharaonen,* S.1064.
658. *Raymond O. Faulkner: The Ancient Egyptian Coffin Texts,* Bd.I, S.73, Spruch 75 I, 360. Die Übersetzung von *Jan Zandee: Sargtexte,* Spruch 75, S.149, und der Kommentar S.152 weicht entweder stark ab oder trifft die Sachlage an einem anderen Punkt. Die Übersetzung lautet: „Haus des ‚Sechsgewebes'" des Re. Zandee schreibt: „Es handelt sich mutmaßlich um ein Gerichtshaus."
659. *Kurt Sethe: Von Zahlen und Zahlworten,* S.31f und 33ff.
660. ebenda, S.11f.

661. ebenda, S.12.
662. *Hermann Junker: Ein Doppelhymnus aus Kom Ombo,* S.53.
663. *Raymond O. Faulkner: The Ancient Egyptian Coffin Texts,* Bd.II, S.165, Spruch 554 VI, 154.
664. ebenda, S.221, Spruch 645 VI, 265.
665. ebenda, S.165, Spruch 554 VI, 154.
666. *Hermann Junker: Die Onurislegende,* S.61.
667. *Hermann Kees in: Paulys Realencyclopädie,* 2. Reihe, 5. Band, S.1140-1144.
668. *Herbert Gottschalk: Lexikon der Mythologie,* S.147.
669. *Kurt Sethe: Urgeschichte und älteste Religion der Ägypter,* S.62.
670. *H.O. Lange: Der magische Papyrus Harris,* S.14f, 18 und 23.
671. *Günter Roeder: Urkunden zur Religion des alten Ägypten,* S.150-156 und *E.A. Wallis Budge: From Fetish to God,* S.438-444. Einen kurzen Kommentar zu seiner Nacherzählung bietet *Walter Beltz: Die Mythen der Ägypter,* S.156f.
672. *Raymond O. Faulkner: The Ancient Egyptian Coffin Texts,* Bd.I, S.77, Spruch 76 II, 2b und *Jan Zandee: Sargtexte,* Spruch 76, S.60 und Kommentar S.63.
673. Vergl. besonders *Hermann Junker: Die Onurislegende.*
674. *Gregoire Kolpaktchy: Das ägyptische Totenbuch,* S.172, Kap.110.
675. *Kurt Sethe: Übersetzung und Kommentar zu den altägyptischen Pyramidentexten,* Bd.I, S.117, Spruch 222 ß208c.
676. ebenda, S.146.
677. *Gregoire Kolpaktchy: Das ägyptische Totenbuch,* S.172, Kap.110.
678. *Rainer Hannig: Die Sprache der Pharaonen,* S.544.
679. ebenda, S.545.
680. *Günther Roeder: Die ägyptische Religion in Texten und Bildern,* Bd.I, S.287.
681. *Gregoire Kolpaktchy: Das ägyptische Totenbuch,* S.106, Kap.46.
682. *Adolf Erman: Die Religion der Ägypter,* S.442; *E.A. Wallis Budge: The Gods of the Egyptians,* Bd.II, S.303; *E.A. Wallis Budge: From Fetish to God,* S.244.
683. *Kurt Sethe: Amun und die acht Urgötter,* S.112.
684. *Emma Brunner-Traut: Gelebte Mythen,* S.2.
685. *Zecharia Sitchin: Der zwölfte Planet,* S.267.
686. *Robert Temple: Das Sirius-Rätsel,* S.104f, auch zum Folgenden.
687. *Linda Schele und David Freidel: Die unbekannte Welt der Maya,* S.489.

688. *Christian Rätsch: Chactun,* S.80.
689. *Günther Roeder: Urkunden zur Religion des alten Ägypten,* S.LII.
690. ebenda.
691. *E.A. Wallis Budge: The Gods of the Egyptians,* Bd.I, S.290.
692. *E.A. Wallis Budge: From Fetish to God,* S.250.
693. *Dieter Kurth: Treffpunkt der Götter,* S.31.
694. *Erik Hornung: Der ägyptische Mythos von der Himmelskuh,* S.96.
695. *Hans Bonnet: Reallexikon der ägyptischen Religionsgeschichte,* S.277.
696. *Erik Hornung: Der ägyptische Mythos von der Himmelskuh,* S.IX und 93.
697. ebenda, S.37.
698. ebenda, S.88ff.
699. ebenda, S.37.
700. ebenda, S.38.
701. *Erik Hornung: Das Totenbuch der Ägypter,* S.110, Spruch 39.
702. ebenda, S.257, Spruch 133.
703. ebenda, S.340, Spruch 166.
704. ebenda, S.364, Spruch 174.
705. *Erik Hornung: Der ägyptische Mythos von der Himmelskuh,* S.38.
706. ebenda, S.39.
707. ebenda, S.46.
708. *Erich Graefe: Das Pyramidenkapitel in Al-Makrizi's „Hitat",* S.70.
709. *Adolf Erman: Die Religion der Ägypter,* S.23.
710. *Vergl. Raymond O. Faulkner: The Ancient Egyptian Pyramid Texts,* S.66, Spruch 255 §299.
711. *Zecharia Sitchin: Stufen zum Kosmos,* S.287 und *Zecharia Sitchin: Die Kriege der Menschen und Götter,* S.177.
712. Zitiert bei *Graham Hancock: Die Spur der Götter,* S.337f. Leider stand mir selbst das fünfbändige Standardwerk: *Ancient Records of Egypt* nicht zur Verfügung.
713. ebenda, S.338.
714. *Zecharia Sitchin: Stufen zum Kosmos,* S.289.
715. ebenda, S.290.
716. Daß Isis die Herrin der Pyramide sein soll, stellt keinen Widerspruch dar, wie sich dann noch zeigt. Vorläufig soll genügen, daß sie ebenfalls mit

Kuhgehörn dargestellt wurde, in dem sich die sogenannte „Sonnenscheibe“ befindet.

717. *Kurt Sethe: Übersetzung und Kommentar zu den altägyptischen Pyramidentexten,* Bd.IV, S.307, Spruch 485 §1025d-1026d.

718. ebenda, S.308.

719. ebenda, Bd.V, S.168, Spruch 534 §1277-1278c.

720. ebenda, S.191.

721. *Erik Hornung: Der ägyptische Mythos von der Himmelskuh,* S.81.

722. *Erik Hornung: Die Unterweltsbücher der Ägypter,* S.375.

723. *Jan Assmann: Ägyptische Hymnen und Gebete,* S.133.

724. *Uvo Hölscher: Das Grabdenkmal des Königs Chefren,* S.17.

725. *Emma Brunner-Traut: Ägypten – Kunst- und Reiseführer,* S.353. Unter keinen Umständen sollten Sie ohne dieses Buch nach Ägypten aufbrechen!

726. *Raymond O. Faulkner: The Ancient Egyptian Coffin Texts,* Bd.III, S.96, Spruch 985 VII, 194.

727. *G. Nathanael Bonwetsch: Die Bücher der Geheimnisse Henochs,* S.45.

728. *Robert Temple: Das Sirius-Rätsel,* S.44f.

729. *Rainer Hannig: Die Sprache der Pharaonen,* S.545.

730. *Veronica Ions: Die Götter und Mythen Ägyptens,* S.25.

731. *Kurt Sethe: Urgeschichte und älteste Religion,* S.101.

732. *Henri Frankfort: Kingship and the Gods,* S.182.

733. *Edmund Dondelinger: Das Totenbuch des Schreibers Ani,* S.42.

734. ebenda, S.41.

735. *Veronica Ions: Die Götter und Mythen Ägyptens,* S.34 und *Hans Bonnet: Reallexikon der ägyptischen Religionsgeschichte,* S.536.

736. *Winfried Barta: Die Bedeutung der Pyramidentexte,* S.85.

737. *Erik Hornung: Die Unterweltsbücher der Ägypter,* S.290, 11. Stunde, Unteres Register, 79. Szene.

738. ebenda, S.296, 12. Stunde, Oberes Register, 85. Szene.

739. *Jan Assmann: Ägyptische Hymnen und Gebete,* S.338.

740. *Adolf Erman: Die Religion der Ägypter,* S.107f.

741. *Hans Bonnet: Reallexikon der ägyptischen Religionsgeschichte,* S.616.

742. ebenda.

743. *Kurt Sethe: Amun und die acht Urgötter,* S.63ff.

744. *Hans Bonnet: Reallexikon der ägyptischen Religionsgeschichte,* S.524.
745. *Kurt Sethe: Amun und die acht Urgötter,* S.63ff.
746. *Heinrich Schäfer: Weltgebäude der alten Ägypter,* S.115.
747. *Kurt Sethe: Urgeschichte und älteste Religion,* S.56ff.
748. *Hermann Grapow: Die Welt vor der Schöpfung,* S.34.
749. ebenda, S.36.
750. ebenda.
751. ebenda, S.35, nach Pyramidentext §1040.
752. *Zecharia Sitchin: Der zwölfte Planet,* S.216f.
753. In einigen Detailfragen – der Mond gehört dazu – bin ich nicht Sitchins Meinung, was aber nichts an den Zusammenhängen ändert.
754. ebenda, S.224.
755. ebenda, S.221.
756. ebenda, S.223.
757. ebenda, S.222.
758. ebenda, S.226.
759. ebenda, S.228.
760. ebenda, S.228.
761. ebenda.
762. ebenda.
763. ebenda, S.229.
764. *Erik Hornung: Das Totenbuch der Ägypter,* S.162, Spruch 78.
765. *Zecharia Sitchin: Der zwölfte Planet,* S.231.
766. ebenda.
767. *Hans Bonnet: Reallexikon der ägyptischen Religionsgeschichte,* S.808.
768. *Gregoire Kolpaktchy: Das ägyptische Totenbuch,* S.72, Kap.17.
769. *Zecharia Sitchin: Der zwölfte Planet,* S.222.
770. *Erik Hornung: Die Unterweltsbücher der Ägypter,* S.323, 2. Abschnitt, 1. Register.
771. *Lexikon der Astronomie,* Bd.II, S.120.
772. *Zecharia Sitchin: Der zwölfte Planet,* S.222.
773. ebenda, S.220.
774. *Erik Hornung: Die Unterweltsbücher der Ägypter,* S.340, 2. Abschnitt, 5. Register.

775. *Zecharia Sitchin: Der zwölfte Planet,* S.222.
776. *Erik Hornung: Die Unterweltsbücher der Ägypter,* S.340f, 3. Abschnitt, 1. Register, 1. Szene.
777. ebenda, S.386, 6. Abschnitt, 2. Litanei.
778. *Lexikon der Astronomie,* Bd. II, S.48.
779. *Erik Hornung: Die Unterweltsbücher der Ägypter,* z.B. S.340, 3. Abschnitt, 1. Register, 1. Szene.
780. *Zecharia Sitchin: Am Anfang war der Fortschritt,* S.40.
781. *Erik Hornung: Die Unterweltsbücher der Ägypter,* S.341, 3. Abschnitt, 1. Register, 2. Szene.
782. *Zecharia Sitchin: Der zwölfte Planet,* S.220.
783. *Humboldt-Astronomie-Lexikon,* S.374.
784. *Lexikon der Astronomie,* Bd.II, S.349.
785. *Erik Hornung: Die Unterweltsbücher der Ägypter,* S.357, 4. Abschnitt.
786. *Hans Bonnet: Reallexikon der ägyptischen Religionsgeschichte,* S.40.
787. *Kurt Sethe: Übersetzung und Kommentar zu den altägyptischen Pyramidentexten,* Bd.V, S.192, Spruch 535 §1282b.
788. ebenda, S.211, Spruch §1295a.
789. ebenda.
790. *Hans Bonnet: Reallexikon der ägyptischen Religionsgeschichte,* S.42.
791. *Erik Hornung: Die Unterweltsbücher der Ägypter,* S.375f, 5. Abschnitt, 1. Register, 1. Szene.
792. ebenda, S.386, 6. Abschnitt, 2. Litanei.
793. *Zecharia Sitchin: Der zwölfte Planet,* S.226.
794. ebenda.
795. *Erik Hornung: Die Unterweltsbücher der Ägypter,* S.277, 10. Stunde, Mittleres Register, 65. Szene.
796. ebenda, 67. Szene.
797. ebenda.
798. ebenda.
799. ebenda, S.278.
800. ebenda, S.280, Unteres Register, 68. Szene.
801. *E.A. Wallis Budge: The Gods of the Egyptians,* Bd.I, S.277.
802. *Erik Hornung: Die Unterweltbücher der Ägypter,* S.387, 6. Abschnitt, 3.

Litanei.
803. *Hermann A. Schlögl: Der Gott Tatenen,* S.71.
804. ebenda, S.155-187, „Die Schreibweisen des Gottesnamens Tatenen“.
805. *Kurt Sethe: Übersetzung und Kommentar zu den altägyptischen Pyramidentexten,* Bd.V, S.95, Spruch 519 §1208c.
806. ebenda, Bd.IV, S.112, Spruch 456 §854c.
807. ebenda, S.117.
808. *Kurt Sethe: Urgeschichte und älteste Religion,* S.58, Anm.1.
809. *Hermann Kees: Der Götterglaube im alten Ägypten,* S.VI.
810. *Kurt Sethe: Übersetzung und Kommentar zu den altägyptischen Pyramidentexten,* Bd.IV, S.117.
811. ebenda, Bd.III, S.18, Spruch 333 §542c.
812. ebenda, S.18f.
813. *Jan Assmann: Ägyptische Hymnen und Gebete,* S.193.
814. ebenda, S.546, Anm.6.
815. *Erik Hornung: Die Unterweltsbücher der Ägypter,* S.441, Teil A, 3. Register, 9. Szene.
816. *Raymond O. Faulkner: The Ancient Egyptian Pyramid Texts,* S.179, Spruch 503 §1078c mit Anm.1.
817. *Kurt Sethe: Amun und die acht Urgötter,* S.40.
818. ebenda.
819. ebenda, S.80.
820. *Hermann Kees: Der Götterglaube im alten Ägypten,* S.215.
821. *Walter Scott: Hermetica,* S.463.
822. ebenda, Anm.2.
823. *Helmut Uhlig: Die Sumerer,* S.36f.
824. *Erik Hornung: Das Totenbuch der Ägypter,* S.107ff, Spruch 39.
825. ebenda, S.169, Spruch 82.
826. ebenda, S.197, Spruch 99b.
827. ebenda, S.251, Spruch 130.
828. ebenda, S.257, Spruch 133.
829. *Hans Bonnet: Reallexikon der ägyptischen Religionsgeschichte,* S.51.
830. *Erik Hornung: Die Unterweltsbücher der Ägypter,* S.301, 12. Stunde, Mittleres Register, 89. Szene.

831. *Zecharia Sitchin: Am Anfang war der Fortschritt,* S.88.
832. *Erik Hornung: Das Totenbuch der Ägypter,* S.179, Spruch 89.
833. ebenda, S.392, Spruch 182.
834. *Hermann Junker: Das Götterdekret über das Abaton,* S.2, 39, 88.
835. ebenda, S.38.
836. *Hermann Junker: Der sehende und blinde Gott,* S.39, Anm.1. Im Buch von der Erde. *Erik Hornung: Die Unterweltsbücher der Ägypter,* S.458, Teil D, 1. Register, sehen wir Osiris treffend als den, „der im Verborgenen Raum ist".
837. *Henri Frankfort: Kingship and the Gods,* S.185.
838. *Edmund Dondelinger: Das Totenbuch des Schreibers Ani,* S.50.
839. *Manfred Lurker: Götter und Symbole der alten Ägypter,* S.264.
840. *Edmund Dondelinger: Das Totenbuch des Schreibers Ani,* S.74.
841. *Hans Bonnet: Reallexikon der ägyptischen Religiongeschichte,* S.643.
842. *Barbara Sproul: Schöpfungsmythen der östlichen Welt,* S.81.
843. *Kurt Sethe: Übersetzung und Kommentar zu den altägyptischen Pyramidentexten,* Bd.V, S.326, Spruch 562 §1405a.
844. Zitiert bei *Zecharia Sitchin: Am Anfang war der Fortschritt,* S.69.
845. ebenda.
846. *Zecharia Sitchin: Der zwölfte Planet,* S.246ff.
847. ebenda, S.238 und 242.
848. *Kurt Sethe: Übersetzung und Kommentar zu den altägyptischen Pyramidentexten,* Bd.III, S.20, Spruch 334 §543a.
849. *Veronica Ions: Die Götter und Mythen Ägyptens,* S.35.
850. ebenda, S.45.
851. *Zecharia Sitchin: Der zwölfte Planet,* S.242.
852. ebenda, S.243.
853. Die meisten fand ich entweder selbst oder bei *Erik Hornung: Tal der Könige.*
854. *Heinrich Schäfer: Die Ausdeutung der Spiegelplatte als Sonnenscheibe,* S.1f.
855. R*aymond O. Faulkner: The Ancient Egyptian Coffin Texts,* Bd.I, S.138, Spruch 159 II, 372.
856. *Heinrich Schäfer: Die Ausdeutung der Spiegelplatte als Sonnenscheibe,* S.2.
857. *Hermann Junker: Das Götterdekret über das Abaton,* S.38.
858. *Zecharia Sitchin: Am Anfang war der Fortschritt,* S.360.

859. *Kurt Sethe: Urgeschichte und älteste Religion,* S.79.
860. *Hans Bonnet: Reallexikon der ägyptischen Religionsgeschichte,* S.326.
861. *Dieter Kurth: Treffpunkt der Götter,* S.378.
862. *Erik Hornung: Die Unterweltsbücher der Ägypter,* S.320f, 1. Abschnitt, 5. Register.
863. *Hermann Kees: Ein Klagelied über das Jenseits,* S.76.
864. *Winfried Barta: Der Königsring als Symbol zyklischer Wiederkehr,* S.5.
865. ebenda, S.7.
866. ebenda, S.12.
867. ebenda, S.13.
868. ebenda, S.14.
869. ebenda.
870. *Erik Hornung: Tal der Könige,* S.37.
871. *E.A. Wallis Budge: The Egyptian Heaven and Hell,* Bd.III, S.87 und 89.
872. *Erik Hornung: Die Unterweltsbücher der Ägypter,* S.397, 6. Abschnitt, 10. Litanei.
873. *E.A. Wallis Budge: From Fetish to God,* S.215.
874. ebenda.
875. *Dieter Kurth: Treffpunkt der Götter,* S.86.
876. ebenda, S.225.
877. ebenda, S.317.
878. *Erik Hornung: Die Unterweltbücher der Ägypter,* S.468, Teil D, 6. Szene.
879. ebenda, S.469.
880. ebenda, S.483.
881. ebenda, S.510.
882. ebenda, S.162.
883. ebenda, 10. Stunde, Oberes Register, 1. Szene.
884. *Kurt Sethe: Übersetzung und Kommentar zu den altägyptischen Pyramidentexten,* Bd.IV, S.102, Spruch 454 §847c.
885. ebenda, Bd.III, S.159, Spruch 366 §629a-c.
886. *Erik Hornung: Die Unterweltbücher der Ägypter,* S.59.
887. ebenda, S.193.
888. ebenda, S.19.
889. *Jan Assmann: Ägyptische Hymnen und Gebete,* S.344.

890. *Hans Bonnet: Reallexikon der ägyptischen Religiongeschichte,* S.709. Dort finden sich auch andere Erklärungen. Z.B. verschmilzt Seth in späterer Zeit sehr mit Apophis, und dessen Wirkungsbereich haben wir ja gut festlegen können.
891. *Zecharia Sitchin: Der zwölfte Planet,* S.246.
892. *Kurt Sethe: Die Zeitrechnung der alten Ägypter,* Teil I, S.302ff.
893. *Zecharia Sitchin: Der zwölfte Planet,* S.247.
894. *Wolfgang Cordan: Popol Vuh,* S.164.
895. *Kurt Sethe: Die Zeitrechnung der alten Ägypter,* Teil III, S.111, und *Rainer Hannig: Die Sprache der Pharaonen,* S.195; *wnwn* ist dort „durcheilen" (Region) übersetzt.
896. *Erik Hornung: Geist der Pharaonenzeit,* S.66.
897. ebenda, S.65.
898. ebenda, S.66.
899. ebenda, S.144.
900. *Kurt Sethe: Die Zeitrechnung der alten Ägypter,* Teil I, S.288.
901. ebenda, S.302ff.
902. *Erik Hornung: Geist der Pharonenzeit,* S.46.
903. *Murry Hope: Atlantis,* S.148.
904. *Kurt Sethe: Die Zeitrechnung der alten Ägypter,* Teil I, S.303.
905. ebenda, S.303ff und 309f.
906. ebenda, S.305.
907. ebenda, S.306f.
908. ebenda, Teil II, S.29.
909. ebenda.
910. ebenda, S.30.
911. ebenda, Teil III, S.132f.
912. ebenda, S.100.
913. ebenda, S.101.
914. ebenda.
915. ebenda.
916. ebenda.
917. *Richard Hoagland: Die Mars Connection,* S.330f.
918. *Zecharia Sitchin: Am Anfang war der Fortschritt,* S.86.

919. *Lexikon der Astronomie,* Bd.II, S.337.
920. ebenda, S.489.
921. ebenda, S.503.
922. ebenda, S.504.
923. *Erik Hornung: Die Unterweltsbücher der Ägypter,* S.177, 197 und 349.
924. *Lexikon der Astronomie,* Bd.II, S.504.
925. *Zecharia Sitchin: Der zwölfte Planet,* S.67.
926. *Edmund Dondelinger: Das Totenbuch des Schreibers Ani,* S.73.
927. Schade. Das Zeichen für 10 Millionen wäre wiederum der Königsring gewesen – jedenfalls nach *E.A. Wallis Budge: Osiris,* Bd.II, S.247, wogegen *Kurt Sethe: Von Zahlen und Zahlworten,* S.12, Anm.6, schrieb, daß der *shn*-Ring „als ein unbestimmtes Symbol unter den Zeichen für ‚Jahre', ‚Hunderttausend', u.ä. zu sitzen pflegt."
928. *Erik Hornung: Das Totenbuch der Ägypter,* S.108, Spruch 39.
929. ebenda, S.264, Spruch 136b.
930. ebenda, S.64, Spruch 17.
931. *Erik Hornung; Der ägyptische Mythos von der Himmelskuh,* S.37.
932. ebenda, S.40.
933. ebenda, S.41.
934. *Erik Hornung: Der Eine und die Vielen,* S.145.
935. *Günther Roeder: Urkunden zur Religion des alten Ägypten,* S.145.
936. *Erik Hornung: Der Eine und die Vielen,* S.154 und *Erik Hornung: Tal der Könige,* S.107.
937. *Kurt Sethe: Übersetzung und Kommentar zu den altägyptischen Pyramidentexten,* Bd.I, S.37, Spruch 247 §258c.
938. *Kurt Sethe: Amun und die acht Urgötter,* S.78.
939. ebenda, S.83.
940. ebenda, S.87.
941. ebenda, S.88.
942. ebenda.
943. ebenda, S.103.
944. ebenda.
945. *Heinrich Schäfer & Walter Andrae: Die Kunst des alten Orients,* S.83ff und besonders Tafel XI. und *Kurt Lange und Max Hirmer: Ägypten,* Abb. 183, 184,

185.
946. *Rainer Hannig: Die Sprache der Pharaonen*, S.1193.
947. *Walter Wolf: Vorläufer der Reformation Echnatons*, S.109.
948. *Hermann A. Schlögl: Amenophis IV. Echnaton*, S.76.
949. *Jan Assmann: Ägyptische Hymnen und Gebete*, S.55.
950. *Cyril Aldred: Echnaton*, S.204.
951. *Hermann A. Schlögl: Amenophis IV. Echnaton*, S.91.
952. *Cyril Aldred: Echnaton*, S.204.
953. *Hermann Kees: Der Götterglaube im alten Ägypten*, S.375.
954. *Christian Jacq: Echnaton und Nofretete*, S.137.
955. ebenda, S.47.
956. *Walter Wolf: Vorläufer der Reformation Echnatons*, S.109-119. Wolf geht auch besonders auf das Verhältnis zwischen Amun und Aton ein.
957. *Christian Jacq: Echnaton und Nofretete*, S.46 und *Hermann A. Schlögl: Amenophis IV. Echanton*, S.70.
958. ebenda, S.98.
959. ebenda, S.76.
960. *Christian Jacq: Echnaton und Nofretete*, S.132.
961. *Henri Frankfort: Kingship and the Gods*, S.38.
962. ebenda, S.355, Anm.7.
963. *Hans Bonnet: Reallexikon der ägyptischen Religionsgeschichte*, S.72.
964. *Henri Frankfort: Kingship and the Gods*, S.40.
965. ebenda, S.37.
966. *Hans Bonnet: Reallexikon der ägyptischen Religionsgeschichte*, S.309.
967. *Hermann Junker: Der sehende und blinde Gott*. Das ist die beste mir bekannte Arbeit dazu.
968. *Hans Bonnet: Reallexikon der ägyptischen Religionsgeschichte*, S.627.
969. *Hermann Junker: Der sehende und blinde Gott*, S.30 und 41.
970. *Hermann Junker: Die Götterlehre von Memphis*, S.27.
971. ebenda, S.31 und 33 zum Folgenden.
972. *Hans Bonnet: Reallexikon der ägyptischen Religionsgeschichte*, S.78.
973. ebenda, S.440.
974. *Rainer Hannig: Die Sprache der Pharaonen*, S.13.
975. ebenda, S.241.

976. ebenda, S.320.
977. *Dieter Kurth: Treffpunkt der Götter,* S.280.
978. *Rainer Hannig: Die Sprache der Pharaonen,* S.241.
979. ebenda.
980. *Erik Hornung: Das Totenbuch der Ägypter,* S.206ff.
981. *Hans Bonnet: Reallexikon der ägyptischen Religionsgeschichte,* S.78.
982. ebenda, S.306f.
983. *Lexikon der Astronomie,* Bd. I, S.428. Schon aus der Glattheit dieser Zahl erkennt man ihre mögliche Abweichung.
984. ebenda, Bd. II, S.113.
985. *Richard L. Thompson & Michael A. Cremo: Verbotene Archäologie,* S.29.
986. *Bruno Kremer: Leben auf dem Festland,* S.30f.
987. *Richard L. Thopmson & Michael A. Cremo: Verbotene Archäologie,* S.29ff, auch zum Folgenden.
988. ebenda, S.31.
989. *Erich von Däniken: Beweise,* S.298ff.
990. *Johannes von Buttlar: Leben auf dem Mars,* S.101f.
991. *Richard L. Thompson & Michael A. Cremo: Verbotene Archäologie,* S.346.
992. *Erik Hornung: Der ägyptische Mythos von der Himmelskuh,* S.37.
993. *Raymond O. Faulkner: The Ancient Egyptian Coffin Texts,* Bd.I, S.84, Spruch 80 II, 33d.
994. *Erik Hornung: Der ägyptische Mythos von der Himmelskuh,* S.38.
995. *Kurt Sethe: Übersetzung und Kommentar zu den altägyptischen Pyramidentexten,* Bd.IV, S.317, Spruch 486 §1040a-b.
996. *E.A.E. Reymond: The Mythical Origin of the Egyptian Temple,* S.274.
997. ebenda, S.323f.
998. Vergl. *Hermann A. Schlögl: Der Gott Tatenen,* S.70f und *Hans Bonnet: Reallexikon der ägyptischen Religiongeschichte,* S.616.
999. *Veronica Ions: Die Götter und Mythen Ägyptens,* S.103.
1000. ebenda, S.104.
1001. *Hans Bonnet: Reallexikon der ägyptischen Religionsgeschichte,* S.137.
1002. ebenda, S.536.
1003. *E.A. Wallis Budge: The Gods of the Egyptians,* Bd.II, S.55.
1004. *Veronica Ions: Die Götter und Mythen Ägyptens,* S.104ff.

1005. *Jan Assmann: Ägyptische Hymnen und Gebete,* S.284.
1006. ebenda, S.344.
1007. Zu Tatenen grundlegend *Hermann A. Schlögl: Der Gott Tatenen.*
1008. *Erik Hornung: Die Unterweltsbücher der Ägypter,* S.441, Teil A, 3. Register, 9. Szene.
1009. *Hermann A. Schlögl: Der Gott Tatenen,* S.70f.
1010. *Hans Bonnet: Reallexikon der ägyptischen Religionsgeschichte,* S.769.
1011. *Hermann A. Schlögl: Der Gott Tatenen,* S.39.
1012. ebenda, S.81.
1013. *Jan Assmann: Ägyptische Hymnen und Gebete,* S.157.
1014. *Erik Hornung: Die Unterweltsbücher der Ägypter,* S.387, 6.Abschnitt, 3.Litanei.
1015. *Hermann A. Schlögl: Der Gott Tatenen,* S.72.
1016. ebenda, S.31.
1017. *Kurt Sethe: Amun und die acht Urgötter,* S.117.
1018. ebenda.
1019. *Helmut Uhlig: Die Sumerer,* S.36.
1020. ebenda, S.37.
1021. *Barbara Sproul: Schöpfungsmythen der östlichen Welt,* S.97.
1022. *Walter Scott: Hermetica,* S.475.
1023. *Robert Temple: Das Sirius-Rätsel,* S.323f.
1024. *Karl F. Kohlenberg: Enträtselte Vorzeit,* S.182-189.
1025. *Ernst Müller: Der Sohar,* S.113.
1026. *Gregoire Kolpaktchy: Das ägyptische Totenbuch,* S.30.
1027. *Robert Brier: Zauber und Magie im alten Ägypten,* S.137.
1028. *Kurt Sethe: Übersetzung und Kommentar zu den altägyptischen Pyramidentexten,* Bd.III, S.129, Spruch 364 ß616d-f.
1029. *Edmund Dondelinger: Das Totenbuch des Schreibers Ani,* S.17.
1030. *Adolf Rusch: Die Entwicklung der Himmelsgöttin Nut,* S.21.
1031. *Hermann Kees: Der Götterglaube im alten Ägypten,* S.226.
1032. ebenda, Anm.3.
1033. *Erik Hornung: Die Unterweltsbücher der Ägypter,* S.445, Teil A, 4. Register. Nicht zuletzt ist das auch die „Insel des Niedertretens", die ja in Edfu so oft erscheint. Vergl. dazu *E.A.E. Reymond: The Mythical Origin of the Egyp-*

tian Temple, speziell S.88-105.

1034. *Erik Hornung: Die Unterweltsbücher der Ägypter,* S.171, 11. Stunde, Einleitung.

1035. ebenda, S.180, Unteres Register, 10. Szene.

1036. ebenda, S.169f, Unteres Register, 9.Szene.

1037. ebenda, S.269f, Mittleres Register, 58. Szene.

1038. ebenda, und *Erik Hornung: Die Nachfahrt der Sonne,* S.159ff.

1039. *E.A. Wallis Budge: Osiris,* Bd.II, S.143.

1040. *Jan Assmann: Ägyptische Hymnen und Gebete,* S.476f. Die hier erwähnte Göttin Sachmet ist der Hathor gleich, jedenfalls wird sie in der ägyptischen Version der Sintflut zum ausführenden menschenvernichtenden Organ der Hathor.

1041. ebenda, S.488.

1042. *Erik Hornung: Die Nachtfahrt der Sonne,* S.162 und speziell *Erik Hornung: Geist der Pharaonenzeit,* S.168-186.

1043. *Herodot: Historien,* S.165.

1044. *Erik Hornung: Die Nachtfahrt der Sonne,* S.161.

1045. *Herodot: Historien,* S.191.

1046. Der ganze Text findet sich bei *Jan Assmann: Ägyptische Hymnen und Gebete,* S.322-333 und bei *Walther Wolf: Der Berliner Ptahhymnus,* S.17-44 mit Hieroglyphentext und ausführlichem Kommentar.

1047. *Jan Assmann: Ägyptische Hymnen und Gebete,* S.328 und *Walther Wolf: Der Berliner Ptahhymnus,* S.32.

1048. *Zecharia Sitchin: Der zwölfte Planet,* S.232.

1049. ebenda.

1050. ebenda, S.224.

1051. *Barbara Sproul: Die Schöpfungsmythen der östlichen Welt,* S.102.

1052. *Erik Hornung: Das Totenbuch der Ägypter,* S.59, Spruch 17. Dieser Hügel bezieht sich nach meiner Ansicht auf die vorhergehende Zeile, in der Schu genannt wird, und er kann damit nur die ungeborene Erde bezeichnen.

1053. Seine Rolle ist aber rein passiver Natur, und als Schöpfergott tritt er niemals auf.

1054. *Immanuel Velikovsky: Welten im Zusammenstoß,* S.427, Anm.29. Dieses Buch ist trotz seiner überholten Handlung noch immer ein tolles Quellen-

werk für alle Belange der Marsmythen.
1055. *Zecharia Sitchin: Der zwölfte Planet,* S.181.
1056. *Jesco von Puttkamer: Der erste Tag der neuen Welt,* S.181.
1057. ebenda.
1058. *Raymond O. Faulkner: The Ancient Egyptian Coffin Texts,* Bd.III, S.99, Spruch 990 VII, 200.
1059. *Zecharia Sitchin: Der zwölfte Planet,* S.269.
1060. ebenda.
1061. ebenda, S.265.
1062. *Dieter Kurth: Treffpunkt der Götter,* S.281.
1063. *Hermann Junker: Das Götterdekret über das Abaton,* S.VI.
1064. *Raymond O. Faulkner: The Ancient Egyptian Coffin Texts,* Bd.III, S.115, Spruch 1015 VII, 234.
1065. ebenda, Bd.I, S.61, Spruch 66 I, 280.
1066. ebenda, Bd.I, S.82, Spruch 79 II, 25. *Jan Zandee: Sargtexte,* Spruch 79, S.145, übersetzt: „Bevor er Geb unter seinen Füßen gesehen hatte, indem Schu in seinem Bereich war."
1067. ebenda, S.146.
1068. Vergl. *Hermann Kees* in *Hans Bonnet: Reallexikon der ägyptischen Religionsgeschichte,* S.100f.
1069. *Hermann Kees: Der Götterglaube im alten Ägypten,* S.217, Anm.7.
1070. Vergl. dazu *Heinrich Schäfer: Die Seele auf der Pyramidenspitze,* S.70f. Schäfer erläutert den Denkstein Nr. 214 aus dem Vatikan-Museum: „Gebet an Osiris, daß er ihren (der Mutter) *bai* (Seele) herauskommen lasse aus der (Grabkammer), damit er sich niederlasse auf ihrer Pyramide und die Sonne [=Re]) beim Aufgang schaue."
1071. *Gregoire Kolpaktchy: Das ägyptische Totenbuch,* S.70, Kap.15.
1072. *Jan Zandee: Sargtexte,* Spruch 80, S.65.
1073. ebenda, S.63. Spruch 80 II, 29f-g.
1074. ebenda, S.67.
1075. *Erik Hornung: Das Totenbuch der Ägypter,* S.188 und Kommentar auf S.474f.
1076. ebenda, S.191, Spruch 99A.
1077. ebenda, S.194f, Spruch 99B.

1078. *Raymond O. Faulkner: The Ancient Egyptian Coffin Texts,* Bd.III, S.9, Spruch 818 VII, 17.
1079. ebenda, Bd.II, S.165, Spruch 554 VI, 154.
1080. ebenda.
1081. ebenda.
1082. *Hermann Junker: Ein Doppelhymnus aus Kom Ombo,* S.53f.
1083. *Günther Roeder: Urkunden zur Religion des alten Ägypten,* S.150-156 und *E.A. Wallis Budge: From Fetish to God,* S.438-444. Dort die „Legende von Schu und Geb als sie als Könige über Ägypten regierten" genannt.
1084. So nach *E.A. Wallis Budge: Legends of the Egyptian Gods,* S.231., Anm.2 („fair haven"). *Kurt Sethe: Beiträge zur ältesten Geschichte,* S.126 übersetzt ähnlich „Hafen der guten Dinge".
1085. *Hermann Junker: Die Onurislegende,* S.63.
1086. ebenda.
1087. *Günther Roeder: Urkunden zur Religion des alten Ägypten,* S.150.
1088. ebenda, S.151.
1089. ebenda.
1090. ebenda, S.152.
1091. ebenda.
1092. ebenda, S.153.
1093. ebenda.
1094. ebenda, S.154.
1095. ebenda.
1096. *Kurt Sethe: Übersetzung und Kommentar zu den altägyptischen Pyramidentexten,* Bd.V, S.47, Spruch 511 ß1151b-c.
1097. ebenda, S.50.
1098. *I.E.S. Edwards: Die ägyptischen Pyramiden,* S.196.
1099. Hieroglyphen drücken nur Konsonanten aus, und so schiebt man da, wo keine Vokalisation bekannt ist, einfach ein „e" ein, um eine Aussprache zu ermöglichen. *Mr* ist also *mer* zu sprechen.
1100. Davon berichten *Max Toth & Greg Nielsen: Pyramid Power,* S.24f.
1101. *Walter Scott: Hermetica,* S.341.
1102. So hat gerade *Hermann Kees: Kultlegende und Urgeschichte,* S.345-362, gezeigt, wie sehr auch geschichtliche Ereignisse den Mythos abgegrenzt

haben.
1103. *Hermann Kees: Horus und Seth als Götterpaar,* sieht das wohl richtig anders.
1104. Davon handelt *Kurt Sethe: Urgeschichte und älteste Religion der Ägypter.* Zum Folgenden *Hermann Kees: Der Götterglaube im alten Ägypten,* S.VI.
1105. *Hermann Kees: Zum Ursprung der sogenannten Horusdiener,* S.207.
1106. *Jan Assmann: Ägyptische Hymnen und Gebete,* S.437.
1107. *Hermann Kees: Der Götterglaube im alten Ägypten,* S.187.
1108. ebenda, S.153, Anm.2.
1109. *Hermann Kees: Horus und Seth als Götterpaar,* ist seine herausragende Arbeit dazu. Hier einige widersprechende Punkte: Schon früh treten Horus und Seth gemeinsam als oberägyptische Götter auf (s.I, S.69 und II, S.15, 29ff). Bereits in der 11. Dynastie treffen wir auf eine völlige Verdrehung der Länderzuweisungen in Dendera, in der Seth zum unterägyptischen Gott wird (s.I, S.8). In der 2. Dynastie erhält Seth neben der oberägyptischen auch die unterägyptische Krone (s.I, S.65). Nachdem unter den Hyksos Tanis zur ägyptischen Hauptstadt wurde, gelangte dort Seth zu höchsten Ehren. Tanis liegt aber in Unterägypten. Erneut fand dies unter der 19. Dynastie statt, und Seth wurde dort wieder zu einem unterägyptischen Gott (s.I, S.14, II, S.38). Nun hat ja die ganze Erforschung nach der Heimat von Osiris und Horus viel Wissenswertes hervorgebracht, doch bleibt diese Frage noch immer unbeantwortet. (Vergl. *Erik Hornung: Der Eine und die Vielen,* S.220f). Die Konsequenz daraus ist, daß beide Götter gleichzeitig in Ober- und Unterägypten ihren Kult gründeten, und dieser nicht von einem Punkt aus in ganz Ägypten verbreitet wurde. Dabei ist besonders die zeitliche Differenz interessant: Horus tritt plötzlich vor der geschichtlichen Zeit auf, Osiris ebenso plötzlich in der 5. Dynastie, und da voll ausgebildet!
1110. *Eberhard Otto: Die Lehre von den beiden Ländern.*
1111. ebenda, S.11f.
1112. *Heinrich Schäfer: Die Mysterien des Osiris in Abydos,* S.21f. Upuaut, seinem Wesen nach ein Kriegsgott, wird dort wie Horus zum Sohn des Osiris.
1113. *Eberhard Otto: Die Lehre von den beiden Ländern,* S.27ff.
1114. *Hermann Kees: Horus und Seth als Götterpaar,* Teil II, S.4.
1115. *Eberhard Otto: Die Lehre von den beiden Ländern,* S.11.

1116. *Henri Frankfort: Kingship and the Gods,* S.19.
1117. ebenda, S.20.
1118. ebenda, S.33.
1119. *Walter B. Emery: Archaic Egypt,* S.32ff.
1120. *Kurt Sethe: Beiträge zur ältesten Geschichte Ägyptens,* S.79 und 133-138.
1121. *Heinrich Schäfer: Die „Vereinigung der beiden Länder“,* S.75ff.
1122. *Kurt Sethe: Urgeschichte und älteste Religion der Ägypter,* S.70.
1123. *E.A. Wallis Budge: The Gods of the Egyptians,* Bd.II, S.28. Vergl. auch *Rainer Hannig: Die Sprache der Pharaonen,* S.1054.
1124. *E.A. Wallis Budge: The Gods of the Egyptians,* Bd.II, S.89.
1125. *Raymond O. Faulkner: The Ancient Egyptian Coffin Texts,* Bd.II, S.165, Spruch 554 VI, 154 und Anm.2.
1126. ebenda, Bd.III, S.172, Spruch 1135 VII, 479.
1127. Vergl. auch die hervorragende Zusammenfassung von *Hans Bonnet: Reallexikon der ägyptischen Religionsgeschichte,* S.702-715.
1128. ebenda, S.709.
1129. ebenda, S.713.
1130. ebenda, S.545.
1131. *Adolf Erman: Die Religion der Ägypter,* S.49.
1132. *Hermann Junker: Die Onurislegende,* S.1.
1133. ebenda, S.3.
1134. ebenda, S.13.
1135. ebenda, S.14.
1136. *Günther Roeder: Die ägyptische Religion in Texten und Bildern,* Bd.I, S.230f.
1137. *Kurt Sethe: Beiträge zur ältesten Geschichte Ägyptens,* S.140.
1138. ebenda, S.14.
1139. ebenda, S.121. Manetho weißt nichts davon, daß Menes Memphis gegründet hätte.
1140. ebenda, S.121ff.
1141. ebenda, S.12f.
1142. *Hermann A. Schlögl: Der Gott Tatenen,* S.79.
1143. *Kurt Sethe: Urgeschichte und älteste Religion der Ägypter,* S.174.
1144. *Hermann Junker: Die Onurislegende,* S.40.

1145. ebenda, S.41.
1146. ebenda, S.42.
1147. ebenda, Anm.2.
1148. *Hans Bonnet: Reallexikon der ägyptischen Religionsgeschichte,* S.741-743.
1149. *Hermann Junker: Die Onurislegende,* S.47.
1150. *Erik Hornung: Der Geist der Pharaonenzeit,* S.138-153.
1151. *Wolfgang Helck: Untersuchungen zu Manetho und den ägyptischen Königslisten.* S.4-8.
1152. *Erik Hornung: Der Eine und die Vielen,* S.232. Vergl. auch *E.A. Wallis Budge: Osiris,* Bd.I, S.168. *Eberhard Otto: Osiris und Amun,* S.23, meint übrigens, daß Wennofer, „der dauernd vollkommen ist", ein Personenname der 5. Dynastie, von Osiris aufgesaugt wurde. Vielleicht ist dies sein Teil, der die königlichen Attribute bildete.
1153. *Kurt Sethe: Urgeschichte und älteste Religion der Ägypter,* S.61 und *Kurt Sethe: Übersetzung und Kommentar zu den altägyptischen Pyramidentexten,* Bd.I, S.356, Kommentar zu Spruch 256 §301a: „Erbe des Geb heißen die Könige der geschichtlichen Zeit immerfort im Leben..."
1154. *Dieter Kurth: Treffpunkt der Götter,* S.102.
1155. ebenda, S.106.
1156. *E.A. Wallis Budge: Legends of the Egyptian Gods,* S.218. Eine deutsche Übersetzung, allerdings mit Auslassungen, bietet *Eberhard Otto: Osiris und Amun,* S.58ff.
1157. *Erik Hornung: Das Totenbuch der Ägypter,* S.396, Spruch 183.
1158. *Jan Assmann: Ägyptische Hymnen und Gebete,* S.435.
1159. *E.A. Wallis Budge: The Gods of the Egyptians,* Bd.II, S.89.
1160. *Hermann Junker: Die Onurislegende,* S.53f.
1161. ebenda, S.54.
1162. *Hans Bonnet: Reallexikon der ägyptischen Religionsgeschichte,* S.57f.
1163. *Hermann Junker: Die Onurislegende,* S.54 und 64f. Hier schleicht sich nun eine kleine Unsicherheit ein. Meist wird nämlich davon ausgegangen, daß Osiris die beiden Federn vom unterägyptischen Busiris erhalten hat. Dort trug sie schon vor Osiris Anezti, der von Osiris dann völlig überlagert wurde. Es ist aber doch sehr unwahrscheinlich, daß die beiden Federn gleichzeitig in Ober- und Unterägypten das Gauzeichen waren. So heißt es

z.B. bei *E.A. Wallis Budge: From Fethish to God*, S.110, daß das ältere Gauzeichen von Busiris den Anezti ohne diese Federn zeigt. Vergl. auch in *Wilhelm Spiegelberg: Eine Darstellung des Gottes Anezti*, S.74f, besonders die Anmerkungen.

1164. *Jan Assmann: Ägyptische Hymnen und Gebete*, S.457f.

1165. *E.A. Wallis Budge: The Gods of the Egyptians*, Bd.I, S.32.

1166. ebenda, Bd.II, S.3. Osiris war übrigens, bedingt durch sein spätes Auftreten, nicht der erste Gott in Abydos. Dieses Privileg genießt Chontamenti, der dann wiederum völlig von Osiris aufgesaugt wurde. Freilich trug auch dieser die Weiße Krone, jedoch ohne dieses Federpaar, was meiner Meinung nach einen besonderen Grund haben muß.

1167. Der Ausdruck: „Abydos war das Zentrum seines Königreiches auf Schu" wird wohl, nachdem wir den 8. oberägyptischen Gau, zu dem Abydos nun mal gehört, so gut beschrieben haben, die treffendere Aussage sein.

1168. *Erik Hornung: Das Totenbuch der Ägypter*, S.69, Spruch 17.

1169. *E.A. Wallis Budge: Legends of the Egyptian Gods*, S.218.

1170. *Heinrich Schäfer: Die Mysterien des Osiris in Abydos*, S.22f und 30.

1171. Einen guten Überblick über die einzelnen Fragmente dieser Sage bietet *George Hart: Ägyptische Mythen*, S.49-74.

1172. *E.A. Wallis Budge: Osiris*, Bd.I, S.XXIV.

1173. ebenda, S.210.

1174. Halt! wird man sogleich einwenden, das Osireion von Abydos galt doch oft als Grab des Osiris, daher der Name. Doch ist ja (vergl. Anm.170) bis heute nicht geklärt, ob nun Sakkara in Unterägypten oder Abydos das „echte" Grab, oder der Kenotaph das „Scheingrab" ist. Daß jeder König damals zwei Gräber hatte, also eines in Ober–, eines in Unterägypten, ist doch nur ein weiterer Ausdruck des Dualitätsprinzips. Das Osireion könnte genausogut als Symbol der alten Königsstadt des Osiris angesehen werden; als sein Herkunftsort, an dem man ihm ein Denkmal setzen wollte -- ein Scheingrab also. Allgemein gilt jedoch die Auffassung, daß das Grab des Königs Djer aus der 1. Dynastie bis in die Spätzeit hinein als Osirisgrab gesehen wurde (vergl. *Eberhard Otto: Osiris und Amun*, S.44 und 57). Andererseits, und das führt uns zu der Frage nach dem Alter des Osireions zurück, schrieb Sethos I., dem man diesen Bau zubilligt, dort nicht, daß er den Tempel erbaut habe, sondern: „Nützlich ist Men-Maat-Re (=Sethos) für Osiris.“ *Eberhard Otto: Osiris und Amun,* S.50, interpretiert diese Aussage aber genau andersrum.

1175. *Joachim Spiegel: Die Erzählung vom Streite des Horus und Seth,* S.140.

1176. ebenda, S.118f.

1177. ebenda, S.126. Kurz darauf spricht schon wieder Schu.

1178. ebenda, S.138.

1179. ebenda, S.62.

1180. ebenda, Anm.1.

1181. *Günther Roeder: Urkunden zur Religion des alten Ägypten,* S.94.

1182. *Raymond O. Faulkner: The Ancient Egyptian Coffin Texts,* Bd.III, S.49, Spruch 885 VII, 97.

1183. ebenda, S.106, Spruch 1000 VII, 217.

1184. *Dieter Kurth: Treffpunkt der Götter,* S.259.

1185. *Hermann Junker: Die politische Lehre von Memphis,* S.74.

1186. *Dieter Kurth: Treffpunkt der Götter,* S.246.

1187. *Manfred Lurker: Götter und Symbole der alten Ägypter,* S.285.

1188. *Heinrich Schäfer: Die „Vereinigung der beiden Länder“,* S.75.

1189. *Rainer Hannig; Die Sprache der Pharaonen,* S.702.

1190. *Raymond O. Faulkner: The Ancient Egyptian Coffin Texts,* Bd.III, S.171, Spruch 1133 VII, 476. Die „Lungen des Schu“, an sich wichtig genug, sind dabei gesichert. Nur die „Verkommenheit“ bezweifelt Faulkner in Anm.2.

1191. *E.A.E. Reymond: The Mythical Origin of the Egyptian Temple,* S.57.

1192. *Dieter Kurth: Treffpunkt der Götter,* S.258.

1193. *Walter Scott: Hermetica,* S.341.

1194. *Henri Frankfort: Kingship and the Gods,* S.43.

1195. *Herodot: Historien,* S.134.

1196. *Günther Roeder: Urkunden zur Religion des alten Ägypten,* S.156.

1197. ebenda, S.179f.

1198. *Emma Brunner-Traut: Ägypten – Kunst- und Reiseführer,* S.692.

1199. *Hans Bonnet: Reallexikon der ägyptischen Religionsgeschichte,* S.138. Später fand ich dann noch heraus, daß *Hermann Junker: Der Auszug der Hathor-Tefnut,* S.72, den Ort im Titel des Königs als „Lebendes Abbild des Schu in Esneh“ antraf.

1200. *Hermann Junker: Die politische Lehre von Memphis,* S.12.

1201. *Dieter Kurth: Treffpunkt der Götter,* S.247.
1202. ebenda, S.90.
1203. ebenda, S.281.
1204. *Jan Assmann: Ma'at,* S.15.
1205. ebenda, S.17.
1206. ebenda, S.171f.
1207. ebenda, S.225.
1208. ebenda, Anm.56.
1209. *E.A. Wallis Budge: From Fetish to God,* S.106-111.
1210. *Hans Bonnet: Reallexikon der ägyptischen Religionsgeschichte,* S.743.
1211. ebenda, S.380.
1212. ebenda, S.312.
1213. ebenda, S.300.
1214. ebenda, S.433.
1215. ebenda. Selbst die Göttin Ma'at wurde geteilt, und man sprach nun von den „beiden Ma'at".
1216. *Hermann Kees: Kultlegende und Urgeschichte,* S.362.
1217. ebenda. Vergl. auch S.348.
1218. Einen weiteren ersten Anhaltspunkt, den ich noch nicht genau erläutern kann, bietet *Kurt Sethe: Dodekaschoinos, das Zwölfmeilenland an der Grenze von Aegypten und Nubien.*
1219. *Hermann Junker: Der Auszug der Hathor-Tefnut aus Nubien,* griff die Sage 1911 zuerst auf. Ihm folgte 1912 *Kurt Sethe: Zur altägyptischen Sage vom Sonnenauge das in der Ferne war.* Damit begann eine Auseinandersetzung über die Frage, ob wir es hier mit einer Sage vom Sonnenauge oder vom Mondauge zu tun haben. 1917 folgte *Hermann Junker: Die Onurislegende,* eine sehr umfangreiche Arbeit, die besonders meiner Untersuchung sehr hilfreich war.
1220. ebenda, S.153.
1221. *Eberhard Otto: Die Lehre von den beiden Ländern,* S.24.
1222. ebenda, S.23.
1223. *Kurt Sethe: Zur altägyptischen Sage vom Sonnenauge,* S.5 (121).
1224. *Hermann Kees: Zu den ägyptischen Mondsagen,* S.8f, tat diese interessante Verbindung auf: „Im Tb.Kap.114, das von den Seelen von Hermopolis

handelt, wird nun von der geheimnisvollen Feder berichtet, die in Verbindung gebracht wird mit dem Bluten der Roten Krone und dem Verschlingen des Auges (durch Seth).“ Das ist sicher Seths Angriff auf den Mars, der hier durch die Schu-Feder repräsentiert wird. Weiter stößt er auch auf die Göttin Ma’at: „Hierbei ist auch noch das übliche Gleichnis zwischen der Göttin $M3^{c}$.t und dem ‚Horusauge‘, schließlich sogar eine mögliche Spielerei mit der Schreibung $m3^{c}$.t mit dem Bilde der Feder zu berücksichtigen, die nachweislich in den jüngeren Bearbeitungen des Tb.Kap.114/116 eine Rolle gespielt hat.“

1225. *Günther Roeder: Urkunden zur Religion des alten Ägypten,* S.154.

1226. *Wolfgang Cordan: Popol Vuh,* S.187.

1227. ebenda.

1228. *Stephen M. Stanley: Krisen der Evolution,* S.31.

1229. *Tjeerd H. van Andel: Das neue Bild eines alten Planeten,* S.51.

1230. *Stephen M. Stanley: Krisen der Evolution,* S.20.

1231. *Susanne Hansen: Mythen vom Anfang der Welt,* S.329.

1232. *Dieter Kurth: Treffpunkt der Götter,* S.199.

1233. *Erik Hornung: Das Totenbuch der Ägypter,* S.212, Spruch 110.

1234. *Immanuel Velikovsky: Welten im Zusammenstoß,* S.248.

1235. ebenda.

1236. ebenda, S.249.

1237. ebenda.

1238. ebenda, S.250.

1239. ebenda.

1240. ebenda, S.271.

1241. *Kurt Sethe: Übersetzung und Kommentar zu den altägyptischen Pyramidentexten,* Bd.II, S.139, Spruch 273/274 §411a-b.

1242. *Immanuel Velikovsky: Welten im Zusammenstoß,* S.249.

1243. ebenda, S.260.

1244. ebenda.

1245. ebenda, S.258.

1246. ebenda, S.255.

1247. ebenda, S.255f.

1248. *Raymond O. Faulkner: The Ancient Egyptian Pyramid Texts,* S.42, Spruch 215 §143.

1249. ebenda.
1250. *Immanuel Velikovsky: Welten im Zusammenstoß,* S.258. Velikovsky, der gemäß seiner Theorie alles Material über den Mars gesammelt hat, speziell zum Kriegsgott, führt keine ägyptische Version an, weil Schu freilich, trotz der griechischen Gleichsetzung, nie als Mars erkannt wurde. Er hätte sich als solcher von der Wissenschaft auch nachträglich nicht mehr einfügen lassen, denn zu klar waren die altägyptischen Vorstellungen vom Weltenbau schon in eine andere Richtung interpretiert worden, was, wie sich hier jetzt zeigt, zu unmöglichen Konsequenzen geführt hätte. Es wäre andererseits aber sehr sonderbar, wenn in den meisten altorientalischen Kulturen der Mars so hervortritt, und er nur ausgerechnet in Ägypten keine Parallele gehabt haben soll. Das paßt nach meinen bisherigen Studien über alte Kulturen, die in der Regel ja dieselben Geschichten erzählen, überhaupt nicht zusammen.
1251. *Lexikon des Judentums,* S.159.
1252. *E.A. Wallis Budge: From Fetish to God,* S.250f.
1253. Gefunden bei *Tjeerd H. van Andel: Das neue Bild eines alten Planeten,* S.15.
1254. *Jan Assmann: Ägyptische Hymnen und Gebete,* S.287.
1255. ebenda, S.273.
1256. *Erik Hornung: Das Totenbuch der Ägypter,* S.132, Spruch 62.
1257. *Herodot: Historien,* S.154f.
1258. *Hermann Kees: Der Götterglaube im alten Ägypten,* S.12, Anm.7 und S.402, Anm.2.
1259. *Henri Frankfort: Kingship and the Gods,* S.179 und S.388, Anm.91.
1260. *Heinrich Schäfer: Die Mysterien des Osiris in Abydos,* S.23 (67) und Anm.5, S.31 (75)f, sieht ohne große Erklärungen eine direkte Verwandtschaft zwischen den Ereignissen in Papremis und seinem Thema. Dort zieht Upuaut als Horus aus, und ebenso kommt es zum Kampf mit Seth. Natürlich ist das dieselbe Geschichte.
1261. Dieses Fest wird beschrieben bei *Zecharia Sitchin: Das erste Zeitalter; Henry William Frederik Saggs: Mesopotamien,* S.567-572; *Joan Oates: Babylon,* S.211f; und sehr ausführlich mit Querverbindungen zu anderen Kulturen bei *Henri Frankfort: Kingship and the Gods,* S.313-333.

1262. So nach *Sitchin: Das erste Zeitalter,* S.135. Dagegen *Henry William Frederik Saggs: Mesopotamien,* S.566: „Eine plausible etymologische Erklärung konnte bisher weder für die sumerische noch für die akkadische Form gefunden werden, möglicherweise war das Wort in beiden Sprachen ein Fremdwort."

1263. *Jan Assmann: Ma'at,* S.175f, spricht regelrecht von „Spaltungsmythen" und gibt in Anm. 50 eine lange Liste wissenschaftlicher Arbeiten über die „Trennung von Himmel und Erde", auch für außerägyptische Kulturen. Ich verfüge z.Zt. über keines der dort genannten Werke, kann mir aber lebhaft vorstellen, daß die Ursache wieder in der „gespaltenen" Persönlichkeit der Alten gesucht wird statt in „realen" Ereignissen, weil der Mythos eben nicht „real" sein darf, der Ägypter aber durchaus schizophren.

1264. *Barbara Sproul: Schöpfungsmythen der westlichen Welt,* S.317.

1265. *Robert Temple: Das Sirius-Rätsel,* S.38.

1266. ebenda, S.39.

1267. ebenda, S.44.

1268. ebenda, S.45.

1269. *Rudolf Jockel: Die großen Mythen der Menschheit,* S.91.

1270. *Jan Knappert: Lexikon der indischen Mythologie,* S.203.

1271. *Ernst Müller: Der Sohar,* S.60.

1272. ebenda, S.81f.

1273. ebenda, S.106.

1274. ebenda, S.210f.

1275. *Ulf Diederichs: Germanische Götterlehre,* S.124-177.

1276. ebenda, S.130.

1277. ebenda, S.252.

1278. ebenda, S.130.

1279. ebenda, S.133.

1280. ebenda, S.207.

1281. ebenda.

1282. *Wolfgang Cordan: Popol Vuh,* S.29.

1283. ebenda, S.31.

1284. *Christian Rätsch: Chactun,* S.65.

1285. *Wolfgang Cordan: Popol Vuh,* S.197.

1286. *Christian Rätsch: Chactun,* S.73.
1287. *Wolfgang Cordan: Popol Vuh,* S.197. Cordan hat („Erde") hinter cabán gesetzt, nicht der Autor.
1288. *Erik Hornung: Das Totenbuch der Ägypter,* S.338, Spruch 161.
1289. *Hermann Junker: Die Onurislegende,* S.2f.
1290. *Graham Hancock: Die Spur der Götter,* S.166.
1291. *Jaques Soustelle: Die Olmeken,* S.67f.
1292. *Barbara Sproul: Schöpfungsmythen der östlichen Welt,* S.245.
1293. *Rudolf Jockel: Die großen Mythen der Menschheit,* S.173.
1294. ebenda, S.174.
1295. *Susanne Hansen: Mythen vom Anfang der Welt,* S.418.
1296. *Hermann Grapow: Die Welt vor der Schöpfung,* speziell S.37f.
1297. *Tjeer H. van Andel: Das neue Bild eines alten Planeten,* S.233-235.
1298. *Zecharia Sitchin: Am Anfang war der Fortschritt,* S.116. Die Erklärungen dort zu den physischen Phänomenen sind außerordentlich interessant.
1299. *Rune Andersen: Doppelter Schlag gegen das Leben,* S.28-31 (Zitat S.31).
1300. V*inzenz Hamp: Die heilige Schrift des Alten und Neuen Testaments,* S.1f.
1301. *Richard L. Thompson & Michael A. Cremo: Verbotene Archäologie,* S.39.
1302. ebenda, S.41.
1303. ebenda.

Abkürzungen

AnO Analecta Orientalia, Commentationes Scientificae de Rebus Orientis Antiqui, Rom.

AKM Abhandlungen für die Kunde des Morgenlandes, Leipzig.

APAW Abhandlungen der Preußischen Akademie der Wissenschaften, Berlin.

BdW Bild der Wissenschaft, Stuttgart.

DA Die Antike. Zeitschrift für Kunst und Kultur des klassischen Altertums, Berlin, Leipzig.

DAWW Denkschriften der Kaiserlichen Akademie der Wissenschaften, phil.-hist. Kl., Wien.

DKDVS Det Kgl. Danske Videnskabernes Selskab, Historik Filologiske Meddelelser, Kopenhagen.

GGA Göttingische Gelehrte Anzeigen, Göttingen, Berlin.

IL Illustrierte Wissenschaft, Norderstedt.

JEA Journal of Egyptian Archaeology, London.

LÄS Leipziger Ägyptologische Studien, Glückstadt, Hamburg, New York.

LSS Leipziger Semitistische Studien, Leipzig.

Ma Magazin 2000, Neuss, Düsseldorf.

MÄS Münchner Ägyptologische Studien, München, Berlin.

MDAIK Mitteilungen des Deutschen Archäologischen Instituts, Abteilung Kairo, Mainz.

MDIÄA Mitteilungen des Deutschen Instituts für Ägyptische Altertumskunde in Kairo, Berlin, Wiesbaden.

MVAG Mitteilungen der Vorderasiatisch-Aegyptischen Gesellschaft, Leipzig.

NGWG Nachrichten von der Gesellschaft der Wissenschaften zu Göttingen, Phil.-hist. Kl., Fachgruppe I, Göttingen.

NKGWG Nachrichten von der Königlichen Gesellschaft der Wissenschaften zu Göttingen. Phil.-hist. Kl., Berlin.

OBO Orbus biblicus et orientalis, Freiburg/Schweiz,Göttingen.

RZ Raum & Zeit, Dietramszell.

SBAW Sitzungsbericht der Bayrischen Akademie der Wissenschaften. Phil.-hist. Abt., München.

SWGS Schriften der Wissenschaftlichen Gesellschaft Straßburg, Straßburg.
SdW Spektrum der Wissenschaft, Heidelberg.
SO Star Observer, Wien.
TUGAL Texte und Untersuchungen zur Geschichte der altchristlichen Literatur, Leipzig.
UGAÄ Untersuchungen zur Geschichte und Altertumskunde Ägyptens, Leipzig.
VESE Veröffentlichungen der Ernst-von-Sieglin-Expedition, Leipzig.
ZÄS Zeitschrift für ägyptische Sprache und Altertumskunde, Leipzig, Berlin.
ZDMG Zeitschrift der Deutschen Morgenländischen Gesellschaft, Leipzig, Wiesbaden.

Literaturverzeichnis

Aldred, Cyril: *Echnaton – Gott und Pharao Ägyptens.* Herrsching, o.J.

Andel, Tjeerd H. van: *Das neue Bild eines alten Planeten.* München, [1985], 1992.

Andersen, Rune: *Doppelter Schlag gegen das Leben.* in: IL, 9/95.

Arnold, Dieter: *Die Tempel Ägyptens.* Zürich-München, 1992.

Arnold, Dieter: *Lexikon der ägyptischen Baukunst.* Zürich-München, 1994.

Assmann, Jan: *Ägyptische Hymnen und Gebete.* Zürich-München, 1975.

Assmann, Jan: *Ma'at – Gerechtigkeit und Unsterblichkeit im Alten Ägypten.* München, [1990], 1995.

Barocas, Claudio: *Monumente Großer Kulturen – Ägypten.* Erlangen, 1986.

Barta, Winfried: *Der Königsring als Symbol zyklischer Wiederkehr.* in: ZÄS 98, 1972.

Barta, Winfried: *Die Bedeutung der Pyramidentexte für den verstorbenen König.* MÄS 39, 1981.

Bauval, Robert & Gilbert, Adrian: *Das Geheimnis des Orion.* München, 1994.

Beltz, Walter: *Die Mythen der Ägypter.* Düsseldorf, 1982.

Berlitz, Charles: *Geheimnisse versunkener Welten.* Bergisch Gladbach. [1972], 1990.

Blumrich, J.F.: *Kásskara und die sieben Welten.* München, [1979], 1985.

Bonnet, Hans: *Reallexikon der ägyptischen Religionsgeschichte.* Berlin, [1952], 1971.

Bonwetsch, G. Nathanael: *Die Bücher der Geheimnisse Henochs – Das sogenannte slawische Henochbuch.* In: TUGAL XLIV, [1922], 1924.

Braem, Harald: *Die Geheimnisse der Pyramiden.* München, [1992], 1994.

Breasted, James Henry: *Geschichte Ägyptens.* Wien, [1905], 1936.

Brier, Robert: *Zauber und Magie im alten Ägypten.* Frankfurt/M-Berlin, [1980], 1991.

Brunner, Hellmut: *Altägyptische Religion – Grundzüge.* Darmstadt, 1989.

Brunner-Traut, Emma: *Altägyptische Märchen.* München, [1963],1991.

Brunner-Traut, Emma: *Ägypten – Kunst- und Reiseführer.* Stuttgart, [1978], 1988.

Brunner-Traut, Emma: *Gelebte Mythen – Beiträge zum altägyptischen Mythos.*

Darmstadt, [1981], 1988.
Brunton, Paul: *Geheimnisvolles Ägypten.* Bergisch Gladbach, [1951], 1992.
Budge, E. A. Wallis: *The Gods of the Egyptians.* 2 Bde. New York, [1904], 1969.
Budge, E. A. Wallis: *The Egyptian Heaven and Hell.* 3 Bde. London, [1906], 1976.
Budge, E. A. Wallis: *Osiris and the Egyptian Resurrection.* 2 Bde. New York, [1911], 1973.
Budge, E. A. Wallis: *Legends of the Egyptian Gods.* New York, [1912], 1994.
Budge, E. A. Wallis: *From Fetish to God in Ancient Egypt.* New York, [1934], 1988.
Burland, C. A.: *Völker der Sonne.* Bergisch Gladbach, [1976], 1977.
Buttlar, Johannes von: *Sie kommen von fremden Sternen.* München, 1986.
Buttlar, Johannes von: *Leben auf dem Mars.* München, 1987.
Champdor, Albert: *Das ägyptische Totenbuch.* Freiburg/Br., [1977], 1993.
Charpentier, Louis: *Die Geheimnisse der Kathedrale von Chartres.* Köln, 1972.
Charroux, Robert: *Verratene Geheimnisse.* Frankfurt/M-Berlin, [1965], 1987.
Coe, Michael D.: *Weltatlas der alten Kulturen – Amerika vor Kolumbus.* München, 1986.
Cordan, Wolfgang: *Popol Vuh – Das Buch des Rates.* Gütersloh, [1962], 1981.
Corteggiani, Jean-Pierre: *Kunst des alten Ägypten im Museum Kairo.* Gütersloh, o.J.
Davis, Nigel: *Die Azteken.* Reinbek, [1973], 1989.
Däniken, Erich von: *Erinnerungen an die Zukunft.* Düsseldorf, 1968.
Däniken, Erich von: *Beweise.* Düsseldorf, 1974.
Däniken, Erich von: *Die Augen der Sphinx.* München, 1989.
Der Mars. in: SO 1/94.
Die Welt der Maya. Geo Special Nr. 5, Oktober, 1993.
Diederichs, Ulf: *Germanische Götterlehre.* München, [1984], 1991.
Dondelinger, Edmund: *Das Totenbuch des Schreibers Ani.* Graz, 1987.
Edwards, I.E.S.: *Die ägyptischen Pyramiden.* Wiesbaden, [1947,1961], 1967.
Emery, Walter Bryan: *Archaic Egypt.* London, [1961], 1991.
Erman, Adolf: *Die Religion der Ägypter.* Berlin, [1934], 1978.
Faulkner, Raymond O.: *The Ancient Egyptian Pyramid Texts.* Warminster, [1969], 1993.

Faulkner, Raymond O.: *The Ancient Egyptian Coffin Texts.* 3 Bde.[1973], 1994.
Fichtner-Jeremias, Christliebe: *Der Schicksalsglaube bei den Babyloniern.* in: MVAG 27, 1922.
Fodor, Sándor: *The Origins of the Arabic Surid Legend.* in: ZÄS 96, 1970.
Frankfort, Henri: *Ancient Egyptian Religion.* New York, [1948], 1961.
Frankfort, Henri: *Kingship and the Gods.* Chicago, [1948], 1978.
Gaebert, Hans W.: *Der große Augenblick in der Astronomie.* Bayreuth, 1972.
Gardiner, Alan H.: *The Secret Chambers of the Sanctuary of Thot.* in: JEA 11, 1925.
Gardiner, Alan H.: *Geschichte des Alten Ägypten.* Augsburg, [1962], 1994.
Gottschalk, Herbert: *Lexikon der Mythologie.* München, 1993.
Graefe, Erich: *Das Pyramidenkapitel in Al-Makriz's „Hitat".* in: LSS V, Heft 5, [1911], 1968.
Grapow, Hermann: *Die Welt vor der Schöpfung.* in: ZÄS 67, 1931.
Gruzinski, Serge: *Die Azteken.* Ravensburg, [1988], 1992.
Haberle, Robert M.: *Das Marsklima.* in: SdW 7, 1986.
Hahn, Hermann-Michael: *Erde, Sonne und Planeten.* Köln, 1978.
Hamp, Vinzenz: *Die heilige Schrift des Alten und Neuen Testaments.* Augsburg, 1991.
Hannig, Rainer: *Die Sprache der Pharaonen – Großes Handwörterbuch Ägyptisch-Deutsch (2800-950 v. Chr.).* Mainz, 1995.
Hansen, Susanne: *Mythen vom Anfang der Welt.* Augsburg, 1991.
Hart, George: *Ägyptische Mythen.* Stuttgart, [1990], 1993.
Helfritz, Hans: *Amerika – Land der Inka, Maya und Azteken.* Wien, 1965.
Helck, Wolfgang: *Untersuchungen zu Manetho und den ägyptischen Königslisten.* UGAÄ 18, 1956.
Herodot: *Historien.* Bd. I, Buch I-V. München, [1983], 1991.
Hoagland, Richard C.: *Die Mars Connection.* Essen, [1987,1992], 1994.
Hoffnung durch alten Marsstein. in: IW 5, 1996.
Hölscher, Uvo: *Das Grabdenkmal des Königs Chefren.* VESE 1, 1912.
Hope, Murry: *Atlantis – Mythos oder Wirklichkeit?* Frankfurt/M, [1991], 1994.
Hornung, Erik: *Der Eine und die Vielen – Ägyptische Gottesvorstellungen.* Darmstadt, [1971], 1993.
Hornung, Erik: *Die Unterweltsbücher der Ägypter.* Zürich-München,

[1972,1989], 1992.
Hornung, Erik: *Das Totenbuch der Ägypter.* Zürich-München, [1979], 1990.
Hornung, Erik: *Tal der Könige. Augsburg,* [1982], 1995.
Hornung, Erik: *Der ägyptische Mythos von der Himmelskuh.* OBO 46, [1982], 1991.
Hornung, Erik: *Geist der Pharaonenzeit.* München, [1989], 1992.
Hornung, Erik: *Die Nachtfahrt der Sonne – Eine altägyptische Beschreibung des Jenseits.* Zürich-München, 1991.
Humboldt-Astronomie-Lexikon. München, [1989], 1990.
Ions, Veronica: *Die Götter und Mythen Ägyptens.* Klagenfurt, [1965, 1968], 1988.
Jacq, Christian: *Echnaton und Nofretete.* München, [1976], 1978.
Jockel, Rudolf: *Die großen Mythen der Menschheit.* Augsburg, 1990.
Junker, Hermann: *Der Auszug der Hathor-Tefnut aus Nubien.* in: APAW, 1911.
Junker, Hermann: *Das Götterdekret über das Abaton.* in: DAWW 56, 1913.
Junker, Hermann: *Die Onurislegende.* in: DAWW 59, 1917.
Junker, Hermann: *Von der ägyptischen Baukunst des Alten Reiches.* in: ZÄS 63, 1928.
Junker, Hermann: *Ein Doppelhymnus aus Kom Ombo.* in: ZÄS 67, 1931.
Junker, Hermann: *Die Götterlehre von Memphis.* in: APAW, 1939.
Junker, Hermann: *Die politische Lehre von Memphis.* in: APAW, 1941.
Junker, Hermann: *Der sehende und blinde Gott.* in: SBAW, 1942, Heft 7.
Kákosy, László: *Selige und Verdammte in der spätägyptischen Religion.* in: ZÄS 97, 1971.
Kees, Hermann: *Horus und Seth als Götterpaar I.* in: MVAG 28, 1923.
Kees, Hermann: *Horus und Seth als Götterpaar II.* in: MVAG 29, 1924.
Kees, Hermann: *Zu den ägyptischen Mondsagen.* in: ZÄS 60, 1925.
Kees, Hermann: *Totenglauben und Jenseitsvorstellungen der alten Ägypter.* Leipzig, 1926.
Kees, Hermann: *Stichwort „Sos“.* in: Paulys Realencyclopädie der classischen Altertumswissenschaft. 2. Reihe, 5. Band. München, 1927.
Kees, Hermann: *Zum Ursprung der sogenannten Horusdiener.* in: NGWG, 1927.
Kees, Hermann: *Ein Klagelied über das Jenseits.* in: ZÄS 62, 1927.
Kees, Hermann: *Kultlegende und Urgeschichte.* in: NGWG, 1930.

Kees, Hermann: *Probleme ägyptischer Vorgeschichte.* in: GGA, 1939.
Kees, Hermann: *Der Götterglaube im alten Ägypten.* MVAG 45, 1941.Verb. Nachdruck, Berlin, [1955], 1977.
Knappert, Jan: *Lexikon der indischen Mythologie.* München, [1991], 1994.
Kohlenberg, Karl F.: *Enträtselte Vorzeit.* München, 1970.
Kolpaktchy, Gregoire: *Das ägyptische Totenbuch.* Gütersloh, [1954], o.J.
Körbler, Erich: *Das Ende der Diktatur der Naturwissenschaft.* in: RZ 67, Jan/Feb 1994.
Kremer, Bruno: *Leben auf dem Festland schon vor mehr als 800 Millionen Jahren.* in: SdW 7, 1994.
Kurth, Dieter: *Treffpunkt der Götter* – Inschriften aus dem Tempel des Horus von Edfu. Zürich-München, 1994.
Lange, H.O.: *Der magische Papyrus Harris.* in: DKDVS 14, 1927.
Lange, Kurt & Hirmer, Max: Ägypten – Architektur, Plastik, Malerei in drei Jahrtausenden. München-Zürich, [1967], 1978.
Lauer, Jean-Philippe: *Das Geheimnis der Pyramiden* – Baukunst und Technik. München-Berlin, [1974], 1980.
Lauer, Jean-Philippe: *Die Königsgräber von Memphis* – Grabungen in Saqqara. Herrsching, [1976, 1988], 1991.
Lexikon der Astronomie. 2 Bde. Frankfurt/M., 1995.
Lexikon des Judentums. Gütersloh, 1971.
Lurker, Manfred: *Götter und Symbole der alten Ägypter.* Bergisch Gladbach, [1974], 1992.
Luu, Jane X. & Jewitt, David C.: *Der Kuiper-Gürtel.* in: SdW 7, 1996.
MAGAZIN 2000, Neuss: *verschiedene Ausgaben:* Universum, Kosmos, Mars, Pyramiden.
Mendelssohn, Kurt: *Das Rätsel der Pyramiden.* Augsburg, [1974], 1996.
Montet, Pierre: *Das alte Ägypten.* Zürich, 1964.
Morenz, Siegfried: *Traditionen um Cheops.* in: ZÄS 97, 1971.
Möller, Georg: *Zu Herodots ägyptischen Geschichten.* in: ZÄS 56, 1920.
Müller, Ernst: *Der Sohar.* München, [1932], 1982.
Neues vom Mars. in: Ma 101, 1994.
Oates, Joan: *Babylon – Stadt und Reich im Brennpunkt des Alten Orient.* Bergisch Gladbach, 1983.

Otto, Eberhard: *Die Lehre von den beiden Ländern Ägyptens in der ägyptischen Religionsgeschichte.* in: AnO 17, 1938.
Otto, Eberhard: *Osiris und Amun* – Kult und heilige Stätten, München, 1966.
Petrie, William Matthew Flinders: *The Pyramids and Temples of Gizeh.* London, [1883], 1990.
Posener, Georges: *Knaurs Lexikon der ägyptischen Kultur.* München, [1959], 1978.
Puttkamer, Jesco von: *Der erste Tag der neuen Welt.* Frankfurt/M, 1981.
Rätsch, Christian: *Chactun – Die Götter der Maya.* München, [1986], 1994.
Reymond, E.A.E.: *The Mythical Origin of the Egyptian Temple.* Manchester, 1969.
Ryan, Matthew: *Die Antwort liegt auf dem Mars.* Interview mit R. Hoagland. in: Ma 95, 1993.
Roeder, Günther: *Urkunden zur Religion des alten Ägypten.* Jena, [1915], 1923.
Roeder, Günther: *Die ägyptische Religion in Texten und Bildern.* 4 Bde. Zürich-Stuttgart, 1959-1961.
Rusch, Adolf: *Die Entwicklung der Himmelsgöttin Nut zu einer Totengottheit.* in: MVAG 27, 1922.
Saggs, Henry William Frederik: *Mesopotamien – Assyrer, Babylonier, Sumerer.* Zürich, 1966.
Sahagun, Fray Bernadino de: *Aus der Welt der Azteken.* Frankfurt/M, 1990.
Schäfer, Heinrich: *Die Mysterien des Osiris in Abydos.* in: UGAÄ 4, 1904.
Schäfer, Heinrich & Andrae, Walter: *Die Kunst des alten Orients.* Propyläen-Kunstgeschichte, Bd.II, Berlin, 1925.
Schäfer, Heinrich: *Weltgebäude der Ägypter.* in: DA III, Heft 2, 1927.
Schäfer, Heinrich: *Die Seele auf der Pyramidenspitze.* in: ZÄS 66, 1931.
Schäfer, Heinrich: *Die Ausdeutung der Spiegelplatte als Sonnenscheibe.* in: ZÄS 68, 1932.
Schäfer, Heinrich: *Die „Vereinigung der beiden Länder“.* in: MDIÄA 12, 1943.
Schele, Linda & Freidel, David: *Die unbekannte Welt der Maya.* Augsburg, [1990], 1994.
Schlögl, Hermann Alexander: *Der Gott Tatenen* – Nach Texten und Bildern des Neuen Reiches. OBO 29, 1980.
Schlögl, Hermann Alexander: *Amenophis IV. Echnaton.* Reinbeck, 1986.

Schultz, Peter H.: *Polwanderung auf dem Mars.* in: SdW 2, 1986.
Schulze, Peter H.: *Auf den Schwingen des Horusfalken* – Die Geburt der ägyptischen Hochkultur. Herrsching, [1980], 1986.
Schüssler, Karlheinz: *Die ägyptischen Pyramiden – Erforschung, Baugeschichte und Bedeutung.* Köln, [1983], 1992.
Schüssler, Karlheinz: *Kleine Geschichte der ägyptischen Kunst.* Köln, 1988.
Scott, Walter: *Hermetica.* Boston, [1924], 1993.
Sethe, Kurt: *Dodekaschoinos, das Zwölfmeilenland an der Grenze von Aegypten und Nubien.* in: UGAÄ 2, Heft III, 1901.
Sethe, Kurt: *Imhotep, der Asklepios der Aegypter, ein vergötterter Mensch aus der Zeit des Königs Doser.* in: UGAÄ 2, Heft IV, 1902.
Sethe, Kurt: *Beiträge zur ältesten Geschichte Ägyptens.* in: UGAÄ 3, 1905.
Sethe, Kurt: *Zur altägyptischen Sage vom Sonnenauge, das in der Fremde war.* in: UGAÄ 5, Heft 3, 1912.
Sethe, Kurt: *Von Zahlen und Zahlworten bei den alten Ägyptern.* in: SWGS, 25. Heft, 1916.
Sethe, Kurt: *Die Zeitrechnung der alten Ägypter im Verhältnis zu der der anderen Völker – I. Teil.* in: NKGWG, 1919.
Sethe, Kurt: *Die Zeitrechnung der alten Ägypter im Verhältnis zu der der anderen Völker – II. und III. Teil.* in: NKGWG, 1920.
Sethe, Kurt: *Amun und die acht Urgötter von Hermopolis.* in: APAW 4, 1929.
Sethe, Kurt: *Urgeschichte und älteste Religion der Ägypter.* Beiheft zu ZDMG, 1930. Nachdruck AKM XVIII, Nr.4, 1966.
Sethe, Kurt: *Übersetzung und Kommentar zu den altägyptischen Pyramidentexten.* 6 Bde. Hamburg, Glückstadt, New York 1961.
Sitchin, Zecharia: *Der zwölfte Planet.* München, [1976], 1989.
Sitchin, Zecharia: *Stufen zum Kosmos.* München, [1980], 1989.
Sitchin, Zecharia: *Die Kriege der Menschen und Götter.* München, [1985], 1991.
Sitchin, Zecharia: *Am Anfang war der Fortschritt.* München, [1990],1991.
Sitchin, Zecharia: *Versunkene Reiche.* München, [1990], 1992.
Sitchin, Zecharia: *Sind wir allein?* in: Ma 96, 1993.
Sitchin, Zecharia: *Das erste Zeitalter.* München, [1993], 1994.
Soustelle, Jacques: *Die Olmeken.* Zürich, 1979.
Spiegel, Joachim: *Die Erzählung vom Streite des Horus und Seth* in Pap. Beatty

I. LÄS, Heft 9, 1937.
Spiegelberg, Wilhelm: *Eine Darstellung des Gottes Anezti.* in: ZÄS 64, 1929.
Sproul, Barbara: *Schöpfungsmythen der östlichen Welt.* München, [1979,1991], 1993.
Sproul, Barbara: *Schöpfungsmythen der westlichen Welt.* München, [1979,1991], 1994.
Stadelmann, Rainer: *Die ägyptischen Pyramiden.* Darmstadt, [1985], 1991.
Stadelmann, Rainer: *Das Dreikammersystem der Königsgräber der Frühzeit und des Alten Reiches.* in: MDAIK 47, 1991.
Stanley, Stephen M.: *Krisen der Evolution.* Heidelberg, [1987], 1988.
Stierlin, Henri: *Baukunst der Pharaonen.* Paris, [1992], 1993.
Stingl, Miloslav: *Die Inkas – Ahnen der „Sonnensöhne".* Eltville, [1978], 1990.
Temple, Robert K. G.: *Das Sirius-Rätsel.* Frankfurt/M, [1976], 1977.
Thompson, Richard L. & Cremo, Michael A.: *Verbotene Archäologie.* Essen, [1993], 1994.
Thot, Max & Nielsen, Greg: *Pyramid Power.* München, [1974], 1982.
Thot, Max: *Das Geheimnis der Pyramid Power.* München, [1979], 1992.
Tollmann, Alexander & Edith: *Und die Sintflut gab es doch.* München, 1993.
Tollmann, Edith: *Morphologie der Marsoberfläche.* in: SO 3, 1994.
Tompkins, Peter: *Cheops.* München, [1973], o.J.
Tompkins, Peter: *Die Wiege der Sonne.* Bern-München, [1976], 1977.
Trimborn, Hermann & Haberland, Wolfgang: *Die Kulturen Alt-Amerikas.* Frankfurt/M, 1969.
Uhlig, Helmut: *Die Sumerer – Ein Volk am Anfang der Geschichte.* Bergisch Gladbach, [1989], 1992.
Velikovsky, Immanuel: *Welten im Zusammenstoß.* Frankfurt/M.-Berlin, [1950], 1994.
Vercoutter, Jean: *Ägypten – Entdeckung einer alten Welt.* Ravensburg, [1986], 1990.
Weidinger, Erich: *Die Apokryphen* – Verborgene Bücher der Bibel. Augsburg, 1992.
West, John Anthony: *Serpent in the Sky.* Eheatin, [1979], 1993.
Westphal, Wilfried: *Die Maya.* Bindlach, [1990], 1991.
Westphal, Wilfried: *Die Azteken.* Bergisch Gladbach, [1990], 1992.

Westwood, Jennifer: *Ein Atlas der heiligen Orte, geheimnisvollen Kultstätten und versunkenen Kulturen.* München, [1987], 1990.
Wilson, Robert Anton: *Die neue Inquisition.* Frankfurt/M., [1986], 1992.
Wolf, Walther: *Vorläufer der Reformation Echnatons.* in: ZÄS 59, 1924.
Wolf, Walther: *Der Berliner Ptah-Hymnus (P 3048, II-XII).* in: ZÄS 64, 1929.
Zandee, Jan: *Sargtexte – Spruch 75.* in: ZÄS 97, 1971.
Zandee, Jan: *Sargtexte – Spruch 75 (Fortsetzung).* in: ZÄS 98, 1972.
Zandee, Jan: *Sargtexte – Spruch 76.* in: ZÄS 100, 1973.
Zandee, Jan: *Sargtexte – Spruch 79.* in: ZÄS 100, 1974.
Zandee, Jan: *Sargtexte – Spruch 80.* in: ZÄS 101, 1974.
Zick, Michael: *Kalter Krieg auf Yukatan.* in: BdW 12, 1994.
Ziegler, Konrat u.a. (Hg.): *Der kleine Pauly – Lexikon der Antike.* Auf der Grundlage von Pauly's Realencyclopädie der classischen Altertumswissenschaft (80 Bde.). 5 Bde. München, 1901ff.], 1964-1975.

ISBN 3-932339-05-3
DM 39,80

Unsere Welt - eine Illusion?
Historische UFOs
Weiße Frauen
Madonnen
Gnomen und Zwerge

ISBN 3-932339-06-1
DM 49,90

Tausende von Jahren suchten Abenteurer und Forscher nach dem Paradies, dem mythischen „Garten Eden“.

Themen, die die Welt bewegen- im Trend der Zeit

ARGO
Internationale Publikationen

Autobiographie über Kontakte mit außerirdischen Intelligenzen

von Karin und Reiner Feistle

178 Seiten, 9 Abbildungen

ISBN 3-932339-01-0, DM 29,00

Die Autoren beschreiben in ihrem Buch sehr eindringlich, wie ihnen - wachgerüttelt durch eine Fernsehsendung - bewußt wird, daß auch sie zu den Menschen gehören, die seit ihrer Kindheit immer wieder von Außerirdischen kontaktiert werden. Der Leser erfährt, mit welch vielfältigen Problemen die Autoren durch ihre Umwelt konfrontiert wurden, nachdem sie mit ihren Erkenntnissen an die Öffentlichkeit gingen und beschreiben anschaulich die zwiespältigen Erfahrungen mit Fernsehen und Presse, die sie seither gemacht haben.

Den wichtigsten Teil des Buches nehmen jedoch die Hypnose-Rückführungen ein, in welchen den Autoren der Sinn und Zweck ihrer Entführungen durch Außerirdische klar wird und ihre damit verbundene Mission, allen Menschen hierüber zu berichten.

Der Beginn einer Freundschaft mit einem Außerirdischen

von Sandra Heinzler

80 Seiten

ISBN 3-932339-00-2, DM 19,80

Unterhaltsam und gut zu lesen beschreibt die Autorin, in diesem Buch Peters Erlebnisse, wie er in seinem Urlaub in der Schweiz zum ersten Mal mit Außerirdischen Kontakt hat.Glaubwürdig erzählt Sie über die Ängste und Zweifel, auch an sich selbst, die ihn in diesen Situationen überkommen und berichtet über das zwiespältige Verhalten seiner Eltern und Umwelt. Spannend sind die Berichte über Peters "Entführung" in ein Raumschiff und die Erkenntnis, die ihm hierbei für seine Zukunft und die der ganzen Welt vermittelt werden. Ein Buch, für Jugendliche und Erwachsene, das ganz gewiß zum Nachdenken anregt.

Argo **Internationale Publikationen**
Ingrid Schlotterbeck
Lupinenstr. 103 · 41466 Neuss
Telefon 02131 / 466853 - Telefax 02131 / 460985

Zukunft

Medizin, Mystik, Spiritualität

Alternativen

und Informationen zu allen wichtigen Lebensbereichen

Wissen

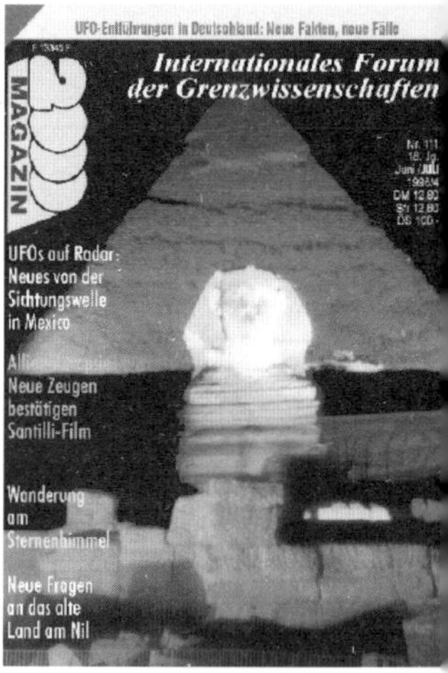

2000

KOSMOS · ERDE · MENSCH

Internationales Forum der Grenzwissenschaften

Über 40 internationale Korrespondenten recherchieren und schreiben für Sie...

Leserforum

Buchjournale, Kleinanzeigen

Erkenntnisse

Zu Phänomenen wie UFO´s und Kornkreisen

Fakten

zu Astronomie, Archäologie Medizin und freier Energie

Erhältlich in allen Bahnhofsbuchhandlungen, Kiosken oder direkt beim Verlag

Argo

ARGO-Internationale Publikationen
FAX 02131/460985

Lupinenstraße 103, 41466 Neuss
Tel. 02131-466853

Erscheinungsweise:
2-monatlich Preis je Heft 12,80

Unsere Sonderaktion:
exclusiv für unsere Buchverlagskunden:
Sie erhalten 2 bereits erschienene Ausgaben Magazin 2000 und die nächste aktuelle Ausgabe zum Gesamt-Preis von 30,- DM
Rufen Sie einfach an...